천문
하늘에서 부르는 소리

천문
하늘에서 부르는 소리

초판 1쇄 인쇄 2020년 1월 5일
초판 1쇄 발행 2020년 1월 10일

지은이   무진
펴낸이   金泰奉
펴낸곳   한솜미디어
등록   제5-213호

편집   박창서 김수정
마케팅   김명준
홍보   김태일

주소   05044 서울시 광진구 아차산로413
         (구의동 243-22)
전화   02)454-0492(代)
팩스   02)454-0493
이메일   hansom@hansom.co.kr
홈페이지 www.hansom.co.kr

값 15,000원
ISBN 978-89-5959-521-1 (03180)

* 잘못 만들어진 책은 구입하신 서점에서 바꿔드립니다.

하늘에서 부르는 소리

무진 지음

천문

4 天聞

천서

| 책머리에 |

  글재주가 없어 남의 글만 읽은 내가 수행한 기록을 남기고자 없는 글재주를 부리려니 용량이 달린다.
  그렇다고 남들에게 수행일지를 평가받으려고 써 내려간 것은 아니다.
  비물질 세계에서 창조해 놓은 내 삶의 수행 기록을 물질세계에 남기기 위해서 끄적여 놓았다.
  이를테면 천부경 수행은 이러한 방향도 있다고 수줍게 우주에 던진 것이다.
  나는 말하고 싶다.
  "수행 기록서는 독자들이 평가하는 것이 아니다…"라고.
  제1권 『깨달음으로 가는 길』은 영이 유치원 수준으로 온 제자들을 지도하면서 쓴 글이고, 제2권 『하늘과 통하였는가』는 영이 초등학교 수준으로 온 제자들을 지도하면서 쓴 글이다. 제3권 『천문』은 영적 수준이 중학교 수준인 제자들을 위한 지침서이다.
  회원들이 정신세계 책들은 좋은 내용인 건 알겠는데 너무 어렵게 써놓아 도통 이해할 수 없다며 쉽게 써달라고 부탁들을 해온다.
  알겠습니다.
  비록 글재주는 타고나지 못했지만 성심성의껏 최대한 쉽게 쓰겠다고 약속했다.

이 책을 읽는 독자들에게 정중히 부탁하고자 한다.

이 책은 독자 여러분에게 나의 수행을 평가받기 위해서 써 내려간 글이 아니다. 에너지들의 갈 길을 몰라 헤매는 천신제자들을 위한 길 지침서이다.

또한 집안에 어려운 일 겪으시는 분, 건강이 안 좋으신 분, 천신제자이지만 길을 몰라 헤매는 분들에게 많은 도움이 되고자 쓴 글이다.

독자 여러분께 많은 도움이 되기를 바란다.

天聞
하늘에서 부르는 소리

책머리에 _ 6

제1장 _ 하늘의 성자가 되기 위해서

우주는 소리로 구성되어 있다 _ 18
하늘의 뜻이 땅 위에도 이루어지소서! _ 20
해야 할 일 _ 21
산다는 것은 영혼의 기운을 펼치는 것이다 _ 22
사람의 뇌 속에는 새로운 것에 관심을 갖게 하는
　　　코드가 있다 _ 24
삶을 관장하는 신 _ 26
마음의 눈으로 생활하게 되면 _ 28
천신들과 합의가 이루어지면 _ 31
신과의 합일 _ 33
氣란 내린다는 뜻이 있다 _ 35
자연 속 영적 공사장 _ 37
하늘은 내 편 _ 40
하늘의 성자가 되기 위해서 _ 42

영성 상담이란 _ 44
우주 여행자 _ 45
항상 나를 보고 있는 하늘 _ 49
영성으로 가려면 _ 51
정신이 바뀌면 _ 54
천서와 천어 _ 56
천신과 악신의 관계 _ 57
경자년을 맞이하며 _ 60
지적 세계관 수입 _ 64
영성시대의 나를 알아가는 공부 _ 67
넓은 세상에 무엇을 던져야 할까? _ 69
질문은 왜 하는가? _ 71
소금 뿌리기 공부 과정 _ 73
내가 죽어야 알 수 있는 신 _ 75
뜻이 있는 곳에 길이 있다 _ 77

제2장 _ 천신제자의 기본자세

마음의 기복 신앙 _ 80
인성 상담 _ 82
장래 목표 상담 _ 84
보호령 교체 시기 _ 86
명리학 자격증 가지고 유세를 부리다 _ 88
영성공부는 하늘에 머리를 두고 한다 _ 91

인성공부 시기가 들어오면
　　　무조건 사회 공부를 하고 가야 한다 _ 94
지쳐야 안다 _ 97
어설픈 신의 제자들 _ 99
신의 사주와 인간 사주 _ 102
선생님 영의 호소 _ 106
축하해 _ 110
공짜가 어디 있어 _ 112
제자들의 파김치 공부 _ 115
용기와 예의를 갖춘 지인 _ 118
측은한 천신제자 _ 121
진보하는 정직한 욕심 _ 123
일을 마치고… _ 126
자신들의 신 활용법 _ 129
법을 들었음 받아가야 한다 _ 133
무녀가 데리고 온 손님 _ 135
여 승려 상담 _ 138
동기 감응 _ 141
신명여행 _ 144
신명계의 인사과장 _ 146
경찰관의 평범한 질문 _ 148
신명 수준 점검 _ 150
모스부호 _ 152
꿈을 모르는 아이들 _ 154
18년간의 신도시 건설 _ 156

신명 상담 _ 158
마음의 길을 찾는다는 것은? _ 160
소리를 담는 그릇 _ 161
영적 감방에서 출소시킨 제자 _ 164

제3장 _ 자아를 찾아가는 공부

자신을 아는 것만 해도 좋은 깨달음이다 _ 166
고정관념에서 벗어나는 방법 _ 169
인공지능 시대 _ 172
돌아갈 때 던지는 질문 _ 176
말의 기술 _ 178
움직이는 영 _ 181
열심히 일해도 안 되는 이유 _ 182
긴박함이 영의 성장을 가져온다 _ 185
인간의 사고를 빼야 하는 이유 _ 188
겉 다르고 속 다른 원리 _ 190
특별한 감응 _ 192
제자에게 함정 파놓고 _ 194
영혼 이전 _ 195
신명공부라고 하는 것은 _ 196
영적 내공이란 _ 198
쓰임새 있는 인간 _ 200
충동적이며 자기 보호 수준의 영적 세계 _ 203

자기 보호 수준의 영을 높이는 단계 _ 205
순응적 과정 단계 수준의 영 _ 207
자기 의식적 영의 수준 _ 210
허하면 찾아다녀라 _ 212
3차원 세계에서도 모른다 _ 214
피아노 건반 기 점검 _ 216
말 전달 _ 218
현 시국이 걱정이다 _ 221
전 국민이 아프다 _ 223
별들의 성격 _ 225

제4장 _ 사람을 영으로 보는 방법

영안을 쉽게 여는 방법 _ 228
자연의 울음 _ 230
영혼 호흡 _ 231
요즘 사람은 영적으로 말라 있다 _ 232
사람을 영으로 보는 방법 1 _ 234
사람을 영으로 보는 방법 2 _ 236
사람을 영으로 보는 방법 3 _ 238
사람을 영으로 보는 방법 4 _ 241
사람을 영으로 보는 방법 5 _ 244
사람을 영으로 보는 방법 6 _ 246
사람을 영으로 보는 방법 7 _ 248

사람을 영으로 보는 방법 8 _ 250
사람을 영으로 보는 방법 9 _ 253
사람을 영으로 보는 방법 10 _ 255
사람을 영으로 보는 방법 11 _ 257
사람을 영으로 보는 방법 12 _ 259
사람을 영으로 보는 방법 13 _ 261
사람을 영으로 보는 방법 14 _ 263
사람을 영으로 보는 방법 15 _ 265
사람을 영으로 보는 방법 16 _ 267
사람을 영으로 보는 방법 17 _ 270
사람을 영으로 보는 방법 18 _ 272
사람을 영으로 보는 방법 19 _ 274
사람을 영으로 보는 방법 20 _ 276
사람을 영으로 보는 방법 21 _ 279
사람을 영으로 보는 방법 22 _ 281

제5장 _ 답은 있으나 누구나 다르다

행복을 맛본다 _ 286
내가 너고 너가 나다 _ 288
어려움을 풀어가는 방법 _ 290
집착이 집착을 낳은 망신,
　　　　공부 끝에 얻은 자유로움 _ 294
선원 기족 생김 _ 297

제자들에게 바라는 것들 _ 299
밤을 주우면서 _ 305
능력을 쥐락펴락할 줄 알아야 한다 _ 307
사자 천도재 _ 310
마니산 위 참성단에선 _ 312
믿음 속에서 벌어지는 깊은 골 _ 315
가시밭길 걸어온 행로 _ 318
하늘도 울었고, 땅도 울었고, 사람도 울었다 _ 320
눈물 속의 밥 _ 322
오장육부 다스리는 약 만들고 나서 _ 324
우주에서는 참으로 웃긴다 한다 _ 327
신명 포화 _ 330
영들의 재판장이 되다 _ 332
조급증 _ 335
태풍의 눈 안에 들어서다 _ 337
하늘에 이의 제기 신청서 _ 339
자녀의 보고 전화 _ 343
답은 있으나 누구나 다르다 _ 347
맹모삼천지교(孟母三遷之敎) _ 349
황학시장 _ 352

천문 · 하늘에서 부르는 소리

제1장

하늘의 성자가 되기 위해서

우주는 소리로 구성되어 있다

나는 운전하면서 라디오에서 흘러나오는 노래들을 자주 따라 부른다.
노래를 따라 부르다가 어느새 하늘 노래로 변한다.
작곡가들은 순간 어떠한 영감이 떠오르면 바로 작곡하여 내놓는 곡도 있고, 수년간 다듬어서 정성껏 내놓는 노래들도 있다. 노래가 세상에 나오는 사연은 다양하다.
나는 제자들에게 영적으로 작사, 작곡하여 마음의 안식을 주기도 한다.
어떠한 종류의 노래를 부르는가에 따라 사람의 마음은 즐거웠다, 슬펐다, 행복했다, 감동받기도 한다.
마음의 영적 노래는 하늘의 노래로 허전한 마음이 치유되기도 하고, 병이 낫기도 한다.
하늘에는 수많은 노래가 있는데 작곡가와 작사가들의 영혼 속에서 만들어진다. 그래서 나도 노래 만드는 것을 어렵게 생각하지 않는다.
마음만 먹으면 하늘에서 무수히 만들어주기 때문이다.
넘버를 부르거나 주문을 하면 하늘에서 즉석으로 해준다. 묘한 일이 펼쳐진다.
하늘에서는 음악만 들어도 깨달을 수 있는 수준의 노래를 내려준다고 하였다.
나는 어려서부터 음악을 좋아하였고 아는 노래든 모르는 노래든

흥얼흥얼 따라 불렀다.

영성공부를 하면서 알게 되었다.

우주는 소리로 구성되어 있어 그런 것을 느끼고, 느끼는 대로 흥얼거렸다는 것을.

사람은 음악 속에 살고 있다. 오늘도 우리는 음악으로 하루를 보낸다고 해도 과언이 아니다.

유체이탈을 통해 하늘에 올라가 보면 무수한 숫자의 노래가 있다.

자연 속에서도 음악이 흘러나오고 음악이 없는 곳이 없다.

중학생 정도면 어느 정도 자기 노래는 반주해서 부를 줄 알아야 한다. 그래서 부모들은 피아노, 바이올린, 플루트, 그 외 가야금, 해금 등을 가르친다.

가르치는 것도 중요하다.

그래서 하늘의 소리, 천상의 소리는 더 감미롭다.

사람의 귀를 더욱더 즐겁게 하기 때문이다.

사람은 천상의 소리를 들을 줄 알아야 한다고 말하고 싶다.

음악은 영혼을 부르는 소리이다.

내면의 소리를 듣고 싶으면 하늘에 넘버만 청하라. 그러면 내면의 소리를 내려줄 것이다.

하늘의 뜻이 땅 위에도 이루어지소서!

나는 이 세상에 왜 태어났을까?
무엇을 위해 태어났는가?
무엇을 하고자 왔는가?
누구나 한 번쯤 의문을 갖는 문제이다.
이 문제를 해결하기 위해 수많은 사람들이 방황하기도 한다.
나도 한때 왜 태어났는지 묻고 또 물었다.
이 물음의 숙제를 풀었다.
그리고 사명을 찾았다.
그 사명이 태어난 이유였다.
누구나 뜻을 가지고 태어난다,
하늘에서 뜻을 가지고 3차원계에 태어나, 땅의 뜻을 이루고자 태어난 것이다.

하늘의 뜻이 땅 위에서도 이루어지소서!는 마지막 수행자들이 뜻을 찾아 땅에 펼치고 돌아가는 것이다.

그 뜻은 사람들의 전생의 수행에 따라서 각기 다르다.

기독교에서 사용하는 전유물이 아니라 원래는 수행자들의 전유물이었다.

나는 땅 위에 어떤 뜻을 펼치고자 하늘에서 왔는지 찾기 바라고, 뜻을 세우고 돌아가기 바란다.

해야 할 일

　인간은 태어나면서 사명을 가진다.
　하늘에 물음을 던지며 자연에 순응하며 살아야 한다.
　사람마다 다른 기운을 가지고 태어나지만, 모든 인간이 같은 마음을 가져야 하는 것이 있다.
　첫째, 나라를 사랑하는 마음과 민족을 생각하는 마음이다.
　우리는 단군의 자손이다. 우리 조상 단군을 모르고 산다면 하늘이 얼마나 마음 아프겠는가?
　조상은 자손을 위해 고생과 희생을 마다하지 않았다.
　나라를 위해 목숨을 바친 선열들은 자손들에게 무엇이라고 말씀하고 계실까?
　자손은 조상이 해놓은 대로 해야 할 의무가 있다고 한다.
　예절 교육이 중요하다. 예절을 중요하게 키워야 한다.
　예절 다음은 공부이다. 아무리 공부를 잘해도 예절이 없다면 그것은 헛공부이다. 우리 자손은 세계 속으로 달려 나갈 인재 양성 교육을 받아야 한다.
　세계 속으로 나아가려면 인성교육을 잘 받아야 한다.
　우리나라 교육이 여러 가지 잘못되어 있다는 것은 누구나 알고 있다. 인성교육이 잘되어 있으면 나라는 발전할 것이다.
　각자가 실천해야 할 일도 못 하면서 잘살기를 바란다면 우리나라는 선진국 대열에서 점점 멀어질 것이다.

산다는 것은 영혼의 기운을 펼치는 것이다

'나는 어디에서 왔고, 무엇하러 태어났을까?' 하는 의문은 누구나 한 번쯤 가져보았을 것이다.

사람의 영혼은 어디에서 오는 것일까?

사람이 배짱이 있는 것은 내면의 소리이고, 우주와의 연결 고리이다.

근기와 배짱은 결국 내면의 소리이다.

내면의 소리는 우주에서 온다. 우리는 알게 모르게 우주의 소리를 가지고 살아간다.

방울소리도 우주의 소리요, 북도 우주의 소리이다.

다만 각각의 소리를 어느 우주에서 듣느냐이다.

인간은 자신을 모르고 살아가기에 항상 답답하다.

자신이 어디에서 왔는지 안다면 스스로 마음을 다룰 수 있고, 문을 열기도 할 것이며 닫기도 할 것이다.

"스스로 하늘의 문을 열고 닫는 것은 하늘과 하나가 되었다"라는 뜻으로 이해하게 되며, 고통이나 좌절 그리고 설움과 괴로움은 사라진다.

그래서 인간은 하늘을 알아야 한다.

자신이 마음의 문을 열어야 닫을 수 있기에 산다는 것은 자신의 마음을 열어가는 법을 알고자 하는 것이다.

제자들은 양심을 속이지 않았는지 점검해 보라.

양심을 속일 때마다 마음의 문은 열리지 않을 것이고, 하늘 문은 영원히 열리지 않을 것이다.

하늘의 문은 가까이 있다. 눈을 들어 저 멀리 있다고 착각하지 않았나 생각해 보라.

내 자신이, 나의 내적 세계가 하늘이다.

자신을 속인다면 다른 사람에게 속는 것보다 더 큰 근심이 생길 것이다.

산다는 것은 영적 진화 확충을 해나가면서 영혼의 기운을 펼치는 것이다.

영혼이 살아 있다면 소중히 잘 관리하여 내적으로 성장시키고 잘 사용해야 한다.

영혼을 성장시키는 것은 자신을 다스리고, 자신을 발전시키는 일이다.

그리고 상대방의 마음을 알고 산다면, 그것은 열고 닫는 데 소중한 기운일 것이다.

영적 내적 세계를 확충시키는 천신제자가 되자.

사람의 뇌 속에는
새로운 것에 관심을 갖게 하는 코드가 있다

사람의 뇌 속에는 새로운 것에 관심을 갖게 하는 인자가 설정되어 있다.

신기하고 재미있는 것을 좋아하는 코드도 있다.

복식호흡을 할 수 있는 신체 구조로 이루어져 있고, 오묘하고 새로운 것을 얼마만큼 느끼느냐에 따라 인간의 한계를 가늠할 수도 있다.

인간의 한계를 벗어나고픈 욕구의 한계에서 벗어나 진도를 내고 싶다면 하늘과 통해야 하며 동행해야 한다.

나를 돌아보라!

나는 어떤 재미를 느끼며 사는가? 여행, 돈, 권력, 부동산 사들이기, 맛있는 음식 먹기 등 여러 가지가 있다.

다시 말해 내면의 신명들 수준에 의해 재미를 느끼며 살고 있다.

많은 것에서 재미를 보면 또 다른 재미를 찾아 나선다.

그래서 사람의 욕심은 끝도 한도 없이 생기는 것이고, 그 코드가 발달되어 있는 자는 새로운 재미를 찾아다닌다.

나도 예전에는 새로운 무언가를 꾸준히 찾아내고 만끽했다.

정신세계에 입문하기 위한 정보도 찾아보았고, 물질계에 들어와 돈을 벌어보고자 노력도 해보았고, 사람과 사람과의 관계 형성에도 노력하였다.

가끔씩 들어오는 여행의 만끽도 누렸는데 마음속 헛헛함은 계속 남아 있었던 중, 하늘의 소리를 듣고 난 후 물질계의 재미를 찾지 않았다.

하늘의 소리를 듣고 궁금한 것을 던져 응답 받으니 점점 더 신기하고 오묘한 것에 끌리지 않았다.

그전에는 신들의 행위가 신기하고 궁금했는데 아무것도 아니라는 것을 알게 해준 하늘 덕에 마음이 넓어졌다.

단, 하늘의 소리를 듣지 못하면 매일매일 답답함을 느낄 것이다.

인간은 자연의 신비함 속에서 많은 것을 터득하면서 살아야 하고, 또 그 원리를 긍정하며 마음속에 담아야 한다.

현재의 제자들은 자율 학습장에서 이와 같은 원리를 소통하기 바란다.

인간이 살고 죽는 것은 자연을 얼마나 아느냐에 따라 달라진다.

난 항상 즐겁고 행복하게 살고 싶다.

그러나 쉽지 않다. 모든 것이 신비하다고 느낄 때, 즐거움은 하늘에서 내리는 밧줄처럼 끊어지지 않는다. 그러므로 하늘과의 연결이 즐거움을 극대화시킬 수 있다.

하늘은 인간에게 신기한 것을 느끼고 싶어 한다.

왜냐하면 하늘은 이미 알고 있기 때문이다.

깨닫게 되면 쉽게 생각할 수 있을 것이다.

삶을 관장하는 신

　사람은 누구나 자신이 잘나서 숨 고르며, 밥 먹으며, 취미 생활하며, 하고픈 생활을 누리며 살아간다고 착각하고 있다.
　삶을 관장하는 신이 모래알 만도 못한 인간이 저 잘났다고 깝죽대는 것 보면 눈꼴시어 못 보겠다며 코웃음 친다.
　행복도 불행도 삶을 관장하는 신이 조절한다고 한다.
　또한 무엇을 해야 하는지, 미래에 관한 정보도 삶을 관장하는 신이 잠시 뇌를 튕겨준다고 한다.
　영의 성장을 위하여 여행 떠나라는 명령도 내린다. 여행은 영이 성장하기 위한 필수 과정이어서 그것 또한 삶을 관장하는 신이 인간의 뇌세포를 건드려 떠나게 한다고 한다.
　일상사 모든 것을 주관하는 신이 삶을 관장하는 신이다.
　그 에너지는 너무도 커서 나도 반박하기 어려운 에너지체이다.
　한 번 반박해 봤다.
　나는 이것은 정말 싫다. 건너뛰면 안 되겠냐고 했더니, 건너뛰어도 된다. 그런데 지금 한 폭을 건너뛰면, 다음번에는 두 폭을 건너뛰게 될 것인데 두 폭까지는 쉽다. 세 폭을 건너뛸 때는 끊어질 듯한 허벅지 고통은 어떡할 거냐?
　시계가 째깍째깍 소리를 내며 흐른다. 1초, 2초가 되고 10초가 모여 1분이 된다.
　1분이 10번 모여 10분이 되게 만든 원리를 모르느냐며 호되게 꾸짖음 받은 적이 있다.

1초, 2초, 3초, 1분, 2분, 3분, 10분, 20분 시간의 에너지가 모여 하루가 흘러가고, 이틀이 지나고 삼일이 지난다.

공부도 이와 같이 하는 거다. 10분 기다리기 지루해서 초에서 끝내 자고 하면 시간짜리는 어떻게 감당할 것이냐?

내공이란 그런 것이다.

삶의 내공 갖추는 것이 쉽다면, 신계에서 인간세계에 절대로 내려오지 않는다.

이제는 조상 신명들도 내공을 갖추고자 한다.

자손이 삶의 내공을 갖추지 못하면 조상 신명들은 노심초사한다.

조상 신명을 천신으로 입적시키는 단계는 자손도 그만큼 영적 내공을 갖추어야 조상신을 천신으로 입적시킬 수 있다.

삶의 내공을 갖추면 삶을 관장하는 신명은 명단에서 지운다.

자손들의 삶의 프로그램이 순행으로 돌아가면 삶을 관장하는 신은 지켜본다.

마음의 눈으로 생활하게 되면

깨닫는 것에도 양면성이 있다.
깨달음을 얻기 위해서는 한쪽을 잃어야 한다. 또 다른 것을 깨닫기 위해서는 희생이 따를 수도 있다.
깨달으려고 하는 것은 균형을 알기 위해서이다.
균형은 지식과 지혜를 동시에 갖추는 것으로 두 가지를 다 할 수는 없다.
하늘에서는 한 사람 한 사람에게 제각각 능력을 주었기 때문에 지식은 지식대로 갖추도록 만들었고, 지혜는 지식을 가진 자가 체휼 체득해서 수준에 맞게 균형을 맞추도록 하였다.
지식만으로는 사회에서 어울릴 수 없고, 지혜만으로도 사회에서 어울릴 수 없다.
사회에서 잘 어울려 노는 사람이 깨달은 사람이다.
사회에서 잘 놀려면 사회를 알아야 하고, 사회에서 무엇을 요구하는지 연구해야 한다.
나는 어느 부분을 깨달으려고 하는지 과목부터 선정해 놓고 들어가야 시행착오를 덜 겪는다.
깨달음이 무엇인지 모르고 무작정 책에 있는 대로 따라하는 것은 따라하는 것이지 깨달음이 아니다.
깨달으려고 한다면 제목부터 정해야 한다.
사람은 얼굴에 있는 눈과 마음의 눈이 있다.
모든 혈은 눈으로 표현할 수 있으나 마음의 눈으로 이야기하기도

한다.

　천부경을 낭독하다 보면 마음의 눈을 열 수 있다.

　천부경을 알기 위해 수많은 날을 허비했다.

　그러던 어느 날, 하늘에서 천부경을 해석해 주었다.

　천부경에는 오늘날 현대 사회가 안고 있는 인간 의식의 절망을 찾아낼 수 있는 메시지가 보석처럼 숨어 있다.

　인간이 어떻게 살아야 하늘의 뜻을 바르게 행하고, 행복과 축복을 찾을 수 있는지 원리를 추구하면 천부경의 상징적 언어를 알려준다.

　천부경은 천서로 이루어진 경전이다.

　하늘의 글로 된 부적은 창조주의 마음을 우주 구석구석에 존재하는 만물에 알려서 상서하는 신의 웃음소리다. 그리고 대우주 중심부에서 웃고 있는 신의 형상이다.

　천부경은 창조주가 기로 나타내며 자신의 경험을 이야기하는 사랑으로, 만물에 축복과 은혜를 베풀고자 한 상징적 언어이다.

　天符(천부)는 풀기 어려운 암호로 만들어졌다.

　천부경은 있는 그대로 존재할 것이며 변형되어서는 안 된다. 천부경은 변형되는 성질을 가지고 있지 않다.

　천부경은 억지로 해석해서는 안 된다.

　영적 능력이 성숙해지면 하늘에서 저절로 알게 해줄 것이다.

　천부경을 알고 싶으면 먼저 자신의 영혼을 성장시켜야 한다. 영혼이 성장하는 과정 속에서 자연스럽게 천부경의 진리를 밝힌다.

　대우주의 사람으로 완전하게 성장한 영혼은 스스로 신력과 영력을 발휘하여 천부경의 상서에 대한 홍익인간의 이념을 접하고 당당하게 실천한다.

천부경을 통하여 상서를 받을 수 있는 것은 오로지 천기를 받아 영적으로 깨달음을 얻어 천부경의 참뜻을 이해하고 깨달은 진리를 다른 사람에게 널리 알려주는 것으로 홍익인간, 이화세계라고 한다.

수련을 시작할 때 마음의 눈, 영안이 있다는 것을 알고 공간 이동이 가능하다는 것을 알았다.

얼굴에 붙어 있는 눈으로는 사물만 보였다. 영안이 서서히 열리면서 우주의 공간 이동을 보면서 긍정적인 마음의 눈을 뜨게 되었고, 마음의 문을 연다는 것은 하늘의 문을 여는 것과 같다는 것을 알게 되었다. 그러므로 마음의 문, 영안의 문을 열려면 수많은 시간이 필요하다.

하늘에서 뜻을 가엾게 생각하여 마음의 눈을 열어준다면 당장 마음의 눈으로 볼 수 있다.

하늘에서는 자신을 낮추고, 자신을 내세우지 않고, 자신의 눈으로 보지 않을 때 마음의 문이 열리기 시작하는 때라고 한다.

영안이 열리면 마음이 평화로워진다.

또한 인내심과 참음이 생기고, 마음의 눈으로 세상을 보는 것이 우주의 조화라는 것을 알게 된다.

마음의 눈으로 생활하면 세상을 긍정하는 힘이 생기고, 모든 것이 빨라지고 이해심이 생길 것이다.

천신들과 합의가 이루어지면

하늘은 알고 있다.
천신제자들의 고충을.
그동안 이 세상에서 얼마나 살기 어려웠는지. 천신제자들은 인내도 필요하고, 참기도 해야 한다. 자신이 하고 싶은 것, 먹고 싶은 것, 자고 싶은 것, 인간의 지식을 터득하지 못하게 하는 것 등, 모든 것을 자신이 마음대로 할 수 없게 프로그램을 짜놓아 살아가는 데 많은 난관을 거쳐야 한다.
이제부터 공부도 물질도 조금씩 변화하여 준다고 한다.
천신 회의에서 더 이상 제자들을 힘들게 하지 말자고 회의를 했다. 이제부터 제자들 시험 과목을 줄여 좀 더 빠르게 속도를 내게 해준다고 한다. 인간은 우주의 원리와 이치로 살아가야 한다는 것을 제자들이 지나치지 않고 공부하며 살아간다면, 너희들이 하고 싶은 대로 하면 될 것이고, 제자들이 하는 행동이나 말들이 하늘의 소리를 전해 줄 것이다.
하늘의 소리를 마음껏 전해 주는 자가 되어라.
모르면 하늘에 물어보아라! 제자들이 원하는 대답이 나올 것이다.
무조건 하늘에 묻는 자가 되어라. 몰라도 묻고, 알아도 물어보라.
물어볼 적마다 내려주는 말은 계속 달라진다.
하늘은 제자에게 말한다.
깨닫는 것이 얼마나 힘들고 공부를 해야 하는지 아느냐?
아무것도 모른다고 해야 깨달음을 내려준다.

교만하지 말고, 자랑하지 말고, 어려운 사람을 도와가며, 거짓 증언하지 말며, 아는 척하는 병에 걸려 여러 사람 혼란에 빠트리지 말며, 시기하여 이간질하지 말며, 남의 말은 입 밖으로 내지 말 것이며, 서로 칭찬을 아끼지 말며, 서로 웃음을 주고, 서로 의지하라. 외롭고, 힘들다고 느낄 때 제자들끼리 합심하여 어려움을 풀어가는 사이가 되면, 영계에서 천신들의 마음을 사게 된다.

정신세계에서 알아야 할 것이 있다면 영의 세계를 이해하는 데서부터 시작할 수 있다.

천신제자들은 해보지도 않고 못한다는 말을 하지 마라.

사람이 못 하는 것도 있지만, 사람이 할 수 있는 일이 훨씬 많다.

하늘은 사람들에게 화합을 원한다. 그러나 사람들은 화합하지 못한다.

깨달음으로 가기 위해서는 하늘의 천신들과 합의가 중요하다.

천신들과 합의가 이루어지지 않으면 영원히 깨달을 수 없다.

천신들과 합의가 이루어지면 시험지를 거두어들인다. 그리고 하늘의 대변자로 만들기 위해 수만 가지 영적 체험을 시킨다. 영적 체험이 제자들에게는 큰 무기이다.

영적 체험은 무리수가 따르지만, 뒤에는 보상이 따른다.

신과의 합일

신과의 합일에 대하여 말하고자 한다.
요즘 방송이나 매체에서 인본주의에 대하여 떠들고 있다.
인본주의는 사람이 신인 시대를 말한다.
사람이 신이므로 사람과 사람과의 합일이 신과의 합과 같은 것이다.
사람이 합일이 안 된다는 것은 신과의 합일이 될 수 없는 데서 오는데, 그것은 사람이 할 수 없는 것이기에 그만큼 어렵다.
자신이 합일되었다고 생각하더라도, 상대방이 그렇게 생각하지 않는다면 합일이 안 되었다고 보면 되는데 그렇게 보려 하지 않는 데서 일들이 풀어지지 않는 것이다.
깨달음으로 가려면 신과의 합일이 중요하며, 거기에는 자연이 도와주어야 한다.
그러므로 신과 합일하려면 먼저 자연과 합일해야 한다.
그래야 땅의 기운, 즉 지기를 우선 받는다.
학교에서 소풍을 가거나 수학여행을 가는 것도 이와 같은 이치이다.
또한 성인들도 지기가 부족하여 산으로 바다로 떠나는지 모르고 아무 의미도 부여하지 않고 여행을 떠나는데, 내 안의 신성은 지기를 인간들 모르게 받는다.
제자들을 공부시킬 초창기에는 지기를 받게끔 산으로, 바다로 여행을 갔었는데, 제자들의 내적 수준이 향상되어 기본 지기 받는 것으로는 부족하여 자연 속에서 약초 농사를 짓게 하였다.

제자들이 스스로 자연과 합일할 수 있도록 그 수준만큼 장을 펼쳐 놓았다.

자연 속에서 깨달음을 얻으면 누구도 뺏어가지 못한다.

체휼 체득하면서 자연신의 도움을 받아 얻은 깨달음이기 때문이다.

그냥 지기를 받겠다고 산으로 바다로 다니는 것은 기초 공부 수준이다.

기초 과정이 끝나면 심화 과정으로 들어가야 한다.

기초 과정은 단순하지만 심화 과정은 매우 복잡하다.

심화 과정이 끝나면 고급 과정으로 들어간다.

고급 과정을 이수하면 전문 과정으로 들어가고, 계속 단계 단계가 기다리고 있다.

과정마다 지기 받는 방법이 다 다르다.

지기가 끝나면 우주기운을 터득해야 한다.

기초 과정일 때 신과의 합일은 그렇게 중요하지 않다.

심화 과정에 들어가면 신과의 합일이 중요하다.

한 과목이라도 합일 안 되면 진도를 뺄 수 없다.

사람과 사람의 합일이 신과의 합일이다.

氣란 내린다는 뜻이 있다

氣(기)는 없는 곳이 없다.

대부분의 사람들은 내려주는 氣를 받기만 하지 氣를 받아서 나누어주지 못한다.

기수련을 하여 아픈 사람들에게 氣 치유를 해준다고 하는데, 그것은 나의 생체 에너지를 개발하여 에너지를 나누어주어 병을 치유해 준다는 것으로, 생체 에너지를 주는 자와 받는 자 둘 다에게 바람직한 방법이라고 할 수 없다.

옳은 것보다 부작용이 더 많기에 氣로 병을 고친다는 사람들은 깊이 생각해 볼 문제이다.

氣란 모든 것을 살아 움직이게 만드는 힘을 말하기도 하고, 에너지(Energy)라고도 한다.

사람을 포함한 모든 생물과 무생물, 우주까지도 질서 정연하게 움직이게 하는 힘, 그 섭리를 지칭한다.

따라서 기를 수련한다는 것은 천체를 움직이는 힘과 자기 자기장의 영적 에너지를 합의시켜 태초의 자신의 모습, 즉 나를 찾아가는 행위를 말한다.

순수 영혼 찾음의 귀한 기수련을 단련하고 또 단련하여 잃어버린 자신의 신성을 찾아가는 고된 수행자의 성스러움의 시간들을, 아픈 자들을 치유해 준다는 명분하에 앞으로 더 나아갈 수 있는 성장의 기회를 놓치게 된다.

그러므로 기수련은 자신의 건강을 돌보고 마음의 평안을 유지하는 것이 궁극적인 목적이 아니라 우주의 질서를 온몸으로 느끼면서 자신을 그것에 합일시켜 나가는 것이며 잃어버린 자신의 신성을 찾는 엄숙한 행위이다.

자연 속 영적 공사장

산다는 것은 사람을 만들어가는 영적 공사장에 있다.
영적 공사장은 얼마만큼 기초가 잘되어 있느냐에 따라서 달라질 것이다.
제자들아, 뒤를 돌아보아라!
나의 삶의 기초는 잘되어 있고, 잘 만들어져 있는지, 기초가 잘되어 있다면 어떤 면이 잘되어 있는지. 삶의 확장, 정신적 성장은 미래를 위해 만들어가야 한다.
영적 공부는 기본이 있으면 하루아침에 성인이 될 수도 있다.
나를 죽여야 내가 산다는 것을 알게 되는 공부가 깨달음의 공부다.
나를 죽여야 내가 산다는 의미를 정확히 알아야 한다.
이 부분은 넓은 분야라 말로 표현하기에는 무리가 따른다.
그래서 제자들을 자연 속 공사장(농장)으로 옮겨놓고 현장에서 공사하라고 한다.
제자들은 하늘의 공사장을 노동으로 생각하기에 현장 공사가 힘들고 덥다고 투정 부린다.
그리고 기복으로 내몰기에 생각을 확장하는 데 게으름이 따라다니며 방해한다.
그래서 깨달음의 공부는 항상 天地(천지) 공사하는 것이다. 죽을 때까지 영성 집을 짓는 것이다.
다만 사람이기에 천지공사한다는 것을 모르고 투정과 게으름으로 오염시켜 놓고 힘들다고 스스로에게 지고 있다.

영성으로 깨닫고 나면 제자들은 무엇이 잘되었는지 알게 된다.

이 순간을 위해 영적 공부를 하는 것이다. 그래서 영적으로 공부하지 않으면 靈과 神, 氣의 세계를 알지 못한다.

지금 정신세계 영역을 강의하는 곳이 많은데 영의 세계를 모르고 하는 것이다.

영의 세계를 알고 강의해 주었다면, 이 나라가 이렇게 탁해지지는 않았을 것이다.

그러므로 가르치는 사람들의 자질이 문제이다.

책으로 공부하는 것이 아닌 영의 세계를 책으로 한다면 결과는 뻔하다. 해봐야 수박 겉핥기 식 공부이다.

나는 탁상공론을 자주 사용한다.

제자들에게 수박 겉핥기 식 공부를 주지 않기 위해 하늘의 공사장을 만들어주었다.

영적으로 깨우치고 나오라고.

이제 제자들은 진정 영의 세계의 공사장으로 들어가 영의 깨우침을 얻어, 우주의 기운을 전해 준다는 진리를 알게 될 것이다.

나는 제자들을 하늘의 공사장으로 안내한다.

어떻게 해야 하늘의 공사장으로 들어갈 수 있는지 말하고 싶다.

우선 하늘의 공사장은 마음이 아픈 사람과 자신을 버린 사람, 지식은 없어도 하늘의 기운을 받아 세상을 위하여 쓴다는 마음을 가질 때 쉽게 공사장으로 들어갈 수 있다.

또한 가진 것 없는 사람들과 세상 원망을 많이 한 사람일수록 들어가기 쉽다.

인간을 하늘의 공사장으로 인도하는 하늘은 인간이 인간세상에서 살지 못하도록 망가뜨린다.

누구나 갈 수 없지만, 고통을 많이 받은 사람일수록 쉽다.

오늘도 하늘에서는 인간들을 제대로 만들려고 공사하고 있다.

하늘은 인간들을 통하여 천지공사를 하도록 한다. 이제 제자들은 조금 이해했을 것이다.

결국 세상에서 마음을 아프게 하며 살아가는 사람들에게 위안과 하늘의 소리를 전해 주는 것이다.

원하는 만큼 이루어지려면 하늘의 도움이 절실히 필요하다.

이 점을 확실히 알고 생활한다면 하늘의 공사장에서 한몫할 것이다.

하늘은 내 편

누구나 우주를 만날 수 있고 사랑할 수 있다.

약한 마음을 가진 자가 우주에서 강한 기운을 만나면 강한 기운을 가질 수 있다.

나는 제자들에게 우주를 소개하는데 나에게는 아무 이득이 없다.

다만 잘못 소개하면 그 책임은 나에게 돌아온다.

나는 우주와 대화를 즐긴다. 우주와 영적으로 교류하면 해와 달이, 별이 아는 척한다.

아는 척하지 말라고 해도 해와 달과 별은 친한 척하자고 한다.

가끔 눈과 비도 아는 척한다.

하늘은 쳐다만 봐도 응답해 준다.

사건이 이러하다고 질문을 던지면 우리가 맡아서 처리해 줄 테니 걱정하지 말라고 한다.

그럴 때마다 나는 의심하는 단어를 던진다.

그 말을 믿어도 되나요?

믿으라는 말은 안 한다. 시간이 지나가면 알겠지 한다.

그래도 집요하게 또 묻는다. 내가 답답한지 응답을 끊어버린다.

하늘은 내가 쳐다만 봐도 응답한다.

천신제자는 이런 능력을 가져야 한다. 사람은 자신의 최면에 걸려 사는데 이왕이면 우주의 최면으로 사는 것이 행복하다.

기 치료, 기공, 요가, 명상을 하려면 이것이 기본이다. 그렇지 않으면 도저히 하늘의 기운으로 할 수 없는 특별한 종목이다. 그러나 요즘 사람들은 터무니없는 것들을 한다.

3차원계의 생체 에너지를 개발하여 운용해 보았자 자신만 다칠 뿐이다.

인간은 하늘을 두려워하며 살아야 하는데, 하늘이 무섭다는 말만 하지 내면세계에 접수하지 않기에 하늘을 내 편으로 만들지 못한다.

하늘은 내 편이라는 것을 잊지 말아야 한다. 하늘이 내 편이라는 것을 알 때 하늘은 가끔 인간의 소원도 들어준다.

하늘은 욕심 없이 원하면 아낌없이 준다.

남에게 주고 싶은 마음도 하늘이다. 그래서 사람은 하늘을 닮아야 한다고 한다.

나는 어려서부터 우주를 알았다. 그런데 우주가 나에게 와서 정보를 준 것인지 몰랐다.

우주를 아는 것은 나를 알아가는 것이요, 상대를 알게 되는 것이다.

우주와 하나가 되면 굳이 내가 누군가 하는 질문은 안 해도 된다.

내가 천기만 내려주면 저절로 우주와 계약이 성사된다.

이렇게 멋진 공부가 있는데 제자들이 갈팡질팡 잔머리를 굴릴 때 우주에서 호되게 머리를 친다.

자신이 우주와 계약을 맺으면 언제라도 꺼내 사용할 수 있다.

나는 천기를 내려받고자 이번 생을 다 투자했다.

그리고 천기를 내려주는 자가 되었다.

우주에서 나에게 특별히 전수해 주었다.

천기를 내려주는 법과 받는 법을.

누구나 공손하게 인사하면 천기를 내려준다.

하늘의 성자가 되기 위해서

하늘은 영적으로 맑고 순수하고 깨끗하고 거짓이 없어야 즐거워한다.
『거지 성자가 되다』라는 책이 있다.
성자가 된 거지는 순수하고 영이 맑았다.
세상 사람들에게 무엇을 줄 수 있을까 고민도 하였다.
하늘은 거짓이 없고 순수한 영에게 능력을 준다.
내려준 능력을 사용하는 자가 성자이다.
성자는 하늘의 비밀을 전해 주는 사람으로 인간이 필요로 한 것을 하늘의 허락을 받아 내려주며, 내려받은 능력을 유용하게 쓸 때 하늘은 더 큰 능력을 내려준다.
물론 성자가 되기 위해서는 그만큼의 노력과 고통을 이겨야 한다.
하늘은 누구나 성자로 만들려고 했다.
노력과 고통을 참지 못하기에 성자가 못 되는 것이다.
이번 제자들이 마늘밭에서 무엇을 보았고, 무엇이 힘들었는지, 날씨는 덥고, 무릎은 저려오고, 빛은 따갑게 내리쏘고, 혼자 감당해야 하는 공부가 있는데 옆 사람들과 대화를 즐기는 시간을 더 가졌기에, 제자들은 성자의 공부를 놓쳤다.
제자들은 누구나 성자가 되어야 한다.
어린 영을 가진 자가 성자다.
성자는 깨끗함을 말한다.
요즘 세상은 깨끗한 것이 없어졌다.

신부에게 고해성사를 해도 죄가 다 없어지지 않는다.
내면의 죄는 남아 있다.
그러므로 깨끗함을 갖기 위해서는 먼저 어린아이가 되어야 한다.
항시 제자들에게 선원에 들어설 때는 세 살로 들어와라! 하는 말뜻을 이제 알 것이다.
어린아이 영은 자신의 이득을 생각하지 못한다.
미래는 자신이 만드는 것이므로, 자신이 책임져야 한다.
온 세상에 이슈를 전달해야 한다.
오늘이 일생이라는 생각으로 살아야 한다.
사적인 것보다 공적인 면을 추구해야 한다.
고생을 樂(낙)으로 삼아야 한다.
제자들아, 편하게 살아가려 한다면 하늘은 외면할 것이다.
3차원계에 편안함을 추구하러 온 자들은 모두 파멸하고 갔다.
경제적인 고생, 사람과 사람 사이에 소통이 안 되어 맘 고생하는 것 모두 공부이다.
하늘의 심부름꾼이 되기 위해서는 여러 가지를 지켜야 한다.
성자는 자신의 마음을 깨끗하게 만드는 데서 만들어진다.

영성 상담이란

영성 상담은 신과 분리하는 작업이다.
신과 분리하는 시간은 많은 정신적 에너지를 요구한다.
신명은 분리 안 되려고 인간에게 저 사람 말 믿지 마시오 하며, 부정적인 에너지가 돌출되기 시작하면 인간은 그것이 자신의 생각인 줄 알고 착각한다.
부정적인 에너지가 돌 때 우주의 에너지로 잡아 돌리면 거의 긍정적인 에너지로 전환된다.
제자들이 영성공부가 무엇인지 연구하였다면 신명들과 분리하는 능력을 내려받는다.
신과 분리하는 능력을 부여받는 제자는 하늘의 선택을 받은 천신제자이다.
신과의 분리는 상상을 초월하는 내공을 갖추어야 한다.
조상신과 분리되면 빈자리에 다른 에너지를 채워주어야 하는데, 그건 제자의 기량에 맡긴다.
또 인간은 신명과 함께 공존한다.
신도 신 나름이고 신 분류도 깨우침을 얻어가며 신명과 합함도 있고 분리도 있는데, 제자들은 분리하는 공부를 게을리한다.
감정에 빠져 한 찰나를 놓친다.

우주 여행자

산천을 찾아 우주여행을 다니면 마음들이 어떤 말들을 할까?

우선 생각이 들어오고, 들어오는 생각대로 기분이 다르게 느껴질 것이며, 자신의 변화를 돌아볼 것이다.

우주여행을 하면 생각이 바뀌고, 생각이 바뀌는 대로 기분은 변화하며, 변화하는 마음을 내 것으로 만들려고 노력할 것이다.

나는 짬만 나면 우주여행을 떠난다.

제자들은 짬만 나면 우주여행을 떠난다는 말이 무슨 뜻인지 의아하겠지만 믿거나 말거나 하루에도 몇 번씩 우주여행을 한다.

인간의 눈으로는 입증 안 되겠지만, 암튼 나는 믿지 않을 정도로 여행을 자주 떠난다.

우주에 가는 티켓은 정해져 있지 않으나, 그렇다고 아무나 갈 수는 없다.

다만 자기 자신을 알고자 하는 제자들에게는 우주로 갈 수 있는 티켓을 하늘에서 발매한다.

가끔씩 제자들 티켓을 구매하여 같이 다니기도 한다.

우주를 갔다 오면 우선 마음이 넓어지고, 시원해지고, 부드러워지고, 긍정적인 마인드가 생성되고, 욕심이 줄어든다.

사실 우주에서 보는 대한민국은 점 하나도 안 되기에 욕심도 같이 사라지는 것 같다.

우주의 소식을 전해 주고 싶은 마음과 사명감으로 이렇게 글을 쓴다.

내적 세계에서 여행을 떠나고자 마음을 부추긴다. 그 이유는 기운을 바꾸게 하고 싶어서이다.

그래서 나 혼자, 아님 제자들과 동행한 여행에서 많은 도움을 받는다.

우주는 이렇다. 어른들은 잘 가지 못하지만, 어린아이는 가끔 가고 있다.

그러나 우주를 갔다 왔는지도 모르게 다녀오므로 어린아이는 모른다. 어린아이는 우주를 다녀올 때마다 부모의 말을 잘 듣지 않는다. 7세까지는 성장을 위해 우주에서 불러들인다.

그리고 조금씩 정보를 넣어주고 보낸다. 우주에 다녀오면 어린아이는 그만큼 성장하기에 부모들과 마찰을 빚는다. 7세까지는 우주에서 관리하면서 성장시키기에 그런 것을 모르는 부모는 자녀들이 갈수록 말을 안 듣고 반항한다고 한다.

사실 우주에서 자녀들을 관리하기에 부모들은 아이가 날이 갈수록 말을 안 듣는다고 힘들어하는데 7세까지는 자녀를 쥐락펴락하면 안 된다. 우주에서 관리하고 있는데 자녀를 말 잘 듣는 아이로 키우게 되면 자녀가 성장하는 데 부모의 권위가 방해된다.

우주는 잔소리가 없다. 우주에는 잔소리가 없는데 아이들이 부모의 간섭과 잔소리를 들으려고 하겠는가?

우주는 물로 구성되어 있으므로 내적 세계에서는 흘러가는 성장을 7세 전에 끝낸다.

그래서 생각은 보이지 않아도 느낀다.

여행을 떠나자. 우리 모두 우주를 갔다 오면 편한 세상을 만들 수 있으며, 항상 웃을 수 있는 마음이 생긴다.

우주는 모든 것을 감싸주고 용서하는 곳이다.

사람은 태어나면서 용서를 배우고, 다음은 자신을 찾는 법을 배운다고 한다.

나는 천기를 내리고 자신을 찾고 싶어 하는 사람들에게 길을 안내하고 있다. 자신을 찾는 것은 쉬운 일이 아니다. 하지만 어려운 일도 아니다. 자신을 내려놓으면 된다.

하늘은 항상 노력한 만큼 대가를 지불한다고 한다. 그래서 나는 언제나 하늘과 거래를 한다.

하늘을 정확히 알고 싶지 않은가?

나는 하늘의 기운을 내려받아 글을 쓰고 있다. 이 글에는 하늘의 기운이 들어 있으므로 이 글을 읽으면 기가 나온다.

내가 직접 하늘의 기를 내려주기보다는 글을 통해서 하늘의 기운을 전달하고 싶어서 이 글을 쓴다.

氣는 내리고 나눔이라고 하늘에서 말한다. 나는 이러한 사실을 알리고 싶고, 누구나 하늘의 기운을 빼다 써야 한다고 생각한다.

우주여행을 하고 오면 제자들은 큰 것을 받을 것이다. 그리고 왜 태어났는지도 알게 될 것이며, 자신이 하고자 하는 일이 얼마나 중요한지도 깨닫게 된다.

직업에 귀천이 없다는 것을 스스로 판단하여 불만이 없어지고, 지금 하는 일에 재미를 느끼며 천직으로 여기고 살아갈 것이다.

좋은 직업, 좀 더 나은 직업, 내 몸에 맞는 직업, 편한 직업, 이상적인 직업을 원한다면 나머지 사람들은 무엇을 하겠는가? 하늘은 골고루 사명을 주었기에 수많은 직업을 설정해 놓았다.

하늘에서 골고루 사명을 주지 않았다면, 그 많은 직업을 내주지 않앉을 것이다.

나에게 주어진 사명이 무엇인지 알고 싶으면 내적 기운을 읽어야 하는데, 영성공부를 한다면 쉽게 각자의 사명을 읽어 내릴 수 있다.

인간은 태어나면서 죽을 때까지 하늘의 기운을 받지 않으면 살 수 없으므로 하늘을 친구로 동반자로 삼아야 한다.

우주여행은 인간에게 필수이며, 적어도 한 달에 한 번은 여행을 하거나 산행을 떠나는 것이 좋다.

인간들은 우주의 기운으로 태어났기에 우주의 순리대로 살아야 한다. 그것이 쉽지는 않지만 사회 물을 먹고 나면 알게 된다.

우주여행은 자신의 마음을 여는 데 가장 필요하다.

항상 나를 보고 있는 하늘

반성은 우리네 인생을 편하게 해주고 자신을 일깨워준다.
반성하면 자기를 발견할 수 있다.
반성하다 보면 하늘을 알게 되고, 하늘을 알게 되면 자신을 쉽게 버릴 수 있고, 자신의 신명에 도움을 받는다. 특히 영성공부와 기와 수련에 관심이 있다면 더욱 그렇게 해야 한다. 하늘을 알고 공부한다면 짧은 시간에 자신이 원하는 것들이 영적으로 풀릴 것이다.
영적 지도자가 되고자 한다면 천기를 받아야 한다.
천기를 받지 않고 가고자 하면 하늘공부와는 먼 공부를 하게 된다.
시행착오만 죽어라 하고 고생하다 시간만 허비할 것이다.
道가 무엇인지 제대로 모르고 기도한다면 머리만 아프고 방향을 잃고 속이 터질 것이다.
빠른 시간에 道에 이르기를 원하지만 도는 쉽게 이루어지지 않는다.
사실 道의 길이 아닌 것은 없다. 잠자는 것도 도의 길이요, 사람들과 떠드는 것도 道이다.
어느 것 하나 道 아닌 것이 없듯 道 공부는 버릴 게 없다.
깨달음의 공부를 하면 무한한 세상을 만나게 되는데 道 공부를 한 사람이 그곳에 다다르면 사회생활하기에 많은 어려움이 따른다.
무한한 세상을 만난 수도자는 영적 공부보다 사회에 적응하는 공부가 더 어렵다.

그 이유는 간단하다.

道를 공부하면 무한한 세상을 만난다고 했는데, 무한한 세상이 인간세상이 아니라 우주 공간의 무한세계를 공부하는 것이므로 갑자기 사회에 적응하기가 어렵다.

영적 공부를 잘했다 하더라도 사회에 적응하지 못하면 道 공부를 잘못한 것이며, 무엇을 안다고 남을 무시하면 아무 소용이 없다.

그래서 道가 어려운 것이다.

도인이 많은 우리나라는 이것 때문에 펼치지 못하고 도태한다.

결국 道의 세계를 펼치는 도인이 먼저 사람이 되어야 쉬운데, 사람이 될 때까지 정진해야 한다.

道의 경지는 끝이 없으며, 생명이 다할 때까지 졸업은 없다.

그러므로 道를 함부로 남용해서는 안 된다.

어차피 사람을 위해서 공부한 것이니만큼 자신의 기복에 사용하지 않고 나라와 민족을 위해 쓸 때 고귀하고 값지다.

제대로 사는 도인이 되자.

항상 나를 보고 있는 하늘이 나를 위해 웃어줄 것이다.

영성으로 가려면

어떤 단체들은 능력이 없는데도 능력이 있는 것처럼 선전하여 많은 사람들이 찾아간다. 제대로 하지도 못하는데 세뇌되어 자신도 모르게 기운을 잃어버리는 경우가 허다하다.

기도한다고, 수련한다고 하늘에서 다 이루어주지 않는데 무조건 기도하고 무조건 수련하는 등 무조건 하는 것은 많은 모순을 가져온다. 기를 하는 사람들은 지식으로는 평가할 수 없기에 어떠한 경로를 거쳐야 알 수 있다.

그러나 많은 사람들이 한 사람을 통해 능력을 받으려고 하는데 매우 잘못된 생각이다.

하늘의 능력을 받으려면 우선 하늘의 능력을 받은 사람으로부터 천문을 열어야 한다.

천문도 열지 않고 어떻게 수련을 하겠는가? 자기 스스로 천문을 열면 공부나 수련이 필요 없게 되며, 어떠한 것을 아주 쉽게 알 수 있다. 수련만으로는 영적 능력을 갖출 수 없다.

그러므로 기 치료나 기공을 하려면 우선 천문을 열어야 한다. 천부경의 一始無始一(일시무시일)을 영적으로 해석하면, 一은 말이요 始는 글이다.

그러므로 一始를 알아야 無始一을 알 수 있다.

천부경을 영적으로 해석할 줄 알아야 깨우침이 온다.

해석도 못 하면서 영적 능력을 가졌다는 것은 어처구니없는 일이며, 아무것도 한 것이 없는 것과 같다.

하늘의 문을 열어야 인간이 모르는 세계가 장엄하게 펼쳐진다. 특히 영성으로 가고자 하는 사람은 지식을 가지고 말을 하는지 또는 지혜를 가지고 말을 하는지 알 필요가 있다.

그렇지 않고서는 또다시 다른 곳을 찾게 된다. 대학교를 나오거나 공부를 많이 한 사람은 영성이 없다. 영성이 있으려면 자기가 배운 것을 다 버려야 하는데, 지식인은 어렵게 배운 지식을 쉽게 버리지 못한다. 강한 마음으로 하늘의 계시를 따라야 영성으로 갈 수 있는데 학문 신들이 자리 매김을 하고 있어 인간이 강하게 마음먹지 않으면 매우 힘들다.

그러나 쉽지 않기에 자신이 영적으로 능력 있는 줄 알고 행동하는 사람들이 종종 있다고 한다.

다시 말해, 낮은 수준의 무당보다도 모르고 하는 행동이 많다. 기를 하거나 영을 알고 싶은 사람들은 이 글을 읽고 나면 대강 알 수 있을 것이다.

하늘의 계시를 받거나 영적으로 하늘과 대화하면 여러 가지로 통한다.

영적인 병은 물론이고 사주 같은 것은 저절로 알 수 있으며, 영을 공부하면 우주의 원리를 알게 되며, 인간의 생각이 얼마나 잘못되었는지 알게 된다.

그러므로 깨달음으로 가는 길은 깨우쳐야 공부할 수 있으며, 현재 우리나라에서 영성으로 공부를 가르친다는 곳이 많은데 전부는 아니나 대부분 거짓이라고 보면 된다.

또한 영성으로 가는 길은 한문이나 영어가 필요 없고 책도 필요 없기에 사회공부를 하지 않는 사람들이 영성으로 가기 쉽다. 어떠한 공부를 많이 했다면 그것은 나를 막는 길이다.

영성으로 가야 모든 것이 순조로우며 남을 가르칠 수 있고, 사람의 길을 열어줄 수 있다.

단학은 운동이지 영성으로 가는 길이 아니다.

단학을 해서는 결코 높은 수준으로 갈 수 없다는 것을 깨우쳐야 영성으로 갈 수 있다.

영성으로 가고자 한다면 하늘의 문을 열어주는 능력자를 만나야 한다.

그래야 자신의 길을 펼칠 수 있다.

정신이 바뀌면

누구나 한 번쯤 다시 태어나기를 원할 것 같다.
이런 저런 이유를 대면서.
다시 태어난다는 것, 그것은 정신이 바뀌는 것이다.
하늘은 내 정신을 바꾸어주었다.
여행 중에 들어오는 참 정신을 일러주면서 정신을 바꾸어주고, 사람들을 만나는 부딪침 속에서도 정신을 바꾸어준다.
정신이 바뀌면 다시 태어나는 것이다.
하늘과 우주의 배려 덕분에 다시 태어난 나는 제자들에게 거듭 다시 태어나는 것이 무엇인지 알려주고 싶다.
사람은 가끔 다시 태어나야 새로운 깨달음을 가질 수 있다.
정신이 자극을 받으면 자신을 바꾼다는 것을 알았고, 깨달음은 어느 누구에게나 얻을 수 있으며, 누구나 깨달을 수 있다는 것을 제자들에게 알려주었다. 제자들이 사람들에게 깨달음이 무엇인지 지도해 줄 때 지금보다 쉽게 깨달음을 주어야 한다고 강조한다.
인간은 종교로부터 해방되어야 하고, 종교에 맹신하지 않아야 하며, 종교인은 모범을 보여야 하고, 종교인답게 행동으로 옮겨야 하며, 종교가 없는 사람보다 다르게 살아야 한다.
사실 종교를 갖는다고 깨달음을 얻는 것은 아니다.
종교에서 이렇게 저렇게 하라고 지시를 내리면, 지시받은 신도나 회원은 그대로 따라하는데, 따라하는 곳에서는 깨달음을 얻을 수 없다.

부딪침 속에서 정신은 새롭게 태어난다.

그런데 사람들은 이런저런 핑계를 대며 부딪침을 피해 간다.

하늘에서 우주에서 내려준 여러 가지 깨달음에 관심을 갖고, 하늘과 우주는 내가 잘하고 있는지 점수를 매기고 있지만, 나도 하늘에 점수를 매길 수 있는 자격을 부여받았다.

정신이 바뀌면 거듭 다시 태어날 수 있다.

천서와 천어

내가 지도해 주는 제자에게는 필히 천어와 천서를 지도한다.
천부경 공부를 받으려면 천서와 천어가 필요하기 때문이다.
천부경을 알려면 영성 성장을 이루어야 한다.
영적 성장을 지도받으면서 내공을 쌓으면 천부경의 비밀을 풀 수 있다.
하늘의 글과 하늘의 말을 알아야 천부경을 알 수 있다.
그것도 내가 아는 것이 아니라 영적인 성장을 동반해야 알 수 있다.
앞으로 선원에 오는 자는 천어보다 천서부터 지도해 줌이 더 빠를 것 같다는 회의를 끝냈다.
원래는 언어를 습득시키고 글을 지도하는데, 방법을 달리하겠다고 하늘에 고한다.
앞으로 오는 제자들은 글부터 지도하고, 언어는 마음이 어떻게 설정되어 있느냐에 따라서 소통시켜 줄 것이다.

천신과 악신의 관계

누구나 행복하게 살고자 한다.
그러나 누구나 다 행복하게 살기란 쉽지 않다.
또한 열심히 살면 성공한다고 착각한다. 그러나 아무리 열심히 노력해도 효과를 보지 못하는 경우도 많다.
참신이 있는 정상적인 사람은 조금만 노력해도 일이 잘될 것이다.
그러나 악신이 몸에 있다면 나쁜 일이 겹치고, 아무리 노력해도 힘들 것이다.
사람의 눈은 10%, 코는 20%, 입은 30%다.
어느 곳에 잡신이 들어 있느냐에 따라 성공하고, 또 실패하는지 알 수 있다.
사람의 마음은 50%라 한다. 점수를 많이 받는 곳이 마음이기에 많이 받는 사람은 마음을 잃어버리지 않고 살아야 성공할 수 있다.
50%, 평생 이 숫자를 유지하며 살아야 하는데, 악신과 참신은 이것이 자기 것이라고 우기며 살아간다.
참신이 많아야 순하고 진실하게 살아갈 수 있다.
참신은 사람이 죽어서 하늘에 올라갔다가 다시 내려와 인간의 몸에 붙어 기거한다. 악신은 이와 반대로 하늘에 올라가지 못해 올려달라고 매달리는데 고통이 따르지 않는다고 한다.
그러나 악신이 몸에 붙어 있으면 고통이 따르는 것은 물론 여러 가지 죄를 짓는 매개체로 변한다고 한다.
그래서 우리는 악신이 붙지 않게 하는 것은 물론 악신을 제거하며 살아야 한다.

  그런데 참신과 악신을 분별하지 못하고 사는 것이 문제다. 악신이 이기주의를 만들고 악신이 사회악을 만드는 것을 알아야 바로 서는 나라, 바로 서는 자신이 될 것이다.

  참신은 좋은 것을 주지만, 참신을 잘못 이해하면 가만히 앉아 있어도 모든 것이 이루어진다는 착각을 할 수 있다.

  흔히 어느 신에게 빙의 되거나 접신된 것을 눈으로 보거나 이야기 들었을 것이다.

  몸에 조상이 붙어 있으면 결국 악신으로 변한다.

  작년에 어머니를 살려달라고 왔던 부자가 기억난다.

  그 어머니도 돌아가시면 결국 악신이 되는데, 공부시켜 본래 자리로 돌려 보내주었다.

  악신은 집착에서 비롯된다.

  무속인들은 조상이 붙어 있는 것을 좋게 인식하는데 잘못된 생각이다.

  악신과 참신의 관계를 잘 알아야 사는 데 많은 이득이 된다.

  가령 악신이 많은 사람이 있다면 아무리 선하게 살려고 노력해도 살 수 없게 만든다. 왜냐하면 악신은 조상신인데 조상신이 붙어 있으면 인간이 하는 것을 방해하고 다닌다. 이것이 조상신이 인간에게 많이 있으면 아무리 해도 안 되는 이유이다.

  참신이 있다면 인상이 선하다는 말을 들을 것이며, 편한 기운에 많은 사람들이 따라올 것이다.

  그러므로 정치를 하거나 큰 사업을 할 때 참신이 많이 들어 있지 않으면 절대로 성공을 못 한다.

악신과 참신은 조상과 천신으로 구분할 수 있다.

사람 몸에 조상보다 천신이 많다면 더욱 큰일을 할 수 있지만, 조상이 많이 들어 있으면 어렵게 일을 할 수밖에 없다. 아무리 천신이 많이 들어 있다 해도 조상신이 한 명이라도 있으면 항상 마무리가 어렵다.

왜냐하면 천신이 하는 일을 조상신이 질투하기 때문이다.

참신과 악신의 관계만 알아도 사는 데 큰 지장은 없을 것이다.

다만 악신으로 산다면 사는 데 아무런 의미가 없다.

그래서 영적 공부는 조상공부부터 시키는 것이다.

조상에게 인성공부를 시켜주면 천신이 하는 일에 질투심을 유발하지 않고, 오히려 천신의 일을 돕게 된다.

경자년을 맞이하며

바깥세상이 궁금해서 세상을 내다보았더니 난리다.

힘들어서 못 살겠다, 경제가 어려워 상가 문 닫아야 한다, 경제가 어려우니 직원들 감소해야 한다는 회사 사장들, 정치가 왜 이렇게 어지럽냐는 시위 현장의 외침들….

시청 앞에서 단독 시위하는 시민들, 청와대 앞에서 새로이 창당하고 데모하는 정당 시민들, 공략 내세우며 새로운 정보 퍼트리며 집회 갖고자 하는 시민들과 응원하는 인파들.

노총은 누구를 겨냥하는지 맞불 붙여 같이 데모하고, 학생들은 학생들대로 기성인들 정신 차리라고 집회한다.

현 시국의 문제들이 심각하다고 보면 심각하지만, 모두 대한민국 국민성 깨어나라고 벌어지는 현안들이다.

지금껏 대한민국 국민들의 민족성은 바닥에 있었다.

오로지 물질에만 혈안이 되어 정신까지 저당 잡히는 미련한 인사들… 역사의 업이다.

정치판은 아직까지 고려시대에 멈추어 있는 것 같다.

2020년에 국가의 모든 업을 정리하려는지 숨어 있던 문제들이 다 튀어나온다.

교육계 문제들, 정치판의 오래 묵은 현안들, 케케묵은 정치권력과 경제 권력의 불의한 결탁으로 이루어진 검은 에너지들이 다 튀어나와 국민들의 의식을 깨우고 있다.

경자년은 잠자고 있던 민족성을 되찾기 위해 핵심 지도자들이 사익을 취하기 위해 은밀하게 거래해 왔던 부패와 수많은 노동자들, 죄 없는 국민들의 분노를 일으킬 숨어 있던 사건들이 속속 터질 것이다.

경자년은 흐름이다. 오래 묵혀두었던 문제들이 터져 나와 질서를 바로잡아야 한다.

경자년은 정신세계에서 정신 차리지 않으면 안 된다.

대통령 선거 때 말했다.

가장 유력시되는 사람 표 찍지 말라고, 나라 망한다고.

그 당시 영안이 열려 있는 자, 신통술이 있는 자, 촉이 발달한 사람들은 모두 문재인이 대통령 된다고 장담했다.

나도 역시 그렇다고 했다. 그러나 문재인이 당선되면 나라가 망하니 결코 찍지 말라고 부탁했다.

그런데 귓등으로도 듣지 않았다. 내 딸도 문재인을 찍었다.

그래서 딸과 한판 붙었다. 나라가 망하는 날, 너도 책임져야 한다고.

누군가 기자회견을 요란하게 하며 문재인이 대통령 된다고 못 박는 것을 지켜보았다.

저렇게 한심한 자가 있나. 문재인이 대통령 되는 건 확실하지만 문재인이 당선되면 왜 나라가 망하는지 말해 줘야 하지 않을까.

그 사람은 현재 유명세를 타고 있는 영적 지도자이다.

기자회견을 그렇게 요란하게 하면서 문재인이 대통령 되면 나라가 망한다고 일침을 가하지 않는 것이 이상하다 했는데, 눈빛에서 정치적 야망이 있는 것을 보고 기분이 찝찝했다.

정신계에 있는 자들은 정치에 관여해서는 안 된다.

정치인들이 제대로 나아가지 않으면 깨우쳐주는 방법을 선택해야 한다.

어느 명리학자는 나도 문재인이 대통령 된다고 예언했으나, 지금은 후회한다고 떠드는 것을 보았다. 답답했다.

정신계 사람들이 유명세를 타서 무엇 하려는가?

음의 세계는 양의 세계를 받쳐주기 위해 있다. 서로 균형 잡힌 세계를 구축하는 것인데 정신세계가 물질계에 인정받아 그 위에 군림하려는 지배욕을 가져서는 안 된다.

흘러가는 경자년에 국가의 업이 정리되기를 소망한다.

역사를 거슬러 올라가서 천도할 수 있는지 신명계에 의논해야겠다.

영적 능력이 큰 천신제자들은 역사를 거슬러 올라가 천상계의 조상 신명들 집착들을 정리해 주었으면 한다.

조상의 업과 권세 집착으로 손해 보는 것은 힘없는 국민들이다.

영적인 힘을 가진 천신제자들은 각자의 능력에 따라 역사를 거슬러 올라가 권세의 집착 가지고 죽은 한 많은 조상들 천도를 해주었으면 한다.

쓸데없이 제자들 우롱하는 짓거리는 이제 접었으면 한다.

무속인 팔자니 신을 내려받아야 한다든지, 너는 중 팔자니 머리 깎고 중이나 되라든지, 목사 팔자라든지, 신부 팔자니 신부가 되라는 등 쓸데없는 짓거리 그만하고, 신통력이 강하면 역사를 거슬러 올라가 나라의 업을 정리하는 큰 제자가 되기 바란다.

지금 각 종교에 이름난 천신제자들이 얼마나 많은가?

밥벌이에만 급급해하지 말고, 역사 정리에 힘써주어야 이 나라 천년들이 쓸데없는 데 고생하지 않을 것이다.

대한민국은 자주 국민성을 회복해야 한다.

어쩌면 하늘에서 문재인을 대통령으로 앉혀 국민들에게 정신 차리라고 큰 공부를 줄 수도 있겠다.

국민들이 자주 국민성을 되찾으면 문재인 대통령은 가장 큰 배역을 맡은 것이다.

그렇게만 된다면 아낌없이 큰 박수를 칠 것이다.

경자년 2020년은 가장 혹독한 해가 될 것이므로 정신 똑바로 차리자.

지적 세계관 수입

공부에는 두 가지 종류가 있다.

존재해 있는 정보를 그대로 습득하여 결과만 알고 다른 사람에게 설명해 주는 습득 방식의 공부가 있고, 궁금증과 호기심을 발휘하여 이론, 삶의 양식을 만들어 세계에 도전하는 창의적인 공부가 있다.

습득 방식의 공부는 뉴턴의 만유인력, 중력을 외워 결과만 알기에 우주에 띄우는 에너지는 나오지 않는다.

하지만 창의적인 공부는 설명 능력을 개발한다.

설명 능력은 호기심과 궁금증에 집요함을 더해 우주에 도전해서 보편적으로 설명할 수 있게 된다.

지식 수입은 결과만을 수입한 것이다. 공적으로 처방전만 외웠다는 것이다. 결과만, 처방전만 받아들인 것을 모든 지식과 이론을 수입하였다고 한다.

적어도 호기심과 궁금증에 집요함을 곁들여 꾸준히 연구하여 실패와 성공을 거듭하며 연륜을 쌓아야 우주에 설명할 수 있다.

그래서 경험이 중요하다.

수입은 말 그대로 상대방의 지식을 가감 없이 받아들여 처방만 내준 것이다.

수입하더라도 내 것으로 받아들여 다른 각도로 연구하고 또 다른 이론을 내놓아야 한다.

나는 지금껏 그렇게 공부하였다.

왜?라는 호기심,

왜?라는 궁금증.

우주는 내 문제를 해결하려고 노력해야만 움직인다.

습득 방식은 남의 세계관에 나를 맞추려는 것이다

수행자는 최초의 호기심, 궁금증을 경험해야 한다.

수행자는 공적인 삶을 살기 위해서 공적이고 윤리적인 세계관을 만든다.

창의적인 공부를 하는 자는 공적인 삶을 살기 위해 나의 세계관을 우주에 띄운다.

하늘은 공부하는 자의 수준에 맞게 2% 어려운 문제를 던진다.

문제는 공부하는 자의 수준에 따라 달라지지만, 던져진 문제를 풀기 위해 사람들은 여러 가지 방법을 찾아 나선다.

습득 지식을 취한 자는 기존에 만들어진 환경을 찾아간다.

종교나 멘토, 또는 전문가의 도움을 받거나 지식과 이론을 수입하여 내 문제를 해결하려고 한다.

하늘에서 던져놓은 문제를 그렇게 해결하면 쉽게 부패한다.

쉽게 부패된 질문은 또 다른 질문이 기다리는 결과를 초래한다. 그렇게 계속 악순환을 거듭한다. 암세포 줄기가 다른 곳으로 전이되어 또 다른 수술을 기다리게 할 수 있는 질문의 문제는 계속 꼬리에 꼬리를 물어 부패하게 된다.

그러나 창의적으로 공부하는 자는 하늘의 질문을 스스로 찾기에 게으르지 않다.

대우주와 교류할 수 있는 창구를 연다.

대우주와 교류할 수 있는 창구를 개설한다는 것은 내 문제를 해결하려고 적극적으로 자연과 소통하려는 것이다.

창의적으로 공부하려면 호기심과 궁금증을 경험해야 한다.

이제부터 남의 세계관을 내 것인 양 받아들이지 말고, 남의 지식을 수입하는 헛똑똑이가 되지 말자.

세상에는 헛똑똑이들이 만연해 있다. 남의 지식을 수입하여 내 것인 양 도용해 사용하는 인간들이 부지기수다.

헛똑똑이들이 지식을 수입하여 교묘히 위장해 만들어놓은 것을 구분할 줄 아는 똑똑한 자가 되어야 한다.

똑똑한 자들은 소박하다.

천신제자들은 설명 능력을 내 것으로 만들어 인류세계에 보편적으로 설명하는 영적 지도자가 되자.

영성시대의 나를 알아가는 공부

선천시대는 내가 누구인가?
그리고 왜 태어났을까? 하는 질문을 던지고 돌아가도 굳이 탓하지 않았다.
그러나 후천시대는 '나는 왜 태어났으며, 나는 무엇 하러 지구촌에 도킹해 왔을까?'라는 질문을 던지며 답을 찾아야 한다.
영성시대는 내가 누구인지 찾아내지 않으면 안 된다.
'난 어디서 오고 어디로 가는 걸까?'
그 답을 찾기란 쉽지 않다. '알려는 나를 만든 이는 누구일까?'부터 아주 근본적인 질문부터 찾아 들어가야 한다.
일반적인 사람들은 내 어머니와 아버지를 찾을 것이고, 할아버지 할머니, 그 위의 시조 조상님까지 찾아 들어갈 것이다.
조상님들은 여러 군데 표식을 나누어 해놓았기 때문에 찾아 들어가는 데 별 어려움이 없다.
그러나 나와 한 호흡을 하시는 그분은 표시를 한 호흡으로 해놓았기 때문에 나의 순수 영혼신을 찾기란 쉽지 않다.
고급 차원계에서 영혼신을 갖추고 온 천신제자는 나를 찾기 매우 어렵다.
나를 만든 분과 같이 호흡하며 찾아야 하는데, 그분이 어디에서 호흡하고 있는지 알 수 없다.
그분의 뜻을 알아야 하는데, 우선 기초부터 찾아야 한다.
처음부터 고급 차원계로 이동이 가능하지 않나.

나는 조상 영들을 공부시키는 데 게을리하지 않게 만들어 조상 신명들 공부들을 시켜주어 각 차원계로 이동시켜 주었다. 그리고 내 전생 영들을 호흡으로 끌어들여 한 호흡으로 이어놓았다.

내 본신명들이 탄생의 의미를 부여해 주었다.

탄생의 의미를… 저급 차원계와 중급 차원계, 고급 차원계를 이동하면서 내가 누구인지 알았다.

선천시대의 과도기에서 후천시대로 진입하는 과정을 신명세계와 영적 세계를 접하고 소통해 가면서 선천시대 제자들 가르침을 통해서 나를 알게 되었고, 후천시대에 영적으로 제자들을 지도하면서 알게 되었다.

나를 알아감은 그냥 주어지는 것이 아니라는 것을 제자들을 양성하면서 깨달았다.

이제야 나는 내가 누구인지 알게 되었다.

이어주고, 연결시켜 주고, 하늘의 도서관 출입이 자유로워 책을 내려 쓰고, 하늘의 소리를 전해 주는 사람인 것을.

후천시대의 영적 천신제자는 본인이 누구인지 알고 수행해 나가야 한다.

그래야 영성시대에는 인간답게 살 수 있다.

나를 알아감에 게을리하지 말자.

넓은 세상에 무엇을 던져야 할까?

영성공부하는 제자들을 지도하면서 깨닫는 부분이 있다.
내 수준에서 안 되는 것은 일단 접어두자.
언젠가 해결되는 상황과 마주치게 되면 다시 꺼내어 시도해 보고, 안 되면 또다시 묻어두고 시간에 던져보자.
던져진 시간들 속에 낚싯밥이 턱 하니 걸릴 때, 나도 모르게 지어지는 회심의 미소.
"신난다! 기다린 보람이 있었다."
던져놓은 시간들 속에서 다시금 인성을 다잡아줄 때 제자들도 바로잡아야 한다는 것을 절실하게 더 느끼는 것 같았다.
이 수준으로 올라오기 위해 많은 시행착오를 거듭하였다.
바로바로 시행하고자 서두르기도 하였고, 강제적으로 시행하여 부작용만 더 늘기도 하였다.
영적 수준을 잘 알지 못해 서두르는 열정으로 재주 있는 제자들에게 오히려 돌이킬 수 없는 상처를 주었다.
제자들은 잘 몰라 나에게 원망 아닌 원망의 기운을 잔뜩 던지고, 나는 나대로 엇갈리는 영적 수준 감별로 돌이킬 수 없는 참담함을 맛볼 때마다 시간을 되돌리고 싶었다.
쥐구멍이라도 있으면 숨고 싶을 정도로 한심하고 교만으로 가득 차 있던 새내기 영적 지도자 입문 시기.
수없이 시행착오를 겪던 어느 날, 마음의 눈물이 흐른다.
뒤로 도망가지 않고 자리를 지켜주어서 고맙나네 천신들이 인사한다.

수많은 시행착오를 겪지 않으면 지도할 수 없다면서, 영을 넣고 뺄 수 있는 명패를 내려주었다.

지금 제자들을 지도할 때 안 되는 부분은 넓은 세상에다 던져놓는다.

영을 다루는 것은 기를 운용하는 것과 같다.

운용 안 되는 제자의 기를 억지로 운용하면 부작용이 심하게 일어난다.

신을 다루는 것, 영을 다루는 것은 기 운용을 배우는 고도의 우주 공부이다.

지금 공부하는 제자들은 기를 순행으로 운용하는 공부를 하는 것이 아니라 역행하는 공부를 찾아서 열심히 하고 있다.

예전 제자들에게는 역방향으로 가는 기운을 제대로 돌려놓는 데 열정을 쏟았다.

그러나 지금은 따라오는 제자들만 기 운용하는 방법을 지도해 준다.

하늘은 다 같이 합의해서 사는 것을 원한다.

왜 합의하는 것을 원할까?

우주 에너지를 운용하는 자의 기본 덕목이기 때문이다.

태양계는 어느 행성이 맘에 안 든다고 빛을 주지 않는다.

태양계를 중심으로 도는 행성들은 태양계의 빛을 고루 받는다.

나는 제자들이 태양계와 같은 넓은 마음을 가졌으면 한다.

그러려면 기 운용을 순행하는 공부를 해야 한다.

질문은 왜 하는가?

어린아이가 부모에게 "엄마 이것 뭐예요?" 하며 사물에 대해서 질문을 한다.
부모가 설명하려고 하면 아이는 다른 사물을 가리키며 "엄마~ 저건 뭐예요?" 한다. 사실 아이는 설명을 들으려고 질문을 던지는 것이 아니다.
부모와 소통하려고 질문을 던지는 것이다.
아이가 질문을 던지지 않으면 소통 부재중이 된다.
아이는 질문하며 세상과 소통하는 법을 배운다.
그래서 성장 시기에는 자녀에게 끝없는 질문을 던져야 한다. 부모의 질문 질량에 의해 자녀의 지적 성장과 인성이 발달한다.
'왜? 왜? 왜요?'
'왜?'라고 질문하지 않으면 소통할 수 없다.
인간도 우주에 질문하지 않으면 소통 부재중이 된다.
영성공부는 '왜?'라는 질문부터가 시작이다.
대우주와 소통하고 싶으면 무수한 질문을 우주에 하늘에 던져야 한다.
질문을 던져놓고 알려하지 말고, 그냥 질문만 던져놓는 덕목을 갖추면 된다.
질문 속에 영성은 움직인다.
영혼의 질량을 키우고 싶다면 '왜?'라는 질문만 던져놓고 알려하지 마라.

영적 제자들이 질문을 던지지 않으면 우리는 하늘과 우주와 소통 부재중이 된다.

또한 우주와 소통이 안 되면 우울증과 외로움이 온다.

영적 인성교육을 받으면 소통하게 되어 외로움에서 나오게 되며 영혼의 질량 에너지가 증폭된다.

영혼의 울림이 있어야 한다.

영혼의 울림 현상이 기관에서 받아들여 각 기관에서 말의 에너지로 변화하여 말의 운동으로 흡수되어, 영혼의 울림으로 말의 운동으로 변화하여 말이 생성되고 상대방의 기운이 흡입되어 기운이 운용된다.

대우주와의 소통은 질문이 생성되어, 영혼에서 울림현상으로 각 기관에서 받아들여 말(새로운 언어)을 탄생시켜 주어야 한다.

대우주와 소통하여 말을 생성시켜 주어야 한다.

대우주와 소통하려면 끊임없이 질문을 던져라!

소금 뿌리기 공부 과정

　영성공부 초기 시절, 소금 뿌리기 공부를 막 시작하고 갈등에 빠졌다. 1초, 1분, 10분 시간대마다 소금 뿌릴 때, 내 자아는 고통을 받았다. 이 과정을 꼭 거쳐야 하냐고 질문을 던졌더니, 상위 자아자가 꼭 거쳐야 한다고 한다.
　미꾸라지에 소금을 뿌리면 어떠한 현상이 벌어지는지 아는 사람은 알 것이다.
　김치를 담글 때도 배추와 무에 소금을 뿌려 숨을 죽인다.
　김치의 종류는 지방마다 다양하다.
　김치를 담글 때 제일 먼저 들어가는 것이 소금이다.
　소금으로 기본 재료의 숨을 죽인다.
　김치에 들어갈 재료들을 한꺼번에 섞어서 버무릴 때 소금과 젓갈을 넣어 숨을 죽이거나 간을 맞춘다.
　모든 음식에는 소금이 들어간다. 왜 모든 음식에 소금이 사용되는 걸까? 적당한 소금이 들어가야 맛의 기본을 잡을 수 있기 때문이다.
　제자들에게도 소금 뿌리기 공부를 시도해 보면 절여지지 않으려고 용을 쓰는데 참으로 답답하다.
　제대로 된 김치를 만들려면 재료가 알맞게 저려져야 김치 속 버무리기가 쉽다.
　재료들의 필요 없는 수분이 적당히 빠져야 김치를 버무리듯, 제자들도 인간의 생각이 푹 저려져야 제대로 된 영성공부를 할 수 있다.
　배추가 뻣뻣하면 여러 가지 양념이 배지 않아 서로 겉돈다.

소금을 사용하는 것은 조상정신을 우주의 에너지로 변화시켜 주는 것이다.

제자들은 소금 뿌리기 과정 공부에 들어가면 모두 진저리를 친다.

제대로 저려진다는 것은 이제부터 영성공부에 입문했다는 것이다.

무, 배추만 소금으로 절이지 않는다. 요리하고자 하는 재료는 모두 소금으로 적당히 절여 재료에 맞게 완성품으로 만든다.

하늘은 영성 제자들에게 이러한 과정을 거치도록 하여 지도자로 만든다.

종합적으로 전 과정을 거치지 않으면 편식된 차원계만 입력되어 소통하는 과정에 입문하지 못한다.

영성공부의 기본 과정은 소금 뿌리기 과정이 필수이다.

영성 지도자가 되려면 소금 뿌리기 과정을 두려워하지 말고, 한 가지씩 부딪쳐 내 것으로 만들어야 한다.

수년간 영적 지도자를 배출시키려고 영성이 뛰어난 천신제자를 만나면 한 번씩 시도하는데, 다들 공부 못 하겠다고 핑계를 대며 탈락되었다.

소금 뿌리기 공부를 맘껏 받아낼 배짱 있는 천신제자가 선원에 있으면 한다.

대우주와 소통을 원한다면 기본 공부를 이수하는 데 연구해 보아라.

자신과 소통이 중요하다. 그리고 이것이 기본 상식이다 하고 외치는 인간들과 소통하기를 연구하라.

내가 죽어야 알 수 있는 신

제자들이 궁금해하는 신에 대해서 이야기하려고 한다.

인간이 모르는 신에 대해 이야기하면, 신은 인간의 눈으로 볼 수 없기에 마음으로 느끼게 해준 것을 생각으로 바꾸어 표현하기 전에는 이해할 수 없다.

제자들에게 밥 먹듯이 하는 말이 '소감! 소감! 소감!'이다.

그런데 왜 소감을 물어보는지 궁금해하는 제자는 없고, 어~휴 또 소감 묻는 시간이 오네, 하며 공부 자리를 피하려 한다.

어느 제자는 소감을 물어보려 하면 슬며시 자리를 피하기도 한다.

질문 던지는 소감 때문에 나는 영성공부 안 할 거야 하며, 속에도 없는 말을 하는 귀여운 제자도 있다.

소감, 소감 하다 보면 깨닫겠지, 왜 소감으로 공부시키는지….

죽음의 경지까지 가보아야 알 수 있는 영의 세계, 내 생각이 없어져야 신의 소리를 들을 수 있는 신의 세계.

인간이 모르는 신의 세계가 많기 때문에 하늘은 조화를 부린다.

제자들은 조화 부림을 통해서 숨어 있는 신들을 찾아내는 에너지 사용하는 연구도 해야 한다.

신들과 통하게 되면 신들의 조화로 일어나는 지진이나 태풍, 해일이 약하게 일거나 일어나는 원인을 알 수 있다.

인간이 신들의 세계를 알려고 하지 않으니 신들은 계속 사건을 더 크게 진행시킨다.

신들의 흐름을 알고 산나면 인간은 편해질 것이니, 신을 알려고 하지 않기에 신들에게 당하고 사는 것이다.

인간이 모르고 있는 신을 안다는 것은 우주의 모든 것을 아는 것이다.

신을 알고자 하는 것은 영적 세계를 이해하는 것에서 깨달을 수 있다.

제자들은 알려고 해도 알 수 없는 신들의 세계를 알고 싶으면, 마음으로 느끼는 것을 세세히 말해야 한다.

느끼는 것을 생각으로 바꾸어 이해하는 훈련을 반복해야 한다.

훈련과 연구를 거듭하면 알 수 없는 신의 세계를 알 수 있다.

도반들과 대화하라고 하는 것은 이러한 깨달음을 얻으라고 유도하는 것인데, 어떠한 제자도 유도하는 부분을 알려고 하지 않는다.

죽음 직전의 상태에 들어가야 알 수 있는 영의 세계다.

제자들은 느끼는 것을 생각으로 바꾸어 이해하며 신의 세계와 통하도록 하자.

뜻이 있는 곳에 길이 있다

"하늘 위의 뜻이 땅 위에도 이루어지소서"란 말이 있다.
신들은 하늘의 뜻을 땅에 이루기 위해 내려온다.
하늘의 뜻을 가지고 온 전령들은 땅 위에 뜻을 이루고자 사투를 벌인다.
왜냐하면 하늘의 힘을 알고 살아야 한다는 메시지를 인간들에게 주고자 함이고, 하늘의 소리를 들어야 인간이 바로 선다는 것을 알려주기 위함인데, 하늘의 뜻이 많이 왜곡되어 있어 문제다.
하늘과 땅의 사이를 중요시해야 제대로 사는 것이다.
하늘과 땅 사이에 중천이 있다.
중천은 인간이 마지막으로 심판받는 차원계이다. 인간이 중천에서 인간으로 살아 있을 때 지은 죄를 용서받고, 참회하며, 지은 죄를 탕감받을 수 있을 때 기회를 준다.
하늘로 올라가 천신이 되어 인간의 삶에 도움을 주거나 아니면 인간세계에 흡수되어 감방장이 되어 인간을 관리한다.
중천세계는 인간세계에 다시 태어날 수 있는 기회도 준다.
중천계에서 자신의 죄를 모두 탕감받고, 죄가 멸할 때 천신이 되어 하늘로 올라갈 수 있다.
그런데 고작 지구 안의 상천계이다. 대기권 밖의 상천이 아니다.
중천에서 제대로 죄를 용서받지 않고, 공부하지 않으면 재판받는다.
중천에서 천신으로 발탁이 안 뇌면 허공을 떠돌아다니고, 조상의 에너지는 자손에게 감응되어 자식들에게 좋지 않은 일이 생긴다.

자식들에게 좋지 않은 일들이 생기게 하여 자손과 감응하여 결국 조상 천도재를 지내게 한다. 천도재는 조상님들이 생전에 잘못 살았던 아집이나 집착을 참회하게 하여 영혼을 가볍게 해주는 것이다.

결국 천부경은 인간이 살아감을 하늘에서 함축해서 내려놓은 경이다.

모두 다른 환경 속에서 웃음도 가져보고, 슬픔도 겪어보며, 어려운 일도 해결하며 사람으로 살아가는 것을 순리라는 테두리를 만들어 영성진화를 거듭나게 한다.

결국 인간은 윤회를 통해서 영적 진화를 거듭나고 의식 진화를 만들어나간다.

제 2 장

천신제자의 기본자세

마음의 기복 신앙

봉사하러 다니는 사람들의 심리를 들여다보면 순수한 봉사정신은 결여되어 있고, 마음의 기복으로 봉사하러 다니는 사람들을 자주 본다.
종교 단체에서 봉사하면 마음이 산다고 한다.
사실 봉사를 하면 마음이 편안하다.
그러나 깊은 곳으로 들어가면 기복이라는 것이 숨어 있다.
어린 시절, 엄마의 강요에 의해 절에 다니면서 제단에 있는 촛대를 수도 없이 닦았다.
나는 싫은데 엄마는 촛대를 닦으면 좋은 일이 생긴다며 강요 아닌 강요를 해, 고사리손으로 촛대며 제기들에 약품을 발라가며 있는 힘껏 닦았다. 그러면 엄마는 매우 기뻐하셨다.
나는 아주 약이 올랐다.
엄마의 기분을 맞추기 위해 웃으며 힘든 일을 해야 했던 그 시간을 지울 수 있다면 지우고 싶었다.
어렸을 때 엄마가 시킨 노동이 몸에 배어 성인이 되어서도 습관적으로 하고 있는 자신을 발견하고는 그때부터 일절 안 했다.
성인이 되고 생각할 수 있는 인자들이 춤을 추며 알게 해주었다.
기복으로 하는 것은 노동 착취라고 내 안의 신성이 알려주었다.
나의 엄마 시대는 좋은 일을 하면 복을 받는다는 마음 신앙을 세뇌 받은 세대여서 그것이 잘못되었다고 말할 수 없지만, 지금은 영의 성장을 공부하러 왔기 때문에 마음 기복 신앙은 현 시대에 어울리지 않는다.

내가 준비하고 열심히 일하고 갖추어 나가며, 때론 깊은 고뇌의 맛도 느끼며, 정신 성장을 게을리해서는 안 된다.

하늘은 고생을 주지 않는다.

성장하라고 영의 성장 판을 깔아준다.

그 판을 잘 활용하면 인간의 뇌는 자연스럽게 성장해 나간다.

그런데 조상의 정신이 영의 성장을 가로막고 있다는 것을 알아야 하는데, 인간은 그 부분에 대해 무지하다 보니, 내 생각은 이렇다며 본인 생각으로 접수한다.

그때부터 조상의 정신은 자손의 한쪽 뇌에 자리 잡고 앉아 자손을 쥐락펴락한다.

마음의 기복 신앙에서 탈출하면 조상신들도 나와 분리된다.

이 책을 읽는 분들은 각자 조상들의 정신과 분리하여 자유자재하게 살기 바란다.

마음 기복 신앙에서 탈피하여 나의 정신으로 살면 내적 성장은 배로 커지고, 이 땅에 온 소득은 챙겨갈 것이다.

인성 상담

많은 사람들이 수많은 문제들을 가지고 와서 상담을 청한다.
상담자들은 그 내용이 중요해서 돈을 내고 상담 받겠지만, 사실 시간이 지나가면 해결될 사건 사고이다.
젊은 사람들은 젊어서 그렇다고 측은지심으로 인성 상담을 해주고, 나이가 많은 사람들은 지구촌에 있을 시간이 별로 없어서 영성 상담해 준다.
궁극적인 목적은 내가 어떻게 잘되겠습니까 하는 질문이다.
편안함, 안락함을 추구하는 약한 신명들의 투정을 들어준다.
작년만 해도 야단을 쳐서 보내는 내용들을 올해는 자상한 엄마와 같은 마음으로 고민 같지도 않은 고민을, 걱정을 들어주며 심각한 표정과 부드러운 표정과 자상스런 표정관리를 해가며 상담해 준다.
정리하면, 잘살고자 하는 욕구를 가진 자는 잘사는 것이 무엇인지 모르고, 막연히 잘살았으면 하는 희망사항을 상담하려고 한다.
잘사는 것이 무엇인지 아느냐고 질문을 던지면 이구동성으로 돈 많이 벌어서 좋은 차 사고, 크고 좋은 집 사는 것이라고 한다. 그 뜻이 참으로 빈약하고 측은하다.
두 번째, 사업을 하면 잘되겠냐고 한다.
또다시 질문을 던진다. 사업이 잘되도록 당신이 준비한 것은 무엇인가. 이념은 무엇이고 철학은 무엇이냐. 그러면 이념이 왜 있어야 하고, 철학은 왜 있어야 하냐고 되묻는다.
막연히 돈을 투자해서 잘되기만을 바란다. 이런 사람은 열이면 열,

다 실패한다.

　이념과 철학이 있는 사람은 무너지면 왜 무너졌는지 알고 또다시 준비하는 시간을 가진다.

　자식을 가진 부모는 우리 아이가 대학은 들어가겠어요, 공부는 잘하겠어요 질문한다.

　부모에게 되묻는다. 자녀들에게 어떠한 인성교육을 했는가.

　그럼 부모는 인성교육이요? 하기는 했는데 잘 모르겠어요 한다.

　취업 준비생들은 제가 취업이 되겠어요? 되면 언제나 되겠어요? 라는 질문을 한다.

　취업을 위해서 무엇을 준비하였냐고 되물으면, 준비는 하고 있는데 특별한 것은 없어요 한다. 고개 숙이며 말하는데 측은하다.

　위에 열거한 것은 본인의 희망사항으로 나에게 상담을 요청하지만 사실은 투정을 부리는 것이다.

　"이 사람들아, 준비가 무엇인지도 모르면서 취직은 되겠어요, 사업은 잘되겠어요, 돈은 벌겠어요? 하기 전에 본인들의 정신세계를 알고 나서 준비하지…."

　이렇게 서두를 꺼내며 먼저 인성교육부터 시킨다.

　영성으로 상담하면서 신명세계 인성교육을 시킨 뒤 보내면 며칠 안 가서 또다시 방문한다.

　하라는 대로 했더니 이렇게 변화되었습니다. 정말 감사합니다.

　인사하고 또 다른 손님을 데려온다.

　내적 세계가 중구난방이라 원하는 일을 제대로 할 수 없다.

　인성 상담은 중구난방인 자신의 내적 세계를 확충시켜 준다. 상담을 통해 정신적으로 성숙하고, 삶의 가치를 영적 체험힐 수 있다.

장래 목표 상담

부부가 앉았다.
남자에게 물었다.
장래의 꿈이 무엇이냐?
포천시장이 꿈이란다.
가능성은 있어 보였으나 개념 설정의 폭이 사적이다.
포천시장은 포천시에 거주하는 시민들의 가장인데, 고작 철도 숙원 문제를 푼다는 것과 시답지 않은 목표 설정 몇 가지뿐이다.
손님은 현재 행정직에 있으면서 잘못되어 있는 문제들을 풀고 싶다고 진심 어린 마음으로 질문한다.
시장이 될 가능성이 없으면 꿈을 포기하겠다고 어린아이처럼 말하는데, 딱하다.
꿈이야 이루면 더없이 행복하겠지만, 꿈을 향해서 준비하는 자체만으로도 에너지가 활기차게 돈다. 꿈을 안고 준비하는 시간들이 행복이다.
3차원계는 성장을 위해 만들어놓은 거대한 공부의 장이다.
나는 개인적으로 하늘의 공사장을 만들어 제자들의 영적 성장을 위해 지도하고 있다.
대자연은 지구촌을 거대한 하늘의 공사장으로 만들어놓고 개개인들의 수준차 천지창조하기를 바란다.
그래서 어느 것 하나 소중하지 않은 것이 없다.
꿈이 있어야 목표 설정을 할 수 있다.

지구촌은 사람들의 꿈으로 만들어진 거대 발전 상이다.

꿈은 멈추지 않고 계속 진화하여 나아갈 것이고, 영적 성장은 멈추지 않고 나아갈 것이다.

꿈이란 신들의 생각이며 염원이다.

인간의 육체는 신들의 구성원이다.

현재 내가 가지고 있는 꿈들이 실현 가능한지, 아님 학점을 따기 위해서 거쳐야 하는 과정인지 구분할 줄 알아야 한다.

학점을 따기 위한 과정이라면, 목표점까지 갈 수고로움을 하지 않아도 된다.

그러나 실현해야 할 꿈이라면 그건 하늘의 뜻이다.

"하늘의 뜻이 땅 위에서도 이루어지소서"에 그러한 뜻이 담겨 있다.

신명들이 땅에 뜻을 가지고 오는 것이 바로 꿈이다.

그래서 신념 있는 자들만 꿈을 향해서 앞으로 나아간다.

보호령 교체 시기

　수많은 제자들 공부를 지도해 오면서 보호령을 교체해 준 제자들은 그리 많지 않다.
　보호령 교체해 주겠다고 결재를 올리면 서류가 반려되어 돌아온다.
　마음이 지신들의 활동 범위에 머물러 있는 제자들은 보호령 교체가 안 된다.
　지신들의 활동 범위가 무엇이요 질문을 던지니 각을 세우지 않았다고 한다.
　천제를 주관할 때마다 내려주는 메시지가 그것이었구나!
　하늘공부를 하는 자들은 마음이 하늘을 닮아야 한다고 했었지.
　天^천網^망灰^회灰^회疎^소而^이不^불失^실
　하늘의 그물은 넓고 넓어 엉성한 것 같지만 결코 놓치는 법이 없다.
　간사한 인간들의 마음을 이미 알고 있다는 것이다.
　영성공부는 자신을 속이지 않아야 한다고 누누이 설명해 준다.
　지신들과 같이 활동한다는 것은 기복으로 눈 가리고 아옹 하는 식으로 공부들을 하기에 신명 수준을 올리지 못한다.
　지신은 인간의 물질계를 움직인다.
　아직도 지신들은 도처에 숨어서 기복을 숭배하는 자들에게 잠시 물질을 준다. 그리고 틈틈이 기회를 노린다. 이자에 이자를 쳐서 되돌려 받기를. 그렇게 공부한 제자들이 많다 보니 보호령 교체를 해

주지 못했다.

나도 보호령 교체를 한다.

공부의 수준에 따라서 저절로 보호령을 교체해 준다.

보호령이라는 것은 유치원에 입학하면 원장이 있고, 그 수준에 맞는 육아교사가 담당한다.

초등학교에 입학하면 담당교사가 바뀌고, 교감과 교장이 따라붙는다.

영성공부도 그러한 과정을 거쳐 공부를 지도해 주기에 입학과 졸업 때 보호령을 교체해 준다.

지신들과 같이 활동하여 기복만 추구하다 보면 지신들에게 에너지를 빼앗기고 후에 원망도 못 한다. 그것도 본인이 선택한 결과물이어서….

사실상 인간들은 보호령을 교체하면서 살아야 삶의 질이 덜 떨어진다. 그 중요한 부분을 모르기에 겪지도 않을 좌절을 맛보게 된다.

그것도 신명들 수준에 맞게 된통 서리를 맞는다.

명리학 자격증 가지고 유세를 부리다

명리학 자격증을 자랑하는 사람과 만나서 대화를 즐겼다.
그리고 무식함에 한 번 더 놀랐다.
그 정도의 경력이 있으면 명리학 신명이 좌정하여 통변해 준다.
명리학 신명이 좌정해 있지 않으면 사주 통변은 해줄 수 있으나 신명 도움 없이는 사주풀이가 어렵다.
무당이나 명리학, 역학하는 자들이나 심리상담하는 자들, 컨설팅하는 자들이나 사업하는 자들도 각기 자신에게 맞는 신명 줄이 제대로 서 있어야 제대로 불릴 수 있다.
모든 것이 신명 없으면 할 수 없는데, 명리학이라는 학문으로 사주를 봐준다는 우월감에 차 있어 무당을 하천 신분으로 전락시킨다.
3차원 세계의 흐름이나 4차원 세계의 흐름은 비슷하다.
격이 있는 신명이 있으면 격 떨어지는 신명도 있고, 인간을 도와주는 신명이 있는가 하면 인간을 따라다니면서 해코지하는 신명도 있다.
저차원계의 신명도 있고, 고차원계의 신명도 있다.
인간은 신명들의 도움 없이는 성공할 수 없다.
나는 영성공부를 지도해 주면서 숨어 있는 신명들을 찾아준다.
인간은 신명들의 도움이 없으면 내가 원하는 가치 있는 삶을 즐기지 못한다는 것을 알았으면 한다.
못난 자들이 구분을 짓는다. 그리고 선을 긋는다.
이런 것은 이런 거고, 저런 것은 저럴 것이다.

이왕이면 명함을 내미는 공부를 했으면 한다.

신명세계는 층층…, 하늘은 삼천, 대천, 구만 층층층이다.

층층마다 신명들의 급수들이 다 다르다.

내려다볼 수는 있지만 올려다볼 수 없는 곳이 신명계이다.

영성공부는 가장 낮은 층부터 공부시키고, 스스로 층을 올라갈 수 있도록 인도한다.

이왕이면 이건 이렇고, 저건 저런 것이다 하는 '척'에서부터 벗어났으면 한다.

인간은 '척'이란 신명들에게 쥐락펴락 당하고 있음을 모른다.

구분 짓게 되면 숨어 있는 신명들을 절대 찾을 수 없다.

인간은 숨어 있는 신명들로 인해 고통받고, 병을 얻고, 살아가는 목표 설정을 잃어간다.

인간은 신명이란 단어를 사용하면 무속인들이 말하는 잡신을 뜻하는 줄 알고 경계한다.

대한민국 언어로는 신명세계라 말하고, 영어로는 인간 에너지장(Human Energy Field)이라고 한다. 또는 간단히 아우라(Aura)라고 표현하기도 한다.

대한민국 언어로 신명세계 하면 기피하고, 영어로 인간 에너지장이라고 하면 아~ 하고 존중한다.

대한민국 국민으로서 부끄러워해야 한다.

한국어는 무시하고 영어로 표현해 주면 감격하는 허세가 센 국민성을 반성해야 된다.

명리학 자격증 가지고 차원계로 돌아가면 폭탄 맞는다는 것을 모르는 것 같다.

명리학을 무시하는 것이 아니라 명리학 신명이 없으면 통변해 주기 어렵다는 것이다.

선천시대에는 학문이라고 해도 곧이들었겠지만, 후천시대인 지금은 더 연구하지 않으면 도태된다.

차원계에 돌아가서 이번 생은 명리학 연구하고, 인간들 사주쟁이 노릇 하고 왔다고 보고하면, 차원계에서 접수해 줄지 생각해 보라.

차원계에서는 정신세계 증폭을 원하지, 낡은 정보 가지고 돌아오는 것을 원하지 않는다.

신기술, 신기술 하면서 정신은 낙후된 것을 좋아한다.

차원계에서는 모순된 의식을 수정하고 보완하여 정신을 바로 세워 으뜸을 찾기 바란다.

유튜브에서 명리학 강사들이 소리 높여 강의를 하고 있는데, 인간 사주 말고 우주 사주 제대로 통변해 줄 수 있는 강사 나오라고 하면 과연 몇 명이나 나올까?

강의는 조금만 배워도 할 수 있지만, 사람 사주는 인간 사주와 우주 사주 두 가지로 구분되기에 인간의 우주 사주는 제대로 통변이 불가능하다.

영성공부는 하늘에 머리를 두고 한다

근래 유튜브에서 한 남자분이 제발 영성공부하러 다니지 말라고 호소하는 것을 들었다.

저 사람은 영성공부의 어느 단면을 보았기에 상위권 자아를 가진 사람들의 신뢰를 잃는 열변을 저리 토하는 것일까?

그가 얼마나 대단한 공부를 했는지 모르겠지만 대중 앞에서 말할 때 함부로 하면 전달하는 데 한계가 있을 것이다.

처음에 그 남자를 유튜브에서 보았을 때, '저 남자도 몇 년 안 가서 앞서간 선배들과 다를 것이 없겠구나' 생각했다.

오늘, 제발 여러분들 영성공부 좀 하러 다니지 말라고 하는 외침에, '처음 본 직관이 사실이네' 하면서 마음이 씁쓸했다.

내가 생사를 초월하는 공부를 하였다고 하면 그 수준을 쫓아오는 자들도 있고, 수준에 못 미쳐 뒤에서 험담하고 다니는 자들도 있다.

그 남자는 유튜브에 도배를 하고 있을 정도로 인지도도 높은 것으로 알고 있는데, 영성세계 한 단면만 전달한 것에 아쉬움의 여운을 남긴다.

짐작컨대 교회를 이야기하는 것 같다.

교회에서 영성이라는 단어를 사용하니, 교회 좀 나가지 말라고 호소하는 것 같은데, 교회에서 말하는 영성은 순수한 영성공부를 지도하는 것이 아니라 예수의 영성을 전달한다.

말로 헤아릴 수 없는 무수한 영혼들을 이야기하는가 하면, 영성스러운 존재라는 표현도 사용한다.

개인적인 개성이 있는 힘이 있는 영혼도 있고, 아직 진화가 덜된 영적인 존재 가치들도 있다.

고차원적 영적 존재와 통하려면 인간은 뼈를 깎는 자기반성에 들어가야 한다.

천신제자가 영적 수행들을 바르게 수행하였을 때, 네 안의 신성은 하늘과 통하여 신명은 靈(영)으로 거듭 태어난다.

일부 몰지각한 자들이 靈(영)의 참뜻을 모르고 개나 소나 잡영까지 영성이라는 단어를 붙인다.

영성으로 지도하는 자들은 신들의 대장이라는 것이고, 영성 지도자는 하늘의 임명장을 받고 하늘을 대신해 영성공부를 대행해 주는 것이다.

우리 같은 차원계에서 오는 자들은 하늘이 있음을 인정하는 방법을 모르는 자들을 위해 하늘의 존재와 하늘에서 인간에게 무엇을 원하는지 알려주어야 할 의무가 있다.

하늘은 인간과 소통하기를 원한다. 하늘과 소통하려면 먼저 자신과 소통해야 한다.

선원에 오는 천신제자들에게 자신과 소통시켜 주는 공부를 제일 먼저 알려준다.

신인합일이 되면 영성공부하는 방법을 지도해 준다.

영성공부는 전생에 수행이 없으면 현생에 영성공부하는 데 진도 나가기가 느리다.

영성 인간이 계속 환생하여 영성 진화시키고자 신들의 염원을 담아 태어나는 것이다.

그 염원으로 영성공부 지도해 주는 스승을 만나게 되고, 스승을 통해 신인합일을 배우고, 신인합일이 되어 영성공부를 하는 것이지, 신인합일이 되지 않으면 영성공부를 할 수가 없음이다.

영성공부 받는 제자들아, 영성이라는 단어를 제대로 간파하고 해석하여라. 영성공부는 항시 머리와 가슴을 하늘에 두고 하는 것이다.

영적 수행은 더 큰 영과 실재, 연결 또는 합일되는 경험을 통해 커다란 자아에 이르게 하기도 하고, 자연이나 우주와 연결 또는 합일되는 경험도 시킨다.

내 안의 신성과 연결되어 삶에서 영감을 받고, 삶의 방향을 일러주는 원천인 것으로 경험을 주고 있다.

의식 확장은 내 안의 신성과 결합하여 초월적인 경험도 받을 수 있다.

인성공부 시기가 들어오면
무조건 사회 공부를 하고 가야 한다

조상신들을 대거 합류해서 들어오는 천신제자들,
천신과 조상신들 불균형으로 들어서는 천신제자들.

조상신들이 공부시켜 달라고 자손을 선원에 들어보내는데, 상담 받는 손님들에게 공부 운이 들어왔으니 하고 가야 한다고 하면 거의 외면한다.

인간들 사주팔자 풀어보면 공부 시기가 들어와 있을 때가 있다. 공부 시기가 들어오면 하던 일들이 잘 풀리다가 갑자기 주저앉고, 건강이 안 좋아 병원을 자주 가고, 사람과의 관계가 악화되기도 한다.

그 시기를 놓친 사람들은 주변에 어두운 기운들이 돌아다닌다.

조상신들, 때론 나의 신명계에서 정신 차리고 공부하라고 공부의 매를 친다.

자손들이 공부의 매를 맞고 나면 대부분 그 시기에 집안이 시끄럽거나, 건강에 적신호가 오거나, 하던 사업이 부도가 난다거나, 사람에게 배신당해 하던 일을 접는다거나, 잘 다니던 직장을 그만두게 하려고 착각살을 던져준다.

착각살을 맞은 자손은 결국 직장을 그만두고 전업하다가 그다음 해에 폭삭 망한다.

공부의 매가 사정없이 들어올 때는 어디에서 균형이 틀어졌는지 찾아야 하는데, 답답하다고 무당에게 가거나 철학관을 찾거나 아님 절에 가서 살려달라고 상담을 청한다.

사주로 풀어서 될 문제 같으면 하늘에서 공부의 매를 왜 주겠는가? 하는 반문은 안 한다.

나는 공부가 30년 혹독하게 들어와 있어, 30년 동안 공부가 무언지도 모르고 이것저것 섭렵했더니 어느 순간 알게 되었다.

그 당시 공부의 매가 혹독하게 들어와 있는지도 모르고 주는 대로 매를 맞았다. 건강은 악화되고, 가정은 가정대로 갖은 풍파를 겪게 되었고, 이리 휩쓸리고 저리 휩쓸려 돌아다닌 것을 영성공부하면서 알게 되었다. 그 모든 과정이 공부 아닌 것이 없었다는 것을.

내 공부가 어느 정도 완성되자 남의 아우라를 바라보았다. 그 사람들도 공부 시기인 줄 모르고 방황 에너지만 가득 차 있음을.

인간으로 태어나 다 공부하라고 하지 않는다. 내가 하고 싶지 않으면 안 해도 된다.

하지만 선택한 책임은 천신제자가 톡톡히 져야 한다.

또한 찜 당한 자들과 똑같이 공부하라고 하지도 않는다.

1년 공부하라고 들어오는 자들도 있고, 10년을 공부하라고 들어온 자들도 있다. 평균적으로 3년 공부를 할당받은 자들이 많다.

그런데 스님들이나 철학관이나 또한 어느 곳인들 공부하고 가야 한다고 각인을 해주지 않아 별것 아닌 듯이 상담을 받아가니, 그네들은 하지 않아도 될 시행착오를 끊임없이 겪는다.

인간들 기본 사주에는 책임 없이 놀다 가도 어느 때 공부하고 가라고 명시되어 있다.

그 부분을 인간들이 무시하고 가기에 제일 먼저 자식이 다치고, 하루아침에 재물이 없어지고 건강도 잃게 된다.

나도 그와 같은 과정을 30여 년 공부하면서 겪어왔는데 그 당시에는 이 문제를 어떻게 풀어야 하는지 긴박함 속에 놓여 있어 뒤를 돌아볼 시간이 없었다.

공부 시기가 들어오면 무조건 공부에 들어가야 함을 30년 쪼개서 겪었다.

30년을 쪼개서 체험시켜 주었으니 삶이 지긋지긋하다는 표현도 나오겠지만, 여유가 있는 지금은 즐거움으로 행복함으로 전환시킬 수 있는 내공을 갖추었다.

수행자들이 숱한 시험지를 풀어내면서 불평과 원망과 한스러움이란 단어를 내세우지 않으면, 하늘은 전 과정 시험지를 내공으로 전환시킨다.

하던 일들이 자꾸만 꼬이고, 가정에 문제가 생기고, 이해 불가인 사건 사고가 생긴다면 한 번쯤 의심을 가져보았으면 한다.

공부의 매를 맞고 있어서 이런 복잡한 일들이 생겨나는가를….

공부 시기를 놓치면 수습할 수 있는 시기를 놓치게 된다.

조상들도 자손들에게 공부시켜 달라고 수없이 들락날락한다.

공부해야 하는 시기를 눈치챘다면 나를 올바르게 지도해 줄 선생을 만나게 해달라고 간절히 기도하면 그 소원은 이루어준다.

선생은 내가 만나겠다고 찾아다니는 것이 아니라 내 자신에게 간절히 기도하면 암시를 받는다.

조상들이나 영가신들도 깨달음 공부 받기를 원한다. 자손들이 인성교육을 받으면 조상 신명들도 같이 깨달음을 얻는다.

조상 신명은 산속에 들어가서 신통술을 얻어오라는 것이 아니다.

사회 속 인성공부는 스승 없이는 할 수 없다.

지쳐야 안다

지친다.
해도 너무한다, 지친다.
파김치 공부라 해도 너무 지친다.
영성공부는 내 자신이 전혀 알 수 없는 방법으로 알려준다. 내 자신이 전혀 알 수 없는 방법으로 내려주는데, 내려주는 공부는 외워서도 안 되고 메모하는 것도 원치 않는다.
머리로 하는 영성공부는 지쳐도 너무 지치게 한다.
책을 읽지 말라고 하지만 여전히 책을 읽으려 하고, 사람이 취해야 하는 지식도 갖지 말아야 한다는데, 나는 여전히 주위 물질에 흥미가 많다.
내가 알고 있다고 해도 안 되고, 알고 있는 것만으로 깨달을 수 없다는 것을 알았지만 그래도 여전히 나는 모른다.
하늘의 진정 제자 아무것도 모릅니다, 라고 청해야 하늘은 하나하나 자세히 알려준다.
제자가 부족하다고 더 알려달라고 하면 더 자세히 가르쳐준다.
그런데 지금은 책을 통해서 알고 있는 정보와 조상신으로 사람들을 기만하고 있다.
깨닫기 위해서 제자의 머릿속에 있는 것을 지우기 원한다면 하늘에 청해라.
한 가지라도 머리에 담고 있으면 하늘은 알려주지 않는다.
하늘에는 천신제자 지도해 주는 교관이 따로 있다.

천어와 천서로 공부하는 영성제자는 하늘의 문을 열어주었다. 교관은 그때그때 제자의 수준에 맞춰 지도시켜 준다.

깨닫기 위해서는 교관의 도움이 필요하다.

조상신을 모시고 깨달았다고 하면 우스운 것이다.

천신교관은 하늘에 올라가 하늘공부한 신명들을 말하는 것이며, 그래서 모든 인간은 죽으면 하늘에 올라가기를 원한다.

하늘에 올라가지 못한 조상은 자손에게 올려 보내달라고 자손들을 괴롭힌다.

만약 조상에게 빙의 되어 있다면 살기가 어려워지며, 머리가 이상하게 된 사람이라고 하는 경우가 많다.

조상이 천도가 안 되었다면 살기 힘들어지고, 남을 원망하게 되며, 하늘을 원망하게 된다.

이것을 부정하면 답을 찾을 수 없다.

어설픈 신의 제자들

　많은 사람들이 올해 운수와 사업과 건강 기타 등등에 관해 선원 문을 두드린다.
　그런데 상담 받고자 하는 사람들의 기운을 종합적으로 간추려 보면 인성공부 시기에 상담을 청한다.
　공부 시기에 들어섰는데 갈피를 못 잡고, 장사는 되겠어요? 결혼운은 있나요? 저는 무엇을 조심해야 하나요? 하는 질문들만 한다.
　내 안의 신성이 그런 유치한 질문 던지라고 선원에 들여보낸 것은 아니다. 각각의 신명들이 이 사람들에게 조상공부, 신명공부가 무엇이 있는지 대변해 달라고 선원에 들여보냈는데, 인간은 삶의 불편한 부분만 해결해 달라고 한다.
　시간 낭비인 손님은 인간적 상담만 해주고 보내는데, 조상 신명의 간곡한 부탁은 조상 부분을 건드려 준다.
　조상을 건드려 주면 어떤 사람은 왜 갑자기 눈물이 나느냐고 질문을 던지고, 어떤 이는 갑자기 즐거움이 드네요? 한다.
　자세히 설명은 안 해주고 눈물이 나는 것은 신들이 듣고 싶은 말을 들어서 눈물을 흘려주는 것이라고 표현해 주고, 손님들 상담 중간 중간 조상들, 영가신들 툭툭 건드려 대화 속에 공부를 주게 하여 보낸다.
　봉건 시대에는 士(사), 農(농), 工(공), 商(상) 네 가지 계급이 있었다. 조상들은 네 부류의 인자들을 가지고 오기에 자손들에게도 그러한 표적을 준다.

승려로 살다가 윤회하여 다시 인간세계에 오면, 승려로 살아야 한다는 인자로 자손이 승려로 살게끔 세상에서 제대로 살지 못하게 하여 결국은 승려 생활을 하게 한다.

무당·박수로 살다 간 조상들은 평생 그것만 하다가 돌아갔기에, 인간세계에 윤회하여 돌아오면 무당·박수로 살아가게끔 신들의 활동이 왕성히 움직여 결국은 신 밥을 먹게 한다.

하지만 선천시대 수행자들은 그러한 전생 인자들을 다스리는 공부를 내려받지 못해 팔자대로 살아가야 한다고. 신의 뜻대로 하소서! 신의 뜻을 거스르면 인간이 다친다는 유치원생 수준의 이야기를 한다.

21세기에 들어 직업의 수는 11,000가지가 넘는다. 앞으로 더 많이 늘어날 전망이다.

사농공상 조상 대대로 이어져 내려오는 것을 조상들이나 영가신들, 각자의 신명들을 공부시켜 주고, 영적 성장시켜 주어 전업이 가능하다는 것을 알려주면 인신들이나 영가신들은 감사하다고 예를 갖춘다.

영적 공부를 받고 각자의 차원계로 돌아가 공부를 더 하고자 하면 해줄 수 있다.

30여 년간 수많은 시행착오를 겪으며 그 부분을 연구하고 관찰하고 인신들 공부시켜 주어 인간들의 체를 통해 영적 성장을 확인하였다. 무당이나 종교계에서 행하는 의식들은 이제 구시대의 전유물이 되었다. 그런데 무속계나 종교계들은 여전히 신도들에게 기도하라, 내림굿 받으라고 고정 채널을 사용한다.

인간들 정신 속에서 신들과 대화를 통해 알게 되었다.

조상신들이나 영가신들은 "나! 여기 있다" 알아달라고 인간들 속에 잠깐씩 들락날락하는 건데, 신을 보는 자들은 조상 천도재를 지내야 한다, 내림굿을 해야 한다는 등 선천시대의 유물을 버리지 못하고 있다.

그 피해는 고스란히 상위 자아신들이 떠안는다.

하급신들이 정리되면 수준 있는 상위 자아신들이 좌정하여 인간들의 내적 수준을 올려주는데, 인간은 이러한 방법이 있는 줄 모르고 영적 수준을 올리지 못하고 있다.

신들에게 바뀐 세상 공부를 시켜주어 전생의 미련과 집착을 깨닫도록 차원계 정리를 해주면 인간은 본연의 뜻을 깨닫는 데 진도를 빨리 낼 수 있다.

전생의 정보를 공부시켜 주고 집착하고 있는 부분들을 정리해 주면, 신들은 더 이상 인간의 정신 속에서 방황하지 않는다.

직업이 맘에 안 들면 수시로 바꾸는 세상, 조상신들 깨우쳐주는 공부를 주면 조상신들이나 인신들은 받고 싶은 공부가 끝나면 알아서 차원계로 돌아간다.

나는 이러한 과정을 제자들에게 알려준다.

스스로 공부하여 조상신들, 영가신들 깨달음을 주어 가벼운 마음으로 살가라고.

오늘도 어설픈 신의 제자감을 상담하면서 아쉬움이 남아 글을 남긴다.

신들이 있다고 다 신의 길로 가는 것은 아니다.

신들의 원력이 없으면 신의 길에 서도 무용지물이다.

신의 사주와 인간 사주

상담 손님이 있었다.
자신은 현재 전 세계를 통틀어 본인의 노하우로 병원에서 못 고치는 병들을 다 고칠 수 있는 유일한 사람이라고 소개하였다.
실소를 금치 못했다.
다 고칠 수 있는데 나에게 무슨 상담을 청하러 왔는지?
돈 무게에 질식해서 숨도 못 쉬어야 하고, 환자가 너무 많아 힘들다고 행복한 비명을 지르며 살아도 부족할 텐데.
지인의 소개를 받아서 왔다며 올해 운수를 봐달라고 한다.
앞뒤가 맞지 않는 말을 하고 있다는 것도 모르고….
빚이 많은데 올해 빚을 갚을 수 있는지 운수를 봐달라고 하는데, 그 안의 신들이 일제히 나에게 반기를 든다.
신과 통해서 의통신의 도움으로 병자들 조금 고쳐주는 것을 본인만의 방법으로 불치의 병을 고치는 데는 세계에서 권위가 있다고 한다. 권위가 있으면 명성도 생기고, 재물도 있을 텐데 빚은 왜 지었을까?
나 같은 사람에게 와서 상담 받지 않아도 될 텐데, 궁금해하는데 의통신들이 이 건방진 놈 손 좀 봐달라고 나에게 사정을 한다.
내가 말하고 싶은 것은 인간의 사주로 살아야 하는 사람이 있고, 숙명의 사주로 살아야 하는 사람이 있다는 것이다.
윤회가 있는 자들은 인간의 기본 사주에서 조금씩 노력하며 살아도 되지만, 숙명의 사주는 신들의 파장을 많이 받기에 인간의 사주 흐름으로는 부족하다. 그래서 신들의 파장을 많이 받고 가는 자들은 젊어서 인간의 사주 30%를 연구하여 50대 이후에는 신의 사주로 살아야 한다.

이 말을 하는 것은 상담하고 간 사람이 측은해서이다.

많은 불치병들을 고쳐주었다고 가정하자.

병을 고쳐주는 자는 그 병에 대해서 연구해야 한다. 어떤 신들에게 빙의 되어 저러한 병을 얻었고, 나의 의통신의 능력은 어느 수준인지 알아야 하는데 그것을 간과하여 의통신과 병을 얻게 해준 조상신들이나 영가신들을 공부시켜 주어야 하는 중요한 과정을 건너뛰었기에 현재 의통신이 화가 나 있었다.

도사신명들은 능력을 주고 제자에게 추가 공부시켜 달라고 한다.

도사신명이 어느 정도의 수준인지 병을 고쳐주면서 나의 신명들과 통신해 가며 의통신들을 추가 공부시켜야 한다.

그런데 신통술로 불치의 병을 고쳐주는 몇몇 제자들이 내가 잘나서 병을 고쳐주었다고 하지, 의통신이 들어와 신의 원력으로 병을 고쳐주었다고 의통신 대변을 안 해주어 신의 괘씸죄를 받는다. 이 병을 고치는 사람은 세계에서 나 혼자밖에 없다고 의통신들을 기만한다.

병원에서 못 고치는 병은 신의 제자에게 공부하라고 신들 제자에게 던져주는 것이다.

젊은 시절, 병원에서 못 고치는 불치병자들을 수없이 치료해 주면서 내 능력이, 내 실력이 뛰어난 줄 알고 기고만장했었다.

어느 날, 내 안의 신성이 눈을 떠 알려주었다.

다시 공부 들어가거라. 그리고 인간에게 아픔을 준 것은 다 이유가 있어서인데 그 이유를 알기 전까지는 절대 병을 강제적으로 치료하지 마시오 하는 경고를 내리고 천신교관들이 돌아갔다.
 그때 알았다.
 인간에게 왜 병을 주는지, 집안에 왜 대소 사건 사고를 일으켜놓고 지켜보는지, 잘 다니던 회사 사표를 던지게 하는지, 사업을 시작하게 하고 망하게 하는지를….
 사람 잘못 만나게 하여 재물 손실을 일으키게 하는지, 자연과 친하게 지내라고 주말에 산으로, 바다로 내보내는지를….
 위에 열거한 문제에 봉착한 인간은 스스로 문제를 찾으라는 것인데 찾다가 끝내 못 찾으면 우리와 같은 능력자들에게 보낸다.
 소통이 가능한 천신제자는 조상신이나 영가신들에게 깨우침을 주어 차원계로 보낸다.
 우리는 그것을 보고 공부하고, 병을 안고 오는 자는 병의 원인을 알았기에 거기에 상응하는 물질로 대가를 치른다.
 결국 문제를 가지고 오는 자나, 그 문제를 해결해 주는 자 모두 제자라는 것이다.
 신의 능력으로 불치병을 치료하는 자들은 이 부분을 깊이 생각하고 반성해야 한다.
 도사신명이나 의통신들이 왜 능력을 주어 병을 고치게 하고, 대가로 물질을 받게 하는지. 받는 물질은 수업료이다.
 더 깊이 수행 정진하라고 병을 치료해 주는 것은 방편을 사용하여 물질로 보상받고, 받은 물질로 의통신들 도사신명들 또는 조상신들 공부시켜야 한다.
 나는 이 부분을 공부 받아 알았기에, 들어오는 신들 소통시켜 병을 치료해 주거나 집안일을 해결해 줘서 받은 수수료, 제자들 공부 지도해 주면서 받은 수수료를 지금도 끊임없이 들어오는 조상신들이나 영가신들 공부시키는 데 사용한다.

  천신제자들은 이 부분을 더 연구하여 영적 성장하기 바란다.

  천신제자들은 신의 사주로 살아야 함을 알았으면 한다.

선생님 영의 호소

성격이 괴팍하고, 멋있고, 못되고, 자기 자신만 아는 분에게 3년간 영적 공부를 지도받았다.

나에게 당신의 공부를 전수해 주려는 그분과 장장 여덟 시간을 싸웠다.

공부를 지도받으려면 수업료를 지불해야 하는데, 그때 나의 재정 상태는 마이너스라서 하고는 싶지만 선뜻 응하지 않았다. 선생님은 나를 놓치고 싶지 않아서인지 설득하는 데 전력투구하였지만 경제적 사정이 너무 안 좋아 망설였다. "저도 공부 지도받고 싶지만 안 되겠어요" 하고 일어서면 다른 방법을 동원해 또다시 자리에 앉혔다. 오전 11시에 상담 들어가 오후 7시에 손을 들었다.

결국은 공부하겠다고 천제 날짜를 잡았다.

"알겠습니다. 천제 날짜 잡아주세요."

지금도 첫날의 만남이 생생하다. 천제 날짜 잡아달라고 했더니 그분은 저녁 밥상을 차려 방으로 들어오셨다. 남자가 차린 밥상치고는 꽤나 정갈한 밥상. 나는 그날 밥상 앞에서 하늘과 동업자가 되었다.

시간이 흘러 지켜보아도 선생님이 독상을 차려준 제자는 그 이후 아무도 없었다.

시간이 흘러 그것이 하늘에서 차려준 밥상이라는 것을 알게 되었지만, 선생님은 공부하는 내내 내가 절실히 필요한 천신제자였다는 것을 알게 해주었다.

영적 공부를 아는 제자들을 만나지 못해 당신의 공부를 제대로 전수해 주지 못해 답답했다고 호소했다. 선생님은 3년 동안 전력투구 하셨다. 3년 동안 내가 선생님께 기쁨의 눈물을 최고로 많이 흘리게 해준 천신제자였음을 나중에 알게 되었다.

나중에 안 사실이지만, 선생님은 내가 영적으로 뛰어나다는 것을 아셨기에 내가 절실히 필요했던 것이다. 중간에 영적인 공부가 무엇인지 설명해 줄 중재제자가 필요했단다.

선생님이 영적으로 공부를 내려주면 내가 중간에서 수준 낮은 제자들에게 해석해 주어 제자들이 한 명도 탈락하지 않았다.

그분은 중간 지도자를 찾고 있었는데 내가 적격자임을 알아보고는 놓치지 않으려고 하였던 것이다. 나를 놓치지 않은 것이 그분께는 천운이었다.

공부하는 3년 동안 내가 선원을 운영하였기 때문에 그분은 공부 지도에만 신경 썼다.

나의 노력과 희생으로 제자들이 얼마나 편하게 공부했는지 그 당시의 제자들은 모른다.

영적으로 공부를 지도해 주어도 받는 제자들이 무당 수준이나 종교지도자 범위에서 벗어나지 못해 하늘이 대단하다는 것을 내려받는 제자를 못 만나 갈증을 느끼고 있다가 영적으로 뛰어난 나를 만났으니 나를 놓치지 않으려고 여덟 시간이라는 사투를 벌였던 것이다. 나도 내가 영적으로 뛰어난 제자라는 사실을 공부 내려받으면서 알게 되었다. 선생님이 지도해 주는 영성공부는 내공이 없으면 받아먹지 못한다.

아무것도 모르는 일반인들이 그분께 공부 지도받으면 십중팔구 며칠 못 가서 탈락하였다.

어떤 일반인은 공부 시작하자마자 한 시간도 안 되어 스스로 물러나기도 했다. 다들 1~2년을 못 넘겼다.

어떤 남자 제자는 하루만 지나면 합격인데 어머니가 와서 더 이상 이 꼴을 못 보겠다며 데리고 갔다고 한다.

하루만 참으면 되는데… 시험지 받는 중인데 어머니가 시험지를 찢었다. 아들 3년 공부 어머니가 죽 써서 개 주었다.

내가 최초이자 마지막으로 하늘의 시험지에서 통과된 천신제자다.

정신세계에 몸담은 지 20년 경력을 가지고 있었고, 선원을 운영하는 상황에서 그분을 만났다.

내가 영성공부를 내려받게 된 계기는 내가 지금하고 있는 것이 영적으로 하고 있는 건지, 신과 통해서 하고 있는 건지, 아님 인간적으로 하고 있는 건지 점검받고 싶어서였다.

그러한 과정이 있어서인지 영성공부는 수월하게 끝마친 것 같은데, 내 안의 신성을 가차 없이 쳐내려 가는 과정이 뼈를 깎는 고통만큼 어려웠다.

마음의 밑바닥부터 사정없이 후려쳤다. 인정사정없이 그냥 쓸어버려 온몸을 바들바들 떨고 이를 갈았다.

두고 보자. 지금은 이 과정이 필요해 온갖 모욕을 다 덮어쓰지만, 이 과정이 끝나면 저 선생을 가만 놔두지 않을 것이다, 하며 이를 악물고 어려운 과정을 이수하였다.

"하늘에서 졸업장이 내려왔다. 자격증도 같이 내려왔다."

하늘의 졸업장을 내려받으며 흘린 감격의 눈물을 생각하니 지금도 눈시울이 젖는다.

한 마음, 한 마음 새로이 설정될 때마다 날카로운 칼날에 마구 그어지는 아픔을 느껴 피눈물을 쏟고는 했다.

그러나 졸업장을 내려받으면서 깨달았다. 영적 선생은 칼날을 세워 제자를 가르치지 않으면 안 된다는 것을.

그리고 하늘이 얼마나 냉혹하고 이기적인지 알게 되었다.

하늘과 싸워 이기려면 하늘보다 더 냉혹하고 이기적이어야 한다는 것을 깨달았다.

그다음 측은지심 공부를 지도받았다.

하늘의 측은지심을 얻는다는 것은 하늘의 별을 따는 것보다 더 어렵다.

제자들은 스승이 왜 냉혹해야 하는지 알았으면 한다.

어느 날 선생의 영이 나를 찾아왔다.

"나는 너와 같은 차원계에서 왔다. 나는 실패하였지만 당신에게 부탁한다."

내가 쓴 책을 다시 포장해서 써달라고 한다.

내가 쓴 책은 내가 존재하지 않기에 가르치는 자가 없지 않는가?

그분은 이제 폐인이 되었다.

제자들 육성할 때 신명들 관리 잘하라고 외치더니, 정작 당신은 어느 차원계를 넘지 못해 좌절하고 말았다. 이제 사람 구실을 못 하는 당신만의 세계에서 놀고 있다.

며칠 전에 영적 교신이 이루어져 뒷일을 내게 부탁하고 들어갔다.

나는 그분의 메시지를 접수할 것이며, 그분의 책 내용을 내 수준으로 교정하여 간간이 쓸 것이다.

• 축하해

소탈한 노래를 좋아하는 사람은 거짓을 못 한다.
노래를 좋아하는데 계급이 따로 있지 않다.
소탈한 노래를 좋아하는 사람들은 마음이 약하기 때문에 거짓을 못 한다.
사람은 본래 악이 없었다. 그런데 두 가지 때문에 사람이 망가진다. 다시 말해 선으로 시작한 악이 만들어졌다.
하나는 하늘의 도구로 쓰려고 만들고, 하나는 사회를 알고 나서 서서히 인간에게 악이 접근해 온다.
그것을 잡을 수는 없다. 하지만 하늘의 힘으로 악을 물리칠 수 있다.
여기서 악은 악신을 말하며 악신은 조상신을 말한다. 우리는 즐거운 일이 있으면 축하한다고 하지만, 하늘은 다시 시험으로 들어가기에 축하한다는 말을 용납하지 않는다. 그래서 하늘은 칭찬이 없다.
영성공부할 때 나도 칭찬을 들은 적이 한 번도 없었다. 하늘은 누구나 크게 만들려고 거기에만 신경을 쓰기에 칭찬할 시간이 없다. 칭찬한다는 것은 우주와 거래를 끊는 의미로 보면 된다.
다시 말해 깨달음은 우주공부를 마치고 우주에서 떨어져 소우주가 된 것을 말한다.
그것을 모르고 사람들은 체험하지 않고도 소우주, 소우주 한다. 직접 경험한 나는 인간이 왜 소우주인지 안다. 무한한 노력과 우주의 시험을 통과하고 소우주를 만드는 것이다. 소우주가 되면 깨닫게 되고 무엇이든 알게 된다.

이것이 깨달음이다. 하늘의 칭찬은 눈물을 줄 뿐이다.

영성공부를 통해 제자들은 반성을 동반해 눈물 받기를 바란다.

영성공부를 통하여 많은 기운을 하늘에서 받기 원한다면 그에 대응하는 것을 하여라.

그렇게 제자들이 성공해서 소우주가 되면 축하해 줄 것이다.

우주에서 나에게만 축하를 안 해주었지, 제자들은 하늘에서 축하해 준다.

사실 나만큼은 쫓아오지 못하기 때문이다. 그렇다고 제자들을 무시하는 것은 아니다.

제자들은 상대방을 축하해 주는 사람이 되어야 한다.

같이 즐거워하고 외롭게 하지 말아야 하며, 사람을 보면 항상 말 한마디라도 용기를 주어야 한다.

제자들아, 여기서 "말 한마디로 천냥 빚을 갚는다"는 말이 나온 것이다.

공짜가 어디 있어

얌체 같은 무당이 있다.

본인의 일은 모두 돈을 받고 해주면서, 나에게는 언제나 슬쩍 가져간다.

이번에도 환웅이 내려선다고 하시는데, 주변 청소를 다 하라는 명을 내려받았다고 한다.

그 와중에 옥갑사에서 본인 실체의 신을 보았는데, 그러고 나서 눈이 아프고 주변에서 다들 사나워졌다고 하고, 사납게 보인다고 한다.

이걸 알려줘? 말아? 고생을 더 하게 만들어!

자네 평소에 주변 사람들에게 하고픈 말 거침없이 하면서 상처를 많이 입혔지. 남이 너를 지적하면 입을 삐죽 내밀고, 올바른 소리도 들으려 하지 않았고. 조상 천도재 자격증도 없으면서 남의 조상 우롱한 것도 반성해야 해. 지금껏 조상신 받들어 조상 일들 해준 것 다 반성해!

그랬더니 냉큼, 알았습니다. 반성하러 들어가겠습니다 한다.

통화 끝낸 지 30분도 지나지 않아 전화가 왔다.

나 반성했는데, 웃전에서 받아주셔요? 하며 점검해 달란다.

그 점검은 스스로 하는 거지 내가 해줄 수 있는 게 아니야.

나는 방법만 일러주면 된다. 무당은 그렇게만 해도 좋은지 이제야 눈이 편하다고 한다.

환웅이 들어선다고 바로 들어서지 않는다.

제자들의 마음을 본다.

마음이 하늘을 닮지 않으면 환웅은 그대로 돌아선다. 괘씸죄에 제자의 기운을 다 초토화시킨다.

하늘은 지신들과 인신의 탐욕을 다 청소하라고 명을 내린 것이다.

물질 탐욕 청소하는 데 꽤 많은 시간이 흐른다.

가장 힘든 것은 지금껏 해왔던 구원 행위를 정지시키는 것이다.

산으로 바다로, 살려주세요, 일 주세요, 하는 구걸 행위는 일체 정지 당한다.

그런데 그것밖에 모르는 신제자에게 환웅이 내려선다고, 산신들을 다 올려 보내라고 하는데, 그 무당제자가 그렇게 어려운 과정을 숙지할까 의문이다.

환웅이 내려섬은 영의 세계로 진입하는 첫 단계이다.

보통의 근기로는 영의 세계로 진입하기란 하늘의 별 따기보다 더 어렵다.

첫 관문은 세속의 모든 인연을 다 끊어야 한다.

그 단계가 나를 죽이는 과정이고, 내 소리를 하지 못하게 하는 단계다.

영의 단계에 들어서려면 인연의 고리를 다 놓아야 하는데 신들에게 구걸만 하던 구원의 에너지를 짊어지고, 영의 세계로 진입하는 것을 선배로서 축하하지만, 앞으로 과거 생의 인자를 찾아 삶을 반성하며 눈물로 생활해야 한다.

영의 세계에서 공부 중에는 물질을 알지 못하게 한다. 물질의 쪼임을 견뎌내지 못하는 제자는 결국 신명세계에서 주저앉는다.

또한 영의 세계는 눈물로 하는 공부 과정이 많다.

왜 눈물의 공부가 많은가 하면, 세세생생 조상신들이 살아온 과정이었기에 조상신들을 불러서 공부시켜 주어야 하고, 조상 신명들을 반성시켜 주지 않으면 영들의 세계에 들어가기 힘들다.

신명들의 종류가 한둘이 아닌 것이 문제다.

무당으로서 조상 천도재 자격증 없이 천도재를 행한 죄를 다 토해내야 하는데, 칼로 살을 도려내는 아픔으로 그것을 어떻게 견뎌낼지 의문이고, 지금껏 조상 천도재를 지내준 조상들 다 불러서 사죄해야 하는데, 그러한 과정이 있는 것도 모를 것이다. 영의 세계 진입은 인간이 사람으로 되어가는 과정이기에 인성공부를 철저히 시킨다.

무당들은 소금 뿌리는 단계를 건너가지 못한다. 이 단계에서는 영적 선생님이 필요하다.

나는 소금공부를 아주 혹독하게 받았다.

누구에게 소금을 뿌릴까?

하지만 인간으로서 참을 수 있는 만큼 알려주고 고생시키는 공부이기에 언젠가는 하늘의 반듯한 제자로 성장할 것이다.

제자들의 파김치 공부

남자 제자들에게 파김치 공부시켜 주려면 많은 전략이 필요하다.
포천 직동리에서 도봉동으로 선원을 이사하면서, 남자 제자에게 파김치 공부를 시켜주고 있다.
제자는 현재 어떠한 공부를 지도받는지 몰라 허둥대는데 시간을 오래 끌면 제자에게 오히려 부작용이 나겠다 싶어 시간을 앞당기기로 하였다.
제자에게 선원과 카페 이사 정리 공부 지도시켜 주면서 서러움을 많이 겪게 하였고, 쉬는 시간도 주지 않았다.
24시간 계속 돌렸다. 서러움이 들어오게 판을 짜놓았다.
그리고 제자가 신명계에서 움직이는 대로 가는지 지켜보았다.
제자는 신명계에서 움직이는 대로 잘 따라갔다. 그리고 신명들이 선원에서 제자를 데리고 나갔다.
신명들이 선원에서 데리고 나가면 잡을 수 없다.
선원에 들여보내는 것도 신명이고, 데리고 나가는 것도 신명들이다.
스승님 이제 가보아야겠습니다 할 때 붙잡을 수 없다. 신명들이 데리고 나가는데 어떻게 잡을 수 있는가? 그래서 지갑에 있는 돈을 주면서 맛있는 것 사먹어라, 굶지 말고.
그렇게 오랜 제자를 선원에서 내보냈다.
그리고 신명계를 조사하였다.
어떠한 신명들이 데리고 나갔는가를.

기다려야 하는지? 아님 이것으로 인연을 접어야 하는지….
그리고 이내 알았다.
인간 승리였다는 것을. 영성공부는 인간이 신명들을 이겨야 한다.
신명들을 이겨야 하는 것은 내 삶을 살기 위해서다.
우리는 사람다운 삶을 살고자 태어난다.
조상의 넋을 살아주기 위해서 태어난 것이 아니다.
지금 제자들을 보면 자신의 삶을 사는 것이 아니라 조상들의 삶을 대신 살아주는 제자가 더 많다.
특히 조상들이 인간들의 정신 속에 숨 쉬며 살아간다면, 자손은 되는 일이 없다. 잘되다가도 흐트러진다.
제자들에게 항시 조상들 공부시키지 않으면 영성공부는 하고 싶어도 할 수 없다고 누누이 강조한다.
조상들이 나의 정신 속에 살아 숨 쉬고 있으면, 다들 내가 누구인데 감히 나한테 함부로 하느냐고 허구한 날 노여움을 달고 살아간다.
또한 주변을 편하게 해주는 것이 아니라 공기를 탁하게 만든다.
남자 제자들은 이 글을 읽고 잘 생각해 보기 바란다.
첫 번째, 내가 누구인데 감히 나한테 기어오른다는 생각을 가지고 있지 않았는가?
두 번째, 남 잘되는 것을 배 아파하지 않았는가?
세 번째, 상대방에게 측은지심을 가져보았나?
네 번째, 눈물로 지난날을 반성하며 진심으로 하늘에 사죄하였는가?
이번 남자 제자는 위에 열거한 부분들을 위선으로 가장하고 착하고 좋은 이미지만 보이려고 하였다.

본인 신명들은 화가 나서 이놈아 정신 차려라 하며 호령하고 있는지도 모르고, 모든 도반들에게 속내를 감추고 좋은 모습만 보이려고 했던 것이 자신의 영혼을 갉아먹고 있는 것을 모르고 있어, 특단의 조치로 선원 이사하면서 제자에게 파김치 공부를 시켜 의식 확장시켜 주는 공부에 들어가기로 했다.

제자가 마음으로 우는 눈물을 15년 만에 처음 보았다.

예전에는 "이놈아, 너는 반성도 할 줄 모르냐. 그리고 너는 반성의 눈물도 흘릴 줄 모르냐!"

그렇게 소리소리 질러도 들은 척도 안 하더니, 파김치를 통해 조상들(잡신) 정리해 주었더니, 닭똥 같은 굵은 눈물을 흘리면서 잘못했습니다, 하며 하늘에 반성을 한다.

이제 제자는 영성공부가 무엇인지 받아들이는 자세가 되어 있다.

조상이 자손의 정신 속에 숨어 있으면 자손은 일들을 번번이 실패한다.

제자들은 이번 제자를 보고 조상들 공부시켜 주는 것에 게을리하지 않았으면 한다.

조상이 들어 있으면 모든 것이 내 뜻대로 되어가는 듯한 착각에 빠뜨렸다가, 어느 한 순간 삶의 고통을 진하게 맛보게 한다.

어리석은 자손은 안 되었으면 한다.

이번 기회로 제자는 많이 성장하여 천신교관들에게 감사하다고 인사한다.

용기와 예의를 갖춘 지인

5년 전 인연을 맺었던 지인이 있다.

나름 여러 종교계를 섭렵하신 분인데, 신학대학을 나와서 목사 생활도 했었고, 성경책을 3번이나 완독했단다.

그러다 목사들의 어리석은 행태에 염증을 느껴 직장 생활을 하던 중 직장 생활도 적성에 안 맞아, 우연히 불교를 접하게 되어 절에 들어가서 삭발하고 승이 되었다고 저녁을 먹으면서 본인의 행적에 관해 이야기하였다.

대화 중에 입술의 균형이 안 맞는다고 이야기했더니, 병은 자랑을 하라고 했다고 본인의 지나간 행적을 이야기하면서 중풍을 맞은 적이 있는데 그 후유증이라고 한다.

내가 균형 맞춰줄게요, 하며 가만히 앞만 보고 시키는 대로 따라 하라고 알려준 뒤 기운을 바꾸어주는 작업을 해주었는데, 이분의 영혼이 너무나 순수한지 신명들이 거부하지 않고 지적하는 대로 순순히 잘 응해 주었다.

몇 분 후 입이 균형을 잡아가는 것을 보고, 그 자리에 같이 참석한 법사에게 잘 보라고 했더니, 어! 하면서 입이 제자리로 돌아왔다고 한다.

스님은 거울을 보면서 어떻게 이런 어려운 것을 고쳐주었냐며 이야기를 꺼냈다.

앞으로 몸에 손도 안 대고 병을 고치는 자가 출현할 것이라는 고서를 읽었는데, 진짜로 그러한 분을 만났다면서 너무나 감사한 인사를 한다.
 스님의 순수한 영혼이 거부하지 않아 제자리에 앉은 것이니, 스님의 바른 수행에 감사해야지요.
 오히려 제가 더 감사합니다 하고 인사하며 헤어졌다.
 그러다 최근에 스님의 신도를 접수해 달라는 부탁을 받았다.
 상황을 듣고 질문에 들어갔다. 문진에서 결과가 빨리 나와 그 자리에서 영가 정리를 해주었다.
 영가가 그 여자의 몸에서 빠져나올 때 몸부림을 너무 세게 쳐 주변에서 큰일 난 것 아니냐고 걱정의 눈으로 보기에, 조금 있으면 다 끝나니 기다리라고 하였다.
 10여 분 지나니, 영가가 몸에서 다 빠져나와 나에게 탄식을 늘어놓는다.
 영가의 탄식을 들으니, 몸이 아픈데도 집이 너무 가난해서 약 한 재 먹지 못하고 죽었다고 울면서 이야기하는데 마음이 짠했다.
 신도의 친정 엄마가 자궁암으로 돌아가셨는데, 딸도 자궁에 문제가 생겨 이유 없이 하혈을 한다고 한다.
 병원에 가면 이상이 없다고 하는데 이유 없는 출혈로 몸이 너무 쇠약해져 사는 것이 지옥이라면서 울었다. 친정 엄마와 딸의 기운이 서로 갇혀 있으니 병원에 가서 검사를 받아도 병명이 나오지 않는다.
 영가와 교신을 계속하면서 딸과 갇힌 기운을 정리해 주었더니, 영가가 무릎을 꿇고 감사하다고 인사하며 딸의 음성으로 나온다.
 웅성거리던 사람들이 신기한지 갑자기 주변이 조용해졌다.
 모녀간의 갇혀 있는 기운을 정리해 주었더니, 여신도의 얼굴이 금세 환하게 밝은 미소를 보이며 감사합니나! 하며 눈물을 보였다.

가슴이 항시 답답했는데 너무나 시원하다며, 이 은혜를 어떻게 갚소 하며 또 운다.

주지 스님에게 감사 인사하시라고 하고는 신도를 집에 보냈다.

주지 스님에게 스님이 그 신도에게 신뢰를 받고 계셔서 수월하게 영가 제도를 해주었지, 만약 그 신도가 스님을 신뢰하지 않았다면 나 역시 신뢰를 받지 못했을 것 아니냐며, 오늘의 공을 주지 스님에게 돌렸다.

좀 더 일찍이 만났더라면 좋은 도반이 되었을 텐데, 그 부분이 매우 아쉽다.

측은한 천신제자

"못난아, 못난아" 하고 하늘에서 천신제자를 부르는 것은 너는 땅만 알고 하늘은 모르냐는 뜻이다.

天도 있는데 어째 너는 이재만 밝히고 땅만 넓다 하며 분주히 뛰어다니냐고 하늘에서 천신제자에게 못난아, 못난아 하고 역정 낸다.

나도 못난이 시절이 있었고, 철부지 시절도 있었다.

철부지 시절이 있었으므로 지금의 내가 있고, 못난이 시절이 있었기에 지금은 하늘이 내 친구라는 것도 알게 되었다.

그렇다. 모든 것은 다 과정이다.

과거가 있으면 현재가 있고, 현재가 있으므로 미래가 있다.

결국 과거, 현재, 미래는 한 줄기인데 그것을 잠시 망각해 방향을 흐트리고 다른 곳에서 답을 찾는다.

답은 한 줄기에서 찾아야 한다.

무극이 과거이고, 태극이 현재이고, 황극을 미래라고 본다면, 인간은 태어나 짜임새를 갖추어 펼치고 가야 한다.

현재에서 자리 이탈하면 황극을 창출해 낼 수 없다.

나는 철부지 시절을 태극 시절로 말한다.

지금은 황극을 만들어가고 있다.

펼침을 제대로 하지 않으면 찌르는 자가 된다.

선원에 오는 분들은 한결같이 "기운이 편안함을 줍니다"라고 한다. 그 말을 들으면 철부지 시절이 생각난다.

철부지 시절, 많은 사람들이 나의 찌르는 밑에 싱처받았다.

사실 아는 것도 있고 모르는 것도 있는데, 사람들이 상처받을지 알면서 내면을 찌르는 방법을 많이 선택하여 사용하였다.

내가 영성공부 중이라 어쩔 수 없이 거침없는 판에 서 있어서 그런다고, 일일이 설명할 수 없었다. 그네들은 내가 무식해서 그렇다고 무시하였다.

치는 공부와 찌르는 공부의 차이점을 알아내기란 쉽지 않다.

나는 찌르기와 치는 차이점을 알아야 어느 곳에 가서도 실수하지 않을 것을 알았기에 철부지 시절에 열심히 공부하였다.

선원 분위기가 온화하단 말을 들으면 내가 찌르기와 치는 공부를 잘하였다는 생각을 하게 된다.

감사하다. 치는 공부를 일찍 끝내주어서….

우주를 간단히 말하면 무극, 태극, 황극.

알 수 없는 것과 알 수 있는 것과 전혀 알 수 없는 것.

과거와 현재와 미래.

지금까지 겪어온 것은 알 수 있는 것이고, 현재와 미래는 알아가는 것이어서 알 수 있는 것이고, 내가 대우주로 돌아가면 전혀 알 수 없는 것이다.

우주는 간단히 세 가지로 설명할 수 있다.

천부경의 맨 앞에 있는 一(일) 始(시) 하늘의 말과 하늘의 글을 알아야 우주의 섭리를 알 수 있다.

하늘과 연결돼 가는 제자들은 자연의 소리를 알아듣는다.

하늘에서는 치는 것과 찌르는 것을 자유자재로 한다.

나도 할 수 있게 해주어 감사하다.

진보하는 정직한 욕심

　스님이 이런 말씀을 한다.
　사실 조상천도가 진짜인지 몰라 자기 절에 오는 신도들에게 조상천도재를 권하지 않았는데, 무진 선생의 말을 듣다 보면 그럴 수도 있겠구나 하는 마음이 자꾸만 들어가더란 말씀이야.
　그래서 저 신도들에게도 천도재 이야기를 안 했는데, 무진 선생의 실력을 아니 중생 구제해 주시게….
　전화기 너머 속 부탁을 거절할 수 없어 흔쾌히 승낙하고 지방으로 내려갔다.
　절에 도착했더니 스님이 환한 미소로 반겨주었고, 신도들도 반갑다고 웃으며 받아준다.
　나는 영들 공부시켜 본래 자리로 돌려보내는 시간이 행복하고 보람을 느낀다.
　한 여자는 우울증으로 몇 년을 고생하는데, 남편이나 자식들이 도대체 알아주지 않는다고 하소연을 늘어놓기 바쁘다.
　이 여자의 정신세계는 단순하면서도 재미있다.
　영적 세계로 들어가 찾아보면서 대화를 진행하는데 어린아이 영이 아무도 나를 알아주지 않아요, 하며 운다.
　저 좀 바라봐주세요! 흐느낀다.
　이러니 우울증이라는 병명이 나오지.
　어린 영을 바깥세상 구경시켜 주고 놀아주었더니 너무 좋아서 옆에 언니라는 사람에게 갑자기, 언니야! 나 이제 갈 거야. 간다,라면서 손을 흔들고 갔다. 그리곤 여자의 얼굴이 환히 빛났다.
 주변에 있던 사람들이 신기하다, 정말 신기하다 하면서 웅성거렸다.
 두 번째 여자는 예전에 진안 마이산에 가서 스님에게 자궁 바꾸어 오라고 방법을 일러주었는데 오늘은 결과를 물었다.
 자궁에 혹이 생겨 병원에서 수술을 권했는데 수술이 무서워서 못하겠다고 하소연하여 진안 마이산 의통신에게 청탁을 넣었는데 다행히 청탁을 들어주어 병원에서 수술하자는 말도 없고 통증도 없어졌다고 좋아서 난리다.
 나중에 다시 정리해 주겠다고 하니, 저에게 진도를 더 내주시면 안 되겠냐고 해맑은 얼굴로 이야기한다.
 세 번째 여자는 친정 엄마 영가천도다.
 새만금 방파제에서 천어를 네 명 다 터트려주었다.
 이 스님은 선교사대학을 나온 분으로 천어가 방언과 비슷한 건 같은데 방언은 아니라고 한다.
 방언은 해석 불가능하지만 천어는 해석이 가능하다.
 천어를 하는 자는 무슨 뜻인지 알고, 알면서 천어를 뱉는 거라서 답답하지 않다.
 사실 목사들도 방언을 잘 못 터준다. 왜냐하면 어떻게 터주는지 공부를 받지 못했기 때문이다.
 종교는 선천시대의 유물이고, 이제 종교도 후천시대를 맞이하여 방법을 바꾸지 않으면 안 된다는 것을 이 스님은 예전부터 알고 있었는데, 어떠한 방법으로 바꾸어 나가야 하는지 몰라서 이러고 있었고, 절에 오는 신도들에게 천도재 하라는 말도 하지 못했다고 한다.
 양심이 살아 있는 수행자들은 진보하는 것 같다.
 나도 양심에 비추어 수행했다.
 아닌 것 같으면 아닌 거지.
 더 나은 것을 향해 나아가는 진보정신이 수행자들에게도 필요하다.

일을 마치고…

큰 단체에 다니던 여인 네 명이 상담하러 왔다.

두 여인은 그냥저냥 두 사람을 따라다니는 여자이고, 두 명은 단체에서 힘을 가졌다.

한 여자는 나에게 오기 전에 기수련 단체, 여호와증인, 대종교, 대순진리 등 일일이 열거할 수 없을 정도로 종교를 섭렵하였다.

또 한 여자도 비슷한 기운인데, 두 여자 고민은 어디 가서 물어보면 무당을 해야 한다고 하는데 꼭 해야 하냐고 어이없는 질문을 던졌다. 오죽 답답하면 이곳까지 와서 상담을 받겠는가?

너희 네 명은 그러한 기운은 지녔지만, 한 명 빼고는 별 볼일 없는 에너지다.

그 에너지로는 이 세계에서 발도 못 붙인다.

세 명은 그 사주 가지고 공부하고, 한 명은 선택하고 가면 돼.

이 길로 들어설지, 본인이 안 가고 싶다면 안 가도 돼. 다만 저 여자들보다 공부 과정이 어렵다.

한 여자가 말을 끊고 들어온다.

제 남동생이 군대에서 5·18 광주사태에 투입되어 명령에 의해 민간인들을 진압했습니다.

제대 후 동생은 이유 없이 코피를 한 번 흘리면 한 대접씩 쏟습니다.

어디에 가서 물어보면 광주사태 때 죄 없이 학살된 민간인들의 원한이 박혀서 그렇다고 하는데 어떡해야 하나요.

또한 정신도 오락가락하여 겁나서 정신병원에 입원시켰습니다.

부모는 나에게 맡겨놓고 돌아가셨는데, 남동생이 정신발작을 일으키면 누나인 저에게 칼을 들이대면서 죽인다고 하여 할 수 없이 정신병원에 입원시켰습니다. 이 일로 여러 군데 가서 상담도 하고, 돈도 많이 날렸습니다.

부모 재산 다 날리고 겨우 집 한 채 남았다며 여인네가 운다.

딱한 사정은 알겠는데 당신이 짊어질 무게인데 어쩌겠소!

나는 다른 것은 못 하겠고, 수명은 줄여주겠소.

살아남은 자는 살아야지.

하늘에 고했다.

이 여인네가 천신제자로 공부하고 간다고 합니다. 그러하니 여인네의 삶의 무게는 삭감해 주십시오.

사실 남동생은 그 집안을 공부시키려는 도구였다.

집안에 병자가 생기면 인간들은 병원 문을 두드린다. 그러다가 점차 여기저기 돌아다니다가 끝 순서로 우리 같은 사람에게 온다.

우환이 생기는 이유는 많지만, 인간적인 우환은 빨리 끝나는데 신들 세계에서 주는 우환은 신들 세계의 합의가 이루어져야 끝난다.

하늘에 고하는 천제 날짜를 잡고, 여인네의 시조 조상부터 정리해 들어갔다.

남동생 신명세계와 합의 보고, 부모의 영들도 불러 합의 보고, 대답을 받아내 주었다.

정신병원에 입원해 있던 남동생은 그때부터 포악한 활동이 점차 누그러지고 쇠약해지기 시작했다고 천제 지낸 여인네가 와서 이야기를 전한다.

그날 이후 신들의 에너지가 점점 빠져나가더니, 어느 날 병원에서 준비하셔야겠다는 연락이 왔다고 한다.

전화가 왔다.

울음소리가 들리더니, 제 남동생이 너무나 편안히 눈을 감았습니다. 그리고 남동생이 누나 공부 잘해! 내가 잘못했어, 누나 감사합니다, 하고 떠났습니다. 감사합니다. 남동생이 편안히 갈 수 있게 해주셔서 정말 감사합니다.

고생했네… 장사 잘 치르고 남은 공부 부지런히 허시게.

집안에 우환이 있을 때는 잘못 살고 있다는 경고를 주는 것이고, 경고를 무시하면 강도가 점점 세진다. 육체를 가진 인간들만 고통받지 육신이 없는 신명들에게 고통이 어디 있겠는가?

지구촌은 거대한 학습의 장이다.

대한민국 땅을 밟고 있는 천신제자들은 정신들 똑바로 차리고 항시 긴장을 놓지 말고 살기 바란다.

자신들의 신 활용법

틈나는 대로 공부시켜 주는 부부가 있다.

선원에 오게 된 동기는 여자의 건강 상태가 최악이라 상담하러 왔는데, 상담 받고 간 그다음 날 고통받던 증세가 없어졌다고 전화가 왔다.

선생님 정말 마음 깊이 감사드립니다, 하고 인사한다. 퇴근 후에 찾아뵙겠습니다.

퇴근 후에 방문하여 상담하길, 저는 무엇을 해야 하나요?

돌아가신 아버지, 사자정리나 해주세요 했더니, 사실 저는 아버지를 좋아하지 않습니다.

어렸을 적 부모님에 대한 상처가 너무 많아 생각하고 싶지 않습니다.

아버지와 해원하세요. 그렇게 집안 내력을 정리합시다.

상담을 마치고 집안 정리를 해주었다.

병이 왜 생겼는지 근원적인 부분을 대화를 통해 알려주고, 공부를 하지 않으면 다시 아프게 된다고 했다.

그 뒤 토요일이면 부부가 같이 동참해서 공부를 받고 간다.

집안의 내력을 설명해 주며, 조상 정리와 고통받으며 20세에 돌아간 언니의 영을 공부시켜 정리해 주었다.

이제부터 공부 안 하고 가시면 하늘에 혼납니다.

지금까지는 전조 현상에 불과하고, 이제부터 다르게 오니 제자들 공부할 때 같이하세요.

얼마나 고통으로 고생했는지 제자들보다 진도가 더 앞으로 나간다.

시간이 흐르는 동안 건강은 점점 더 좋아지고, 성품도 예전보다 더 부드러워졌다.

안타까운 점은 본인들 신명들의 에너지가 얼마나 큰데 활용을 안 한다는 것이다.

나는 물고기 잡는 방법을 지도해 줄 뿐이다.

영성으로 공부한 것을 지인들에게 아는 만큼, 경험한 만큼 알려야 하는데, 그 부분들을 소극적으로 대처하다 보니 자신들의 신명들이 화를 낸다.

여자분의 신명세계에서 남편을 통해서 공부하라고 남편의 상황을 점점 어렵게 몰고 간다.

그 부분을 가지고 공부해야 하며 그러면 에너지장의 세계에서 우리가 나간다 하며 힘을 준다.

나만 편안하면 되지, 하는 작은 이기심이 소탐대실하게 되었다.

여자는 편안함만 추구하다 결국 남편을 통해 발목이 잡혔다.

영성공부를 지도하면서 누누이 설명해 주었다. 공부를 제대로 하고 가면 주변이 편안하지만, 제대로 공부하지 않으면, 주변이 불편하다고.

남편이 하도 힘들게 해서 직장을 다니게 해달라고 기도했단다.

그랬더니 정말 일주일도 안 되어 출근하게 되었다며 웃는다.

나는 거기에다 한 가지를 더 첨가했으면 그 회사 말고 좀 더 여건이 나은 회사가 선정되었을 텐데요 했다.

여기에서 한 가지 짚고 넘어가야겠다.

왜 힘들 때만 자신의 신들을 찾느냐는 것이다. 항시 나의 내적 세계와 교류하지 않고 어려울 때만 찾는지….

그렇게 말해 주었다.

나의 내적 세계도 남들을 세워줄 수 있는 강함이 있는데, 이제부터 잊지 말고 나의 에너지장을 활용하시라고.

나의 영성세계를 세우지 않으면 내 자신은 빛낼 수 없다.

천신제자들아!

천신제자들은 하늘에서 편안함을 주지 않는다.

왜냐하면 사건 사고를 접하면서 영적 성장을 하기 때문이다.

제자들이 영성공부하면서 이구동성으로 제일 처음 하는 말이 마음이 편안해졌어요 이다.

영성공부하는 제자들에게 하늘에서 제일 먼저 편안한 마음을 주는 것은 자신을 믿고 가라는 것이었다.

자신을 믿고 하늘을 믿고 가면 너희에게 편안함을 주겠다. 제자들은 마음의 편안함이 다인 줄 알고 사건 사고를 피한다.

무엇으로 영적 성장할 것인가.

인간은 매 순간 사건 사고를 맡고, 맡은 사건 사고를 처리해야 한다. 온실 속의 화초는 관리하지 않으면 메말라 죽거나 타 죽는다.

우주는 온실이 아니라 거친 곳이다. 누구도 나를 세워주지 않는다.

스스로 일어서지 않으면 우주는 가차 없이 나를 버린다.

우주에서 살아남으려면 주어진 사건과 사고 속에서 영성 진화해야 한다.

여자분에게도 이 부분을 설명해 수었다.

그런데도 인간의 생각이 더 강하다 보니, 결국은 가족들 틈에서 인성공부를 시킨다.

하늘은 측은지심을 원한다. 정을 쓰는 측은지심이 아니라 냉혹하고 이성적인 측은지심을.

이기심이 아니라 진정으로 상대를 위한 측은지심.

결국 부부는 인성공부에 들어갔고, 주장자는 여자가 맡아서 가족을 공부시켜야 하는데 여자는 그 부분을 회피하여 또 경고장을 먹었다. 경고장을 먹음으로써 숨어 있는 자신의 신명을 찾아냈다.

옐로카드 먹기 전에 숨어 있는 신명을 찾는다면 얼마나 좋을까? 한다.

법을 들었음 받아가야 한다

공부를 내려받는 제자들의 마음자세를 점검한다.
천제를 진행해 오면서 내가 천제를 진행하려면 하늘은 아직은 아니다, 하며 항시 하늘에서 대행하였다.
이번만큼은 내가 하겠다고 선언했다.
20일 전부터 준비했다.
산에 가서 산나물을 뜯으며, 둘둘 말아 올리리다.
그리고 내려줄 것이다.
승낙이 떨어졌고 마음이 바쁘다.
명분이 맞아야 다음 순서들이 순탄하게 진행하도록 해준다.
아침부터 분주하다. 장은 이상하리만큼 많이 봐왔고, 준비는 잔뜩 해놓았는데 아무것도 나오지 못하게 한다.
결국은 산에서 뜯어온 나물을 상 가운데 놓았고, 고소한 냄새가 앉아 있는 제자들의 코를 자극하였다.
웅천 마음선원에 새로운 가족 신고식을 하였고, 제자들 스스로 기준을 세우도록 하였다.
하늘은 충심을 원하지 않는다. 다만 거짓 없는 마음을 원할 뿐이다.
오늘 신고식한 제자들에게 선물을 주었다.
법은 듣고 받아들이라고 주는 것이다. 알아듣고 흘리지 말라는 것이다.
알아들었으면 받아들이고 가야 하는데, 지금껏 지나간 제자들은 알아들었습니다, 하고 스쳐 지나가는 공부만 하였기에 중간 탈락자들이 많았다.

들었습니다. 그리고 받아들이고 갑니다 할 때 마음의 끈이 연결된다.

그렇게 쉬운 걸 제자들은 알려고 하지 않고, 스스로 문제를 만들어 놓고 의심병을 갖는다.

의심은 처음에 하는 것이고, 의심이 끝났으면 알려고 속으로 들어와 놀아야 한다.

듣기만 하고 받아들이지 못하였으니, 속으로 들어와 놀지도 못하는데 제자들은 그것조차 알려고 노력하지 않는다.

그 이유는 하늘을 받아들이지 않았기 때문이다.

하늘을 받아들이고, 자신을 믿었다면 소통이 쉬웠을 것이다.

받아들이지 않았다는 것은 결국 자신을 믿지 않았다는 것이다.

제자들아, 하늘은 알려고 하는 것이 아니라 받아들이는 것이다.

받아들이는 방법을 모르기에 영성공부를 시켜주는 것이다.

영성공부를 지속하다 보면 하늘을 알 것이고, 하늘을 알다 보면 받아들이는 기준도 서게 된다.

알려주었으면 알려고 노력하고, 알았으면 받아들이는 데 주력하라.

무녀가 데리고 온 손님

신의 제자가 나와 같은 사주카페를 열려고 하는데 잘되겠냐고 한다.

무엇을 배웠냐고 물었더니 명리학 5년, 풍수, 관상, 천문학 그 외 다른 학문은 교수에게 배웠고 동행한 여자는 무녀란다.

무녀에게는 신 공부를 받는다고 한다.

공부하는 것은 좋은데 기가 약하다. 그 기로는 손님 상담하기 어려운데.

자네는 고귀한 것을 원하는데, 자네 입맛에 맞는 손님은 열에 하나도 없다.

자네 성격을 개조하지 않는 이상 손님 받아서 상담하기는 역부족이니 인성공부를 더 하고, 내공이 쌓여 있지 않아서 손님에게 치이겠다고 설명해 주었더니, 기분 나쁘다고 팩 토라지는 모습으로 설명해 주었다.

상담자는 12폭 치마를 입어야 한다네. 그런데 자네는 1폭도 담지 못하는 마음자락인데 자네를 믿고 오는 손님들을 어떻게 품으며 상담하겠소. 자네는 역지사지라는 것을 모르네.

나에게 제가 잘할 수 있을까요? 하고 상담 받으러 왔으면 내가 말하는 것보다 당신의 질문이 나에게 빗발치게 들어와야지 뭐가 잘나서 햇병아리가 고개를 빳빳이 들듯 자네가 원하는 말을 안 해준다고 얼굴에 감정선을 품고 있냐고 꾸짖었다.

따끔히 야단을 쳐도 본인 감징에 휩싸여 이해히며 들지 않았다.

옆에 있는 신 선생이 나는 이분이 무슨 말씀하시는지 다 알아듣겠는데, 이걸 못 알아듣느냐고 찬찬히 설명해 주는 광경을 보고, 속으로 애쓴다 칭찬해 주고 싶었다.

시간이 흐르면서 상담 받는 여자의 마음이 열리는 것이 보이자 다시 설명해 주었다.

당신이 그 자리에 앉아 있을 때 본인이 원하는 대답을 이미 다 해 주었는데, 자네는 자신의 감정에 싸여 못 알아들은 거지. 탁한 에너지 청소해 주고 한 가지씩 나열해 가며 재탕해 주었더니, 죄송하다고 한다.

정신세계에 들어와 상담한다는 것은 한 사람의 인생 설계를 해주는 건데, 자네같이 감정에 휘말리면 상담 자격이 없네. 앞으로 점사는 점쟁이가 아니라, 인성 상담을 해주어야 하는데 자네는 인성이 안 갖추어져 있는데 상담자 자격이 있는가? 집에 돌아가서 곰곰이 생각하고 점검해 보시게!

옆에서 듣던 신 선생이 저도 상담해 달라고 한다.

나는 처음부터 그 여자가 무녀인 것을 알았지만, 본인이 이야기를 안 하니 잠자코 있었다.

직업이 무엇이요? 질문을 던졌더니, 저는 무당입니다.

나는 이 무녀가 마음에 들었다.

제자라고 데리고 왔는데, 제자 옆에서 본인의 문제를 숨기지 않고 당당히 말한다는 것은 보통의 마음 가지고는 할 수 없다.

그 무당은 하나도 속이지 않고 내 앞에서 솔직히 이야기하였다.

작년 어느 재가집 일을 해주고는 그때부터 아픔의 고통에서 벗어날 길이 없어 일도 안 받는다고 호소하는데, 나는 처음부터 알았다.

네가 솔직히 이야기하면 해주고, 거드름 피우면 고생하게끔 내버려둘 것이라고.

지금 무당들은 큰 산신들이 산문을 닫고 다시 공부에 들어가 공부 끝나고 내려오면 직책이 어떻게 바뀌는지 몰라 몸이 왜 아픈지 이유를 알 수 없다.

그저 재가집 일해 주고 병이 났다고, 그래서 병원에 가서 검사를 받아보고 이상이 없다는 결과가 나오면 그제야 신들을 찾아다닌다.

아프다고 병원에 간 그 시점부터 원인을 찾으면 시간이 자꾸 지체되어, 병의 원인도 찾지 못하고 결국은 지병으로 가는 지경까지 만든다.

큰 산신들은 다른 이름 가지고 내려와 제자들의 몸속에 안주하려고 찾아왔는데 그것을 모르는 제자들은 벌전을 받는다.

이 무당도 큰 산신이 산문을 닫고 공부 받으러 갔다가, 다시 제자에게 표시를 주며 왔는데 제자가 이를 알지 못하니 벌전을 주었다.

박수 · 무당, 목사, 스님, 그 외 정신적 지도자라고 하는 자들은 신과 통하기를 원하지 영적으로 깨달으려고 하지 않는다.

신과 통해 봐야 신들 삶을 살아주는 것이다.

영적으로 깨달음을 받아야 비로소 내 삶을 살아갈 수 있다.

제자들에게 말하고 싶다.

신들의 삶에서 나의 삶을 살아가는 영적 깨달음을 가져라.

여 승려 상담

모자를 깊숙이 눌러쓰고 허탈하게 웃으며 상담해 달라고 한다. 겉으로 보면 일반인인데 기운을 읽어 내려갔더니 승려였다.
직업이 무엇이냐고 물어보았다.
환히 웃는다. 여승이란다.
중이 제 머리 못 깎는다고 웃으며 이야기를 주고받았다.
친정어머니가 옆에 앉아 있어도 어머니의 존재 가치를 전혀 못 느낀다.
사찰을 운영하면서 돈 버는 족족 신도들에게 털렸다고. 돈 달라고 나에게 올 것 같으면 다시 오지 말라고 해도 온다고 투정을 한다.
그래서 이사 운이 있는지 상담하러 왔소.
신도들에게 털렸으면 결국 안 좋은 행위를 많이 시켰다는 것 아닌가?
그리고 이제는 신도들 잘되게 해달라고 기도하는 것도 질려서, 먼 곳으로 이사 가고 싶다.
앞으로는 남 잘되라고 기도하기보다 내 인생을 살고 싶다.
앞으로는 후천시대여서 이러한 일들이 비일비재하게 일어날 것이다.
신도들을 위해서 기도하는 것은 결국 조상 신명들 종살이 삶이다.
나의 이야기를 해주었다. 나는 제자들 스스로 문제를 찾으라고 던져놓는다. 내가 기도해 준다면 결국은 나도 조상신들에게 고삐 묶인 것과 다름없다.

21세기는 영적 진화하러 왔는데, 기존의 종교 지도자들이 바뀐 하늘 법을 모르고 선천시대의 낡은 법을 사용하니 앞으로 나아가지 못함을 전혀 알지 못하니 측은하다.

여승은 내가 본인의 직업을 모를 거라 생각하고 일반인 복장으로 왔으나, 속에서 나오는 에너지를 어떻게 속이겠는가?

돌아가신 친정어머니 사자정리해 주라고 했더니, 사자정리가 무어냐고 되묻는다. 휴~ 한숨을 내쉰다. 중이라는 자가 사자정리라는 단어의 뜻을 모르니 그 절에서 천도재를 지낸 신도들이 불쌍하다. 한심하고 또 한심하다.

신도들은 중이 세 치의 혀를 날름거리는 것을 진정으로 알아듣고 네, 네 했을 것 아닌가?

그러면서 덧붙였다. 당신 발밑에 새끼 뱀들이 기어 다니는 것을 보니, 천도재 운운하며 신도들에게 일들 많이 시켰겠네.

얼마나 신도들을 후려쳤으면 구렁이가 전신을 덮고 있는지, 반성하라고 하였다.

이미 구렁이에게 정신을 빼앗겨 어떠한 말을 하더라도 고개를 빳빳이 들고 나는 정법만 행한다고 한다.

정법이란 본인들이 알 수 있는 것이 아니다.

여승에게 가르쳤다. 친정어머니의 집착이 본인을 괴롭힌다고 사자정리해 주는 방법을 일러주었더니, 감사하다고 연신 고개를 수그린다. 몰라서 그렇게 했다고 한다.

모르고 지은 죄가 얼마나 큰지 모르냐, 앞으로 목탁 들고 염불하지 마시라, 부처님이 얼마나 바쁜데 당신 절에 오겠느냐, 사찰에 가면 중들의 조상들이 각단에 있어 있고 신도들 절만 넙죽 받아먹고 있는

데 그것도 모르냐고 야단쳤다.

모르면 하지 말고, 알려고 노력을 해야지, 큰 스님에게 수계 받았다고 포교원을 차려 신도들이나 자신들의 신명들에게 큰 죄를 지었으니, 앞으로 참회 반성을 뼈아프도록 하시오 하며 보냈다.

나도 20대 후반에 수계를 받았다. 법명도 받고 포교원을 설립할 수 있는 포교원 자격증도 받았다.

20대 후반에 웬만한 자격을 고루 갖춘 상태였지만 불교 포교원은 하지 않았다.

왠지 마음이 내키지 않았고, 큰 스님이라고 지칭하는 자들이 나와 교류를 원했지만 그것도 내키지 않아 왕래하지 않았다.

어려서 스님들의 탁한 에너지 구분 짓는 것에 눈이 떠졌고, 신을 통해 병을 고치는 자들의 교만을 수없이 지켜보았다.

앞을 내다보는 명리학 대가를 만나 제자가 되어 같이 일을 도모하자는 회유도 거절했다. 아마 명리학을 배워 그분의 제자가 되어 같이 걸어갔다면, 엄청난 부자가 되었을 거라고 가끔 생각하며 웃는다. 무엇이 잘나서 그 좋은 조건을 마다했는지 수행하면서 알게 되었다.

과거 생에 이미 다 했던 거라 천신교관들이 듣지 않게 했다.

수행하면서 알게 된 거지만, 나의 정신세계는 꽤나 탄탄하였기에 되돌이표 공부는 하지 않았다.

영의 시대에 발맞추어 가기 위해 천신교관들은 신의 세계에 들어가는 모든 길을 차단시켰다. 영적 지도자가 되어가는 과정을 이수시켜 주어 감사하다.

동기 감응

조상에 대한 상담을 자주 해온다.

주로 산소에 대한 내용이 많은데, 제자들이나 상담 중에 동기 감응이란 단어를 사용한다.

조상에 대한 상담 중에 조상이 불편해하면 자손도 불편할 수 있으니 산소에 다녀오라고 한다. 손님들이 산소에 가보니 짐승들이 묘를 파헤쳐 놓았다거나 비로 산소가 뒤집혀 있다는 등 가지가지 말들을 전한다.

산소에 탈이 났다는 것은 조상 묘에 이상이 생겼다는 것인데, 문제를 잘 점검해 주어야 한다.

땅속에 문제가 생겼는지, 산신들과 왜 트러블이 생겼는지 문제만 찾으면 금방 해결된다.

자손에게 불편함을 준 것은 조상이 불편하다는 것을 자손에게 동기 감응을 준 것이다.

일부 몰지각한 사람들은 산소 탈이 났다고 흉흉한 소리를 해가며 일하기를 권한다.

조상님의 동기가 무엇이 있어서 감응시켰는지, 그 이유를 알아서 조상님과 합의 보면 끝날 일을 너무 어렵게 설명하면서 조상 일 하라고 한다.

동기는 분명 우주의 어느 곳에서 준다.

그런데 인간은 동기를 부여받고도 무시하거나 알 수 없어 헤매고, 알려주어도 거부하는 자들이 수누룩하다.

우주에서 동기를 주는 것은 감응받으라는 것이다.

매우 특별한 존재 가치라고 동기를 받았다면, 우주에서 메시지를 주기 위해 감응받으라는 것이다.

동기와 감응은 이렇게 다르다.

우리는 우주와 연결되어 있으므로 우주에서는 항시 동기부여를 준다.

하수와 중수들이 주로 선생님을 찾는다.

그것은 하수에서 중수로 올려주기 위해 동기를 준 것이고, 감응은 제자들이 찾는 것이다.

15~6년 전 내 능력을 공부 받아서 같이 동행할 제자가 있겠느냐 의중을 물었더니 아무도 대답이 없었다.

물려줄 능력을 받아가겠다는 제자가 없어서 만행을 떠났다.

삼척에서 보살생활을 하고 있던 여자 하나를 발견해 몇 년간 공부를 지도해 주었는데, 업으로 지은 죄의 두께가 너무 커서 미천함에서 하수로 승급시켜 주었다. 하수에서 중수로 승급시켜 주려 해도 축생의 에너지 틀에서 벗어나지 못해 중수 승급시켜 주는 것을 포기하고 스스로 공부하라고 던져놓았다.

축생의 에너지가 많다 보니 교만이 교만을 만들고, 남의 집 조상일을 해주면서 조상에게 빙의 되어 탁함이 정화되지 않았다.

차라리 보살생활을 멈추고 영성공부만 했더라면, 남의 집 조상 일에서 빙의는 안 되어 공부는 수월하게 했을 텐데….

축생의 에너지는 사는데 매우 어둔하여 스스로 선택하지 못한다. 하수는 특히 말이 많다. 무엇을 하든 말이 많다. 그리고 원망하는, 탓하는 말을 많이 하며, 내가 어떤 사람이야 하며 교만을 쓴다. 또한 잘

못하여 반성하라고 하면, 내가 무엇을 잘못했냐며 소리 지른다.
 하수에서 노는 사람들의 주변은 깔끔하지 않다.
 중수는 쿨한 척한다. 깔끔을 떤다.
 왜 그렇게밖에 못 해, 왜! 그게 안 되는데… 어휴, 답답해…
 이러한 말을 주로 사용한다.
 축생의 에너지가 많은 자는 하수와 노는 것이 재미있지만, 중수를 만나면 온갖 비방을 한다. 시기와 질투, 교만, 원망, 한, 잘난 것을 보면 인정하지 않고 씹으니 더 이상 진도 내기가 어렵다.
 하수는 중수로 승급하는 데 많은 시간을 필요로 한다.
 중수에서 반성하는 공부만 잘하면 상수로 올라가기는 매우 쉽다.
 앞서간 선배들의 잘난 모습들을 보면서 나도 저렇게 하면 될까? 하는 긍정의 마인드로 따라가면 쉽다.
 수가 올라갈수록 집착하는 범위가 가벼워진다.
 수많은 과정을 거치면서 고통과 시련, 반성의 시간을 내 것으로 만들었기 때문이다.
 천신교관은 반성하다 안 되면 2차로 반성과 참회를 시도한다.
 그냥 참회하는 것이 아니라 눈물로 참회하다 뼈가 저리도록 영혼의 반성까지 들어가 찾게 해준다.
 결국은 내가 이 모든 상황을 만들어 나갔다는 것을.
 수가 높은 자들은 축생의 에너지부터 자신을 찾아 들어갔다.
 그렇게 하수에 진입하고, 하수에서 중수로 진입하고, 그렇게 수를 올려갔다.
 이 모든 것은 수행자가 얼마만큼 동기 감응으로 완화시키려 했고, 그렇게 우주 작용의 힘으로 커갈 수 있음을 깨닫는다.

신명여행

    10년 전만 해도 인격 다중 문제로 상담을 청해 오면 문제가 어디에서 왔는지, 문제해결에 대해 매우 적극적으로 상담해 주고 정상인으로 만들어주어 사회생활하는 데 별 문제가 없도록 해주었다. 그런데 이제는 교육사업 분야에 들어서다 보니 부모에게 상담해 주는 말투가 바뀌었다.
    지인이 내가 준 팥물을 먹고 기 치료를 받아 병이 호전되었다는 이야기를 듣고 소개받아 전화를 걸었다고 한다.
    지금은 병 치료는 하지 않고 상담만 한다고 말해도, 도와주세요. 병든 딸의 애처로운 마음 접수해 주셔서 제발 도와달라고 한다. 상담 받고 싶으면 오라고 했는데 바로 출발하겠다면서 전화를 끊었다.
    이제 천신제자들 공부 지도만 부여받았기에 영적으로 오는 병은 상담 받고 본인 스스로 공부해서 고쳐야 한다는 하늘의 명을 받았기에, 상담해 주고 공부 지도만 해주는데, 딸의 어머니는 전화 상담만 해주어야 했다.
    급했는지 도착 시간에 맞게 문을 열고 들어서는데, 아휴~ 한숨이 나온다. 그렇지. 너의 숙명을 피하지 못하는구나.
    세 시간 넘게 상담하면서 진단해 주었다.
    병을 고치려고 절에 상담했더니, 조상 천도재 하라고 해서 진행했는데 문제가 해결되지 않았고, 세 군데 절에 가서 천도재를 지냈는데 변화가 없다고 한다.
    병원에 가니 뇌 간질이라는 병명을 내려 신경 안정제만 타왔다고 한다. 진단한 결과를 설명해 주었다.

딸의 성격이 누구에게도 지지 않는 아주 포악한 인격다중체로 딸의 장래 계획에 큰 차질을 인정하고 싶지 않아 기갈이 넘어가 생긴 사건인데, 그걸 천도재를 지내라고 지냈느냐고, 참으로 멍청한 여자네 하고 타박을 주었다.

이해는 한다. 지푸라기라도 잡고 싶은 마음에 본인이 다니는 절의 주지승이 그렇다고 말을 하니, 진짜인 줄 알고 시키는 대로 했다가 마음의 상처만 더 받았다고 한다. 그 일로 주지 스님 전화번호는 스팸으로 처리해 놓았고, 인연을 끊었다고 한다.

이제 정확한 문제를 상담해 드렸으니 어디 가서 천도재니 조상 풀이니 하는 그런 것은 하지 마세요.

가시라고 했더니, 제발 제 딸 질병 좀 고쳐달라고 사정한다.

전화상으로 이야기했잖아요. 이제 병 치료는 안 합니다. 공부는 지도해 주어도.

딸의 어머니는 소개자의 말을 절박하게 믿었는지, 무조건 딸의 병을 고쳐 달랜다. 결국 하늘과 타협에 들어갔다.

공부로 병을 고칠 테니, 교관들만 들어서시오.

내 아들과 나이가 똑같아 마음이 흔들렸나 보다.

딸은 멍 때리고 있을 때 순식간에 발작을 일으키는데, 눈동자가 뒤집히고 온 사지가 뒤틀리면서 마비가 온다고, 그럴 때마다 심장이 타들어 간다고….

일단은 누가 장난치고 있는지 꺼내봅시다, 하며 딸을 데리고 신명여행을 떠났다. 명랑하고 말도 싹싹하니 잘한다.

신명계의 인사과장

정년퇴직한 남자 두 명을 다시 일터로 보내기 위해 인사과장과 수없이 타협했다.
인사과장 하는 말이 교만이 하늘을 찌르니 그 거만함으로는 안 된다고 자꾸만 서류를 되돌려 보낸다.
정년퇴직한 4년 차 남자의 교만을 빼주기 위해 바다 건너 나라까지 보내 내 마음대로 안 된다는 교훈을 갖게 만들어 자숙시키고, 여유로운 심성과 감사함의 마음을 지니는 공부로 마무리 지어 주었더니, 정년퇴직한 회사에서 새로운 부서를 만들어줄 터이니, 다시 일해 봅시다 했단다.
그 남자는 지금껏 인간적인 순수한 삶만 고집하다가 7년간 짬짬이 영성공부를 하더니, 이제야 하늘에 고마움을 표하고 새로이 공부시켜 주심에 감사 천제를 지내고 발령받은 미국으로 출국하였다.
잠시 마음을 놓지만, 또 한 남자가 걸린다.
아마도 이 남자는 약 만드는 것과 김장까지 일을 마치면 하늘에서 자리를 줄 것 같다 했더니, 마음 들어오는 대로 진행되어 간다.
이 남자도 물질계 세상에서 제대로 살도록 10년 공부시켰고, 1월 1일 결정적으로 마무리 져 주었다.
지독하게 인간을 괴롭히는 과거 생의 전쟁터에서 별 쓸모없는 장군신들이 들어와 인간을 통해 추악한 짓거리를 일삼는 것을 보고 언젠가는 저 장군신들을 자폭시키리라 했다.
남자 제자 스스로 장군신들을 통제하지 못하고 같이 논다고 수없이 야단치고, 욕도 하고, 하늘의 매도 쳐보았는데 인간의 의지가 약해 쓰잘데기 없는 장군신들에게 끌려다녔다.

그러하니 주변 사람들에게 좋은 인상도 주지 못하고 스스로도 세상 속에 어울리지 못하는 반푼수와 같음을 알면서도, 시정하는 데 진도가 나가지 않아 하는 수 없이 하늘에 도움을 청하기로 했다.

앞으로 이 제자가 할 일들이 많습니다. 이번만 도와주십시오.

그럼 다음 일들은 제가 알아서 하늘의 도구로 가게끔 이끌어가겠습니다. 합의를 끝냈더니 갈비뼈 7대가 나갔다.

그렇게 지도해 주어도 진도가 안 나가더니, 하늘은 오른쪽 갈비뼈 깊숙이 박혀 있던 지독한 장군신의 에너지를 아예 없애주었다.

이렇게 정리시켜 주는구나… 그 후 인간이 노력하면 눈에 띄게 공부가 되어갔다.

이제 우리 선원에는 백수가 없다.

나는 인사과장과 매우 친하다.

직장을 잃고 백수로 있는 자들이 있음 인사과장과 상의해서 취직시킨다.

공부만 제대로 하면 무엇을 못 해주랴….

하늘의 거대한 힘이 있는데.

경찰관의 평범한 질문

한 경찰관이 심각하게 질문을 던진다.
조상이 판(신당)을 만들어달라며 매우 힘들게 합니다.
이 집 조상은 집착이 매우 강하구나. 살아생전 하던 업을 자손을 통해서 또 하려고 자손을 힘들게 한다.
7대 조상이니 얼마나 능력이 좋겠는가?
조상이 세월호 사건, 대구지하철 화재참사사건, 기타 등등 굵직한 사건들을 꿈에 예언해 주었다면서, 내가 나서면 부자로 만들어줄 테니 빨리 조상신 받으라고 꿈속에서 괴롭힌다고 한다.
경찰관 曰, 조상이 꿈에 나타나 신당을 안 차려주면 큰형을 데리고 간다고 했는데 3년 만에 형이 죽음을 맞이했습니다. 그리고 또 꿈에 내가 신을 안 받으면 저도 데리고 간다고 합니다.
그래서 몇 년 전에 무당에게 날을 받아놓고 곰곰이 생각해 보니, 이건 아닌 것 같아서 무산시켰다고 속내를 털어놓는데, 조상이 갑자기 무섭게 자손을 쳐다본다. 그리고 경찰의 입에서 휘파람을 삭 불어 대는데, 조상에게 물어보았다.
당신을 다른 차원계로 이전시켜 주면 자손 괴롭히는 것 그만두겠느냐고 자초지종 설명하니, 수락하겠다고 한다.
사실 조상들은 차원계가 이동되면 공부를 받을 수 있는지 모른다.
인간세계에서도 초등학교 졸업하면 중학교 입학하고, 중학교 졸업하면 고등학교에 가듯이 조상들도 수준을 끌어올려주면 자손들에게 절대로 집적거리지 않는다.

인간세계에서도 조금이라도 소질과 자질을 갖추면 그것에 필이 꽂혀 도전하는데 신명이나 조상들도 그러하다.

살아생전 특출했던 조상들은 집착이 매우 강해 자손을 통해 일을 더 하고 싶어 한다. 자손은 본인의 의지와 관계없이 조상의 정신이 스며들어 착각 속에서 방황한다.

방황하다가 무속인을 찾아가기도 하고, 종교 속으로 들어가 위안을 얻기도 한다. 그리고 어느 한 곳에서 강력하게 밀어붙이면 결국 하나를 선택하여 그 길로 간다.

언제부턴가 이런 질문들을 할 때마다 저렇게 평범한 것을 고민하다가 털어놓는가 하고 웃는다. 그네들에게는 매우 큰일이겠지만 하늘에서 볼 때는 귀여운 질문에 속한다며 웃는다. 나도 따라 웃는다.

근본적인 원인을 모를 때는 매우 심각하지만 알고 나면 매우 싱거운 문제들이다. 그런데 모르니 조상 정신이 내 것인 줄 알고, 조상의 정신을 살아주게 된다. 너는 어디 있냐? 하고 질문을 던진다.

네 것은, 네 정신은 어디다 두고 조상신들 정신으로 빙의 되어 방황하느냐고 정신 차리라고 하였다.

사실 신 내림은 특별한 것이 아니다.

인간은 누구나 신들이 존재하고 있어서 인간으로 태어난 이상 조상신들과 신명들과 같이 가야 한다.

어느 인간이나 다 똑같기에 창피할 필요도, 힘들 필요도 없다.

겪는 과정만 다를 뿐, 누구나 다 겪어야 할 사명들이다.

평범한 질문에 심각성을 가질 필요가 없다는 것이다.

모든 문제는 풀려고 하면, 즉시 풀어주는 것이 하늘 법이다.

신명 수준 점검

　영성공부를 10년 이상 하고 나간 제자들의 근황을 제자를 통해서 알게 되었다.
　어떤 제자는 교회에 다니면서 교인들의 도움을 받아 생활하고, 어떤 제자는 공부 받기 전에 다니던 단체에 들어가 대우받으면서 일한다고 하고, 가정으로 복귀하거나, 하고 있던 직업에서 여전히 벗어나지 못하고 그 선에서 놀고 있다는 소식에 한숨이 앞섰다.
　10년이나 영성공부했는데 영적 수준을 높이기는커녕 제자리걸음을 하고 있다니 마음이 아프다.
　나에게 공부 받으러 올 때는 대부분 유치원 수준이었다.
　항시 중학교 수준까지만 공부해라!
　그럼 너희들이 공부하기 싫어도 내적 세계에서 알아서 해준다.
　중학교 수준만 이수하고 나갔으면 현 직업에서 절대 놀고 있지 않는다.
　다른 직업군으로 옮겨 타게 만들어 지도자 역할을 하도록 만들어 준다.
　교회는 영적 수준이 초등 2년 수준밖에 안 된다.
　불교도 그와 같은 수준이다.
　초등학교 수준은 시키는 것만 한다.
　스스로 의식 진화를 시켜주는 '왜?'라는 질문 공부를 받지 못하지 않는가?
　중학교 과정은 '왜?'라는 질문을 수시로 던지게 하여 영적 확장을 만들어준다.

종교에서는 무조건 기도만 하라고 한다.

초등 수준은 누구를 책임지는 단계가 아니다. 3대 종교는 책임지지 않는다.

그저 신의 뜻이라며 무책임한 말을 한다.

10년 동안 공부하고 나간 제자들의 의식 수준을 듣고는 실망을 감출 수 없다.

너희는 지도자가 되라며, 온갖 열정을 다해 영성공부를 지도해 주었는데, 결국은 자기 자신을 속이고 기복으로 공부했다는 것이다.

영성공부는 자기 자신을 속이지 말고, 기복으로 공부하지 말라고 엄격하게 지도해 주었건만 결국 자기 자신을 이기지 못했다.

지금 제자들은 영성공부하고 나간 선배들의 전철을 밟지 않기 바란다.

절대로 자기 자신을 속이지 말라.

그리고 기복으로 공부하지 말라.

그러면 너희도 선배들과 같은 전철을 밟게 된다.

고등학교 수준까지만 올라와라.

나와 어깨를 견주며 빛나는 삶을 살 것이다.

모스부호

혼자만 가지고 있던 정보도 아니었는데 요즈음 신명들이 자손이나 제자에게 신호를 주고 있는데, 어떠한 반응이 신명들의 신호인지 몰라 영가에게 시달리며 고생한다고 하소연한다.

하소연에 정보를 주고자 한다.

신명들은 여러 방법으로 신호를 보내고 있다.

낮은 조상 신명은 화경으로 보여주기도 하고, 소리를 들려주기도 한다.

또한 향기, 촉, 감, 색상 기타 등등 여러 가지 방법을 선택하여 신호를 주는데 그중 모스부호가 가장 고난도이다.

천신제자들도 신명들이 모스부호로 타진하고자 오는지 모르는 경우가 허다하다.

내 신명들은 모스부호로 교신하고자 신체 부위를 톡톡 친다.

'이게 뭐지?' 하며 무심히 지나치는 경우가 자주 생기면, 톡톡 친 부위에 혈이 막히는 경우가 생긴다. 한곳만 집중 사격 당하면 암도 발생하고, 고치지 못하는 고질병으로 변하여 고생하게 된다.

내 막내 여동생도 머리로 들어오는 모스부호를 알아채지 못해, 처음에는 두통으로 고생하다, 시간이 흐른 지금까지 여러 가지 지병으로 고생한다.

처음에는 머리 주변을 톡톡 친다. 그럴 때마다 인간은 그냥 머리만 긁적이고 말기에 엄한 병으로 고생한다.

그 행위가 계속 반복되면 병원에 가도 병명이 나오지 않는 이상한 환자 취급을 받고, 계속 신명들의 신호를 알아채지 못하면 다른 병을 또 만들어 고생시킨다.

그래도 신명들의 교신이라는 것을 못 알아차리면 그때는 종합병원이라는 진단을 받는다.

하늘은 천신제자에게 수업료 대신 병원비를 치르게 한다.

건강은 건강대로 망가지고, 경제는 경제대로 밑 빠진 독에 물 붓기다.

막내 여동생도 고생하는 공부가 남아 있는지 아무리 설명해 주어도 의사 말에 충실하다.

한번 말해 주고, 두 번 말해 주고, 세 번 말해 주어도 접수가 안 돼 본인 고집으로 살겠다는데 어찌하겠는가. 나는 동생의 고집을 존중하기로 했다.

하늘은 따라와 주는 제자에게 법을 준다.

하늘 법은 억지로 끌고 가지 않는다.

급수가 있는 천신제자들은 모스부호를 준다는 것을 명심했으면 한다.

주는 부위는 제자들마다 각기 다르기 때문에 제자들 스스로 깨우쳐야 한다.

조상신에 빙의 된 자손은 즐겁게 사는 법을 배워야 한다.

자손이 즐겁고 행복하게 살면 마이너스 정보를 가진 조상은 절대 안 오니, 즐겁게 사는 방법을 연구하자.

꿈을 모르는 아이들

가끔씩 청소년들 상담이나 재수생들 상담할 때가 있다.
그 아이들에게 물어보았다. 너희들의 꿈은 무엇이냐고?
꿈을 물어볼 때마다 대부분 실망스런 말을 한다.
꿈이요? 꿈이란 것 몰라요. 꿈이 무엇인지도 모르고 학교를 다녔어요.
부모들에게 역으로 물었다.
자녀들과 꿈과 희망에 대해 이야기를 나누어보았습니까?
부모들은 당황한다.
꿈과 희망은 에너지다. 자녀들이 꿈과 희망의 에너지를 받지 못하고 학교에 다니는데, 부모들은 "아이 성적이 잘 안 나와요. 학교 가기를 싫어해요" 한다.
학생이 공부만 잘하면 됐지 뭐가 더 필요하냐고 한다.
이런 부모에게 교육받은 자녀들이라면 공부하기 싫어하는 것은 당연하지. 자녀가 공부하기를 원한다면 미래지향적인 꿈을 심어주어야 한다. 그래야 뇌 세포가 활성화되어 공부하고자 하는 의욕이 생긴다.
자녀들이 꿈이 뭐냐고 되묻는 것이 말이 되나. 부모 자격이 있냐고 묻고 싶다. 자녀에게 꿈을 키워주지 않았는데 자녀가 어떤 에너지를 받아서 공부하겠는가.
청소년들과 상담하면 헛헛함의 에너지가 들어와 답답하다.
대학 재수생들과 상담해도 꿈이 뭐예요? 하고 묻는, 뇌가 덜 발달

된 아이들의 부모가 참으로 한심하다.

자라나는 청소년들은 꿈과 희망이 앞으로 나아갈 수 있는 에너지다. 부모는 에너지를 찾아서 쥐어주어야 하며 같이 성장해야 한다. 그래야 자녀가 성장하여 부모를 존경하게 된다.

답답한 상담을 끝내니 불현듯 돌아가신 아버지가 생각난다.

성장 시기에 아버지는 우리나라가 앞으로 어떠어떠하게 변할 것이니 거기에 대비하는 마음자세를 가져야 한다며, 함께 여행하며 앞으로의 계획을 갖출 수 있는 정신을 심어주셨다.

또한 시간 나는 대로 짬짬이 여행시켜 주면서 나란 존재 가치에 대해 중요함을 갖게 해주시며 정신교육을 훌륭히 키워주셨다.

그때는 아버지의 자녀 교육관이 무엇인지 알려고 하지 않는 시기여서 이해를 못 했다.

아무리 바빠도 아버지는 자녀교육을 우선시했던 것 같다.

나는 아버지의 교육 방법을 내 자녀들에게 적용하고 있다.

자녀를 둔 부모들은 스스로에게 질문해야 한다.

나는 어떤 꿈과 희망을 가지고 성장하였으며, 내 자녀들에게는 어떤 꿈과 희망을 가질 수 있는 환경을 만들어주어야 하는지 연구해야 한다.

18년간의 신도시 건설

어린아이가 태어나서 신도시를 만드는 데 18년 걸린다.

어린아이에게는 6+6+6 = 18, 3차원계에서는 6에 의미를 둔다.

6살까지는 부모의 영향을 받으며 성장하고 영적 도시를 건설한다.

부모는 6살까지 인성교육에 많은 노력을 기울여야 하는데, 인성의 자리에 엉뚱한 세계를 만들어놓는다. 일찍 태어난 아이는 7세에 초등학교에 입학한다.

그 아이들은 학교에서 중간의 신도시를 개발한다.

영적 신도시와 인간계의 신도시를. 그래서 초등학생의 의식은 어디로 튈지 모르는 반토막의 신도시가 설계된다.

학생들은 중3년, 고3년 매우 중요한 시기에 신명건설과 신도시 건설을 구축한다.

좌충우돌 시기로 부딪침이 가장 많은 시기다.

부모들은 부모의 말을 잘 듣는 자녀가 착하고 예쁘다고 한다. 그리고 부모의 못난 양식으로 자녀들의 신도시 건설을 방해한다.

부모는 중3년, 고3년 동안 양질의 지식으로 영적 신도시 건설을 도와주어야 하는데, 쥐락펴락하는 소유욕에 못 이겨 자녀들의 영적 신도시 건설을 황폐하게 만드는 데 한몫한다.

양질의 지식을 받은 자녀는 영적 세계를 잘 구축해 놓는다.

이때의 영적 양식 신도시 개발 비축으로 어린아이는 30년을 사용한다.

물질로 신도시 개발이 선 자녀는 많은 시행착오를 겪게 된다.

18년 동안 신명계 영적 세계 신도시를 잘 건설해 놓으면, 하늘은 이 아이에게 장차 인류를 위해 일할 수 있는 큰 의식 성장을 아낌없이 내려준다.

부모들은 자녀들에게 공부만 하라는 물질계 도시를 만들어주지 말고, 양질의 영성세계 신도시를 설계할 수 있도록 양질의 에너지를 담을 수 있는 마음의 뇌를 키워주어 가슴을 여는 신도시를 만들게 하자.

가슴을 여는 신도시가 만들어져야 자녀들은 세상을 보는 눈이 넓어진다.

그리고 삶의 시행착오도 덜 겪게 된다.

'우리 아이는 착해요'라고 말하는 것은 '내 자식은 바보예요' 하는 것과 같다.

자녀들은 부딪치면서 신도시를 만들어간다.

자녀들이 신도시를 만드는 데 부모의 인성도 중요하다.

신명 상담

신명 상담할 수 있는 자격증을 가지고 있는 천신제자가 몇 명이나 될까?

나는 신명 상담을 해주고 있다.

신명 상담은 인간 개개인의 고유한 에너지 번호가 있다.

그 번호를 찾아서 신명들을 상담해 준다.

명리학, 역학, 심리 상담학, 주역, 종교 등은 인간들이 어렵다고 하면, 그 기준에서 상담해 준다.

선천시대 방법으로 상담해 준다.

후천시대는 신명 상담을 해주어야 내면의 에너지가 움직인다.

나는 때때로 신명들의 상담을 받아주면서 신들의 하소연도 가끔 들어준다.

인간들에게 말해 보아야 받아주지 않으니 신명들이 불만을 잔뜩 안고 있다가 더 이상 담을 수 없으면 불꽃 싸움으로 번진다.

신명들과의 불꽃 싸움은 서로에게 상처를 주거니 받거니 한다.

일반적인 사람들도 신명이 무엇인지 알았으면 한다.

신명은 인간들에게 알아달라고 투정을 많이 부린다.

조상신들은 상담 중에 자손들의 답답함을 하소연한다.

인간에게는 인간적인 상담을 해주는 것 같이 들리겠지만, 사실 신명 상담을 해주는 것이다.

어떤 이들은 무엇을 느끼는지 질문을 던진다.

당신은 큰 행운을 선물받은 것이요, 하며 상세히 예를 들어가며 상담의 질을 높여준다.

얼굴을 바라보면 신명들이 흡족한 듯 발그레 웃음을 자아낸다.

후천시대의 인성 상담은 신명 상담을 해주어야 내면의 에너지가 변화를 준비한다.

마음의 길을 찾는다는 것은?

나는 제자들에게 마음속의 길을 찾고 만드는 것을 지도해 준다.
인간은 마음속에 길이 있다는 것을 모른다.
그리고 어떻게 마음속의 길을 찾아야 하는지도 모른다.
마음속의 길은 눈으로 보고 판단하거나 귀로 듣고 판단하는 것이 아니기에, 마음의 길을 알지 못하면 道를 구하거나 수행하기가 매우 어렵다.
마음의 길을 찾으려면 하늘 문이 열리고 마음이 하늘과 가까워져야 그 실체를 찾을 수 있다.
성통공완도 영과 기와 신을 통해 성통이 되어 자신의 기운을 알고 영성으로 영안이 열릴 때 공완이 열린다.
마음속의 길을 찾고자 한다면 우선 영·기·신으로 자신의 기운을 깨닫고, 정신이 맑아져 모든 신명들이 도움을 줄 때 길을 열어준다.
氣란 나누어주고, 내려주고, 이어주고, 연결시켜 주는 것이다.
천신들과 합의하는 것은 어렵지만, 자신을 속이지 않으면 쉽게 통할 수 있다.
천신의 도움으로 자신의 기운을 깨달으면 신은 나누어주고, 내려주고, 이어주며 연결시켜 마음의 길을 찾도록 한다.
마음의 길을 찾는 것이 사람으로 올바르게 사는 것이다.
그래야 하늘과 같아지는 것이다.

• 소리를 담는 그릇

하늘에서 보는 제자는 하는 일들이 하나라도 틀리면 제자라고 하지 않는다.

하늘의 제자가 되기 위해서는 천신들의 마음을 사야 하며, 천신들에게 자격증을 부여받아야 한다.

천신들에게 자격증을 내려받기 위해서는 여러 가지 시험을 거쳐야 한다. 시험이란 마음을 보는 것으로 마음이 우주와 연결되어 있는가이다.

인간의 마음이 우주와 채널링 되어야 하늘의 대변자가 될 수 있는 자격이 부여된다.

영적 제자를 양성하면서 안타까움과 측은지심이 동반하였고, 천신제자는 사람의 욕심으로 양성할 수 없다는 것을 알게 되었다.

말을 안 듣는 나를 이렇게 만들기 위해, 하늘에서 얼마나 많은 시간을 투자했는지 제자를 양성하면서 알게 되었다.

하늘에서는 어떠한 것이든 바로 알아야 된다고 한다.

어설프게 알아서 혹세무민한다면 천신제자들마다 다르게 벌칙을 내린다.

어제는 신명 급수가 높은 자가 나에게 섭섭하다며 신세 한탄을 하였다.

나는 당신이 내 수준과 비슷하고 대화도 될 것 같아 반갑게 대화를 청하려고 왔는데, 건방진 태도로 본인을 대했다며 섭섭한 마음을 드러냈다.

그 순간 반성하였다.

내 말의 톤을 오해하여 몇 개월 동안 섭섭한 마음을 가지고 있다가 오늘에서야 용기를 내어 주저리주저리 풀어놓는구나!

미안하다고 사과하며 섭섭한 마음 풀라고 한 뒤, 섭섭한 기운을 정리해서 보냈다.

사실은 나에게 점검받고 싶어서 선원에 들어온 거라고 한다.

솔직히 내가 왜 이렇게 되었는지 점검해 달라고, 이야기해 달라고 하는데, 나는 모른다고 말하였다.

선천시대에 공부한 제자들은 솔직하게 점검해 주면, 고깝게 듣는 에너지들이 세포 곳곳에 숨어들어 있어 점검해 줘 봐야 나만 시간 낭비다.

선천시대 공부는 바로 알지 않아도 신들이 알아서 해주기에 그다지 큰 벌을 받지 않는다.

왜냐하면 선천시대는 신들의 시대이기에 신명제자가 빠트리고 일을 진행해도 신들이 책임지고 알아서 다 해주었으므로 신들 제자가 쉽게 일을 할 수 있었다.

그러나 지금은 후천시대이고, 인본시대이고, 영성시대이다.

인본시대는 한 가지라도 빠트리면 그건 온전히 제자의 잘못으로 벌칙을 받게 되어 있다.

그래서 지금은 천신제자가 함부로 혹세무민하면 상당히 가중한 처벌이 따른다.

그러한 이유로 나는 지금까지 선원제자를 양성하지 않았다.

돈벌이가 잘되던 선천시대의 신명공부는 시대가 지났기 때문에 제자를 양성하는 데 많은 어려움이 따른다.

인성이 제대로 갖추어져 있지 않으면 우주가 내 중심으로 흐른다는 것을 망각하게 된다.

웅천 마음선원에서는 조상공부를 지도해 주면서 인성을 갖추는 공부를 기본으로 한다.

웅천 마음선원 제자들은 영적 지도자가 되어야 한다.

영적 지도자는 하늘의 소리를 담는 그릇이 있어야 한다.

하늘의 소리를 담는 그릇의 기준은 인간의 생각을 지우는 것이다.

내 기준은 없어야 한다.

"내 생각은 이렇습니다" 하는 경계의 말은 하지 말아야 한다.

하늘의 소리를 담는 영적 지도자는 천 년에 한 명 나올까 말까 한다.

영적 감방에서 출소시킨 제자

영적 세계에서는 찰나라고 말하지만, 인간계에서는 10년 넘게 교화시켜 새로운 직함을 달게 하여 갱생의 길을 열어주었다.
이제부터는 하늘 사업에 전념하시오.
인간의 삶은 전부 과정이었으니, 그것이 영적 감방이었음을….
나는 죄수 감방장 역을 잠시 맡아 나의 직무를 끝내주었다.
영적 죄인도 최선을 다하였음을 하늘도 인정하였다.
제자들 스스로 확인해 보아라.
영적 감방을 언제 들어갔다 나왔는지.
그때마다 나는 감방장으로 영적 공부시켜 주어 자리를 배치해 주었다.

제 3 장
자아를 찾아가는 공부

자신을 아는 것만 해도
좋은 깨달음이다

　인간들은 성장을 거듭하면서 부유한 생활도 기대하고, 좋은 부모 만나 원하는 삶의 지표를 그리고, 그 지표로 성공이란 단어를 갖고 싶어 한다. 그런데 하늘은 그것이 잘못인 양 천신제자를 가르치고 있고, 제자들에게 인간적으로 가장 참기 어려운 것을 요구하고 있다.

　그것을 눈 감고, 인내하고, 참아야 성공하는 것이 하늘공부라니 얼마나 힘들고 고난도를 요구하는 공부인가?

　인간은 지치고, 하기 싫은 부분 중 커다란 부분을 차지하고 있는데, 하늘은 인간이 하기 싫어하는 공부라는 것을 인식하지 못한다.

　제자들은 이 부분을 모른다.

　인간이 얼마나 하기 싫어하는지 모르기에 하늘은 요구한다. 쉬지 말고 공부하라고!

　영성공부하는 제자들은 이 과정을 지나야만, 휴우~ 안도의 한숨을 쉴 수 있음을 느끼게 될 때가 있다.

　하늘은 깨달을 수 있도록 여러 가지 환경을 만들어놓는다.

　제자들이 그 환경을 지나쳐갈 때 하늘은 매우 안타까워한다.

　제자들 수준에 맞춰 판을 짜놓았는데 제자들이 인간적으로 보고 말하면 거기에 대한 성장은 없고 정지만 있다.

　제자들이 지금까지 잘 참고 견뎌왔다는 것은 인간으로선 참을 수 없는 산을 넘은 것이다.

　하늘공부는 산 넘어 산이 있고, 그 산을 넘으면 다음 산을 또 넘어야 한다.

영성공부는 남이 알아주든 말든 묵묵히 하는 것이다.

제자들 수준만큼 산을 넘으면 하늘은 스스로 산까지 만들 정도로 큰 능력을 주는데, 그 시간까지 얼마나 긴 여정이었겠는가?

그래도 그 여정을 감사하게, 고맙게 받아들여야 한다.

내적 세계는 무한한 것이기에 내면의 모든 것을 밖으로 표출할 때 생기는 에너지로 자신을 나타내므로 내면이 자신인 것이다.

오래전 자아를 찾는다고 많은 시간을 거리에, 동서남북 온 산천을, 바다를 찾아다녔고, 단체들을 찾아다니면서 횡설수설했었고, 망신도 당할 만큼 당했다.

자아가 무엇인지 정말 궁금했다.

내 인생을 모두 쏟아부어서라도 그 궁금증을 찾고 싶었다. 찾게만 해달라고 했다. 수많은 시간을 낭비했다고 생각했지만, 결국 나는 나를 찾았다.

내 존재 가치를 찾는 것이 나에게는 가장 큰 숙제였기에 숙제를 풀고 난 후, "아~ 이제 됐다" 하는 후련함이 터져 나왔다.

존재 가치를, 자아를 찾은 쾌감을 무엇과 비교할 수 있을까?

제자들에게 알려주고 싶다.

존재감, 자아를 찾게 해주고 싶다.

일반인들이 말로만 찾는 자아와 제자들이 찾는 자아는 하늘과 땅 차이다.

그러나 제자들은 본인들의 수준을 모르고 기수련을 하거나 산에 가서 도를 닦으며 수박 겉핥기 식 공부를 한다.

하늘은 지금까지 근기를 만들어 혹독한 고생을 시킨 제지들에게 계시를 내려줄 것이다.

　존재 가치를 찾은 제자에게는 어떠한 사명이 내려와서 제각기 자신의 길로 인도하고 정진시킬 것이다.

　제자들은 이때를 놓치지 말고 기회를 꽉 잡아야 한다.

　하늘의 소리를 전달할 수 있는 능력을 받기 위해 자신의 모든 것을 걸어야 한다.

　그러한데 제자들은 쉬운 과목만 달라고 한다. 그럴 때 제자에게 받는 상실감은 크다.

　제자들의 정신 개념이 높았으면 하는 욕심을 가져본다.

　우주에는 풀리지 않는 수수께끼들이 무수히 많다.

　그러나 그 무수한 것들을 마음속에 담아둔다면 모든 문제를 쉽게 풀 수 있다.

　하지만 사람들의 마음을 담아두기에는 힘든 일이 많다.

　스스로 깨닫도록 만든 우주공부의 판을 깨달을 때까지 무수한 고난과 시련이 있지만, 담아놓을 수 있는 마음이 생겼을 때에는 모든 것이 좋아 보이고, 세상이 달리 보이게 내적 세계의 눈들이 무수히 떠지고, 삶의 방향을 전향하는 데 크게 작용한다.

　인간으로 태어나 깨닫는 것은 죽는 것보다 어렵다고 한다.

　외로움은 외로움 속에 들어가 보아야 외로움을 안다고 한다.

　깨달음은 깨달음 속에 깨달음이 있고, 깨달음 속에 들어가 보아야 깨달음을 알 수 있다.

고정관념에서 벗어나는 방법

고정관념은 과거 속의 경험을 저축해 놓은 것이다.

제자들과 덕수궁에 가서 고종황제가 차를 즐겨 마시고, 대화를 즐겼다는 관현정에서 고정관념이 얼마나 부질없는 것인지 설명해 주었다. 그 시대의 화려함은 관광지로, 유물로, 국보로 지정되었다.

과거는 과거일 뿐 현실과 동떨어진 조선의 빛나는 업적이 과연 먹힐지 생각해 본다.

그때의 찬란함은 과거 속의 찬란함이다. 지금 그 시대의 역사를 재조명하면 많은 모순을 발견하게 된다. 그러나 그 당시에는 그것이 최선이었을 것이다.

우리는 그러한 모순을 바로 잡아서 다시는 우유부단한 나라를 만들지 않도록 힘을 길러야 하는데 과연 베이비붐 세대들은 젊은이들에게 무엇을 보여주고 있는가?

베이비붐 세대 부모들은 자녀들 인성교육을 제대로 시키지 못하여 자의식을 형성하지 못한 젊은이들은 가정에서나 밖에서나 이리저리 줏대 없이 끌려다닌다.

베이비붐 세대가 가지고 있는 고정관념의 틀에서 벗어난다면 젊은이들이 저렇듯 방황하지는 않을 것이다.

나라가 제대로 나아가려면 베이비붐 세대들이 고정관념을 버려야 한다.

우리나라에서 수준이 제일 낮은 자들은 정치하는 자들이다.

뉴스에는 온통 정치인들이 서로 싸우는 모습이 전파되니 그런 어른들을 보면서 아이들은 무슨 생각을 할까?

그래서 아이들은 "나는 대통령 안 할 거야. 나는 정치인 안 할 거야" 한다. 아이들이 무엇을 안다고 대통령 싫어요, 국회의원들도 싫어요 하는 걸까?

우리나라에서 수준이 제일 낮은 정치판 인간들은 고정관념에서 벗어나 인성을 갖추어야 한다.

정치는 아직도 과거에서 벗어나지 못하고 있다. 언제까지 당파 싸움을 할 것인가?

대한민국이 정치인들이 정치를 잘해서 잘사는 줄 안다면 오산이다. 국민 개개인의 역량으로 잘살게 된 것이다.

세계에 나가 대한민국의 위상을 세우고 인류 평화를 위해서 일하라고 국민의 혈세를 동원하여 정치인을 키우고 대통령을 키우는데, 정작 지적 수준이 낮은 인물들이 나라를 이 모양으로 만들어놓고 반성을 안 하니 실망을 넘어 혐오의 대상이 되었다.

이러한 고정관념을 깨지 못하니 젊은이들이 설 자리는 점점 줄어들고 있다.

V 세대는 꿈과 희망을 잃은 지 오래다.

V 세대를 상담하며 꿈이 뭐냐고 질문하면 오히려 나에게 반문한다. 꿈이 뭐냐고?

V 세대는 꿈과 열정을 잃었다.

이 책임은 누가 져야 하는가?

이 울분을 아는가?

하늘은 이 한을 아시는가?

'개개인의 고정관념의 상식을 깨자!'라는 표어도 나돈다.

베이비붐 세대는 철저히 반성해야 한다. 그렇지 않으면 젊은이들이 설 곳은 어디에도 없다.

영성공부하는 제자들에게도 부탁하고 싶다.

자신의 틀에서 벗어나 현실에 맞는 인성을 갖추면 다른 이들도 배우지 않겠는가?

나는 제자들에게 "제대로 공부하여 사회에 나가 불을 밝히는 자가 되어라. 그렇게 도미노 식으로 나가면 널리널리 뻗어나가지 않겠느냐. 그것이 바로 '홍익인간' 정신이다. 너희는 홍익인간이 되어라" 하고 영성공부를 지도한다.

고정관념에는 '정지되어 있다'는 뜻이 숨어 있다.

생각을 연결하여 계속 의식을 성장시켜야 끊임없는 발전이 이루어진다.

고정관념이 인신들에 의해 구성되었다는 것을 알면 얼마나 좋을까?

인신들을 공부시키면 고정관념이 어디에서 왔는지 알게 된다. 그것은 필요에 의해 존재한다.

왜?

인신들을 공부시키면 인간은 자신의 삶을 좀 더 유익하고, 즐겁고, 행복하게 살아갈 것이다.

인신들을 공부시켜 생각을 자유자재로 하여 살아갔으면 한다.

인공지능 시대

　요즈음 인공지능이 대세인 것 같다.
　TV를 켤 때 지니를 불러 프로그램 이름을 대면, 즉각 채널을 맞춰준다. 신기할뿐더러 혼자 사는 사람들의 외로움도 해소시켜 주는 것 같다.
　또한 인공지능 냉장고 광고를 보면, 불과 몇 년 전만 해도 요리책을 보며 요리법을 배웠는데 이젠 냉장고에 설치된 인공지능에게 물어보면 입력된 정보에 대해서는 다 이야기해 준다.
　하늘에서 사람들의 지식은 이제 인공지능으로 대체하기 위한 연구를 활발하게 만들어간다고 하더니 정말 그러한 프로그램들이 짜여가고 있다.
　교육 프로그램도 화상으로 진행한다고 예고해 주시더니, 방송국 채널도 다양하게 증설되어 내가 원하는 채널에 맞춰놓으면 굳이 기름 값 들이고 수강료 들여 학원에 접수할 필요도 없고, 기본적인 지식은 인터넷이나 방송국을 통해서 다 취할 수 있다고 하니 시간이 흘러감에 그렇게 되어가고 있다.
　기본은 인터넷이나 방송국 채널에서 취하고, 전문적으로 나가고 싶으면 나에게 적합한 전문가를 찾아서 지적 수준을 채워나가면 된다.
　학생들은 인터넷 강의가 활성화되어 굳이 학교에 가지 않아도 되므로 학교는 점차 문을 닫게 될 것이다.
　50년이 지나면 종교 또한 사양의 길로 접어들 것이다.

절에 가면 신자들 대부분이 50대에서 80대가 주를 이루는데 교회나 성당도 똑같은 상황이다.

그네들이 세상을 떠난 후 사찰이나 교회나 성당에 얼마나 많은 신자들이 있을지 생각해 보아야 한다.

하늘에서 50년 지나면 종교는 없어질 거라고 했을 때 무슨 말인가 했는데, 50대에서 80대가 물러가면 종교가 없어진다는 말이었다.

선천시대의 유물들이 물러가는 시간을 한 세기 잡는다고 한다.

지금은 후천시대에 접어든 지 15년도 안 된지라 선천시대의 에너지를 지키고자 하는 무리들과 후천시대를 이끌어가고자 내려온 차원계의 이념 전쟁이 소리 없이 진행되고 있다.

개척 정신 신명들은 후천시대를 이끌어가고자 홍익정신 이념으로 막강한 사명을 가지고 태어났기에, 선천시대 모순들을 잡고자 3차원계로 내려온 천신들은 큰 능력들을 쥐고 왔다.

하늘은 인공지능이란 로봇을 만들어 선천시대의 유물을 인공지능에 다 주입시키기로 하였다. 그리고 팁을 주었다.

후천시대는 선천시대의 에너지를 주먹만 한 인공지능으로 만들어 필요할 때는 언제든 사용할 수 있게 하였다.

선천시대는 무식한 차원계 시대라 지식을 키워야 했고, 감성을 살리도록 각 나라마다 예체능의 종류를 달리 발전시켰다.

동양은 정신세계를, 서양은 과학을 발달시켜 왔다.

대우주가 무극이라면 지구는 태극이다.

태극이 진화가 이루어지면 황극으로 거듭난다.

사람이 그렇게 태어난 것이다.

여성의 자궁이 무극이라면, 응애 하고 태어난 것은 태극이고, 태극

의식이 고도로 진화하면 그때 황극으로 도입하게 된다.

후천시대는 황극으로 들어가기 위한 단계이다.

지금은 인공지능이 선천시대의 정보를 입력 받아 시키고 나면, 그때야 후천시대가 무엇인지 윤곽이 잡힐 것이다. 후천시대가 무엇이라고 떠들어보아야 이해하기 어려우므로 고급 차원계에서 선두주자로 나온 천신들이 사람들 곳곳에 묻혀서 서서히 작업들을 하고 있다.

하늘은 인간들이 후천시대를 받아들일 때 덜 혼란하도록 수많은 차원계에서 천신들을 많이 내려보내 사람들의 의식 수준을 향상시켰다고 한다.

시간이 흘러감에 따라 인공지능은 상상을 초월할 정도로 개발될 것이다. 그러므로 후천시대의 홍익인간은 인공지능을 다룰 수 있도록 지적 수준을 높여야 한다.

인공지능 로봇을 사용하겠지만, 인공지능이 따라오지 못하는 분야를 개발하여 연구하지 않으면 도태된다.

신을 모시는 무업을 가진 자들도 의식을 성장시키려면 신을 섬기는 수준에서 벗어나야 살아남을 수 있다.

내가 지도하는 영성공부는 그 어떤 것도 대신할 수 없다. 인공지능이 상용화되어 인간들을 지배한다 하여도, 인공지능이 영성공부를 지도할 수는 없다.

현대인들은 인공지능으로 대체할 수 없는 분야를 고민해야 한다.

50년 후 무엇이 이 자리를 잡을 것인지 각자 연구하여 도태되는 일이 없도록 하자.

100년 후면 인간의 신체 구조에도 변형이 있을 것이다.

인공지능 시대에 앞서가는 자가 되려면 영성공부 부지런히 하기 바란다.

인공지능이란 말 그대로 인간들이 가지고 있는 모든 지식과 기능을 갖출 것이다. 하지만 인공지능은 영의 세계를 설명할 수 없다.

영의 세계를 알기 위해 수많은 과학자들이 엄청난 돈과 시간을 들여 연구하였지만 영의 세계는 알 수 없었다.

지금 과학자들은 신들 세계를 많이 근접해 들어가고 있지만, 영의 세계는 알 수가 없다. 만약 안다고 하면 인간의 세포 한 개에 접근한 것을 안다고 하는 것이다.

돌아갈 때 던지는 질문

어떤 사람이 나는 집을 사느라고 뼈 빠지게 고생해서 간신히 아파트 한 채 구입했다고 자랑삼아 이야기하였다.

때가 돼서 당신이 온 고향으로 돌아갈 때 아파트 가져갈 수 있냐고 질문 던지면 그 사람은 무엇이라고 답할까? 내가 온 고향으로 돌아갈 땐 당연히 아파트는 못 가지고 간다.

어떤 사람은 땅을 사기 위해 안 먹고, 안 입고, 온갖 노력 끝에 땅을 구입했다고 자랑삼아 이야기할 때, 하늘에서 너 여기로 돌아올 때 그 땅 가지고 올 수 있느냐 물어보면, 그 사람은 무엇이라고 이야기할까?

당연히 땅도 하늘로 가져가지 못한다.

또 어떤 이들은 은행에 수십억의 돈을 예치해 놓았다고 자랑들을 한다.

하늘에서 너 여기로 돌아올 때 그 돈을 가지고 올 수 있느냐 하고 물어보면, 당연히 가져갈 수 없다고 답할 것이다.

그렇다. 지구촌에서 거주하고자 생활하고자 물질이 필요한 것이고, 주거지도 필요한 것이다.

인간은 하늘로 돌아갈 준비도 간간이 해야 한다.

내 고향 하늘로 돌아갈 때는 지구촌에서 누리던 모든 물질을 가져갈 수 없다.

비물질계 세계에서 온 에너지체가 물질계 에너지 세계에서 생활하려면 물질을 취하지 않으면 안 된다.

지구촌은 비물질계 세계에서 만들어놓은 거대한 물질계 세계이다.

비물질계에서는 의식 확장하려고 해도 하지 못한다.

왜냐하면 부딪침을 가질 수 없기 때문이다. 부딪침은 생각하는 뇌가 존재하기 때문에 의식 성장이 가능하다.

생각하는 뇌는 지구촌에 태어나야 뇌를 배당받는다.

생각하는 뇌가 있어야, 생각하는 뇌끼리 서로 부딪침이 있어야 의식 확장이 가능하다.

비물질계 에너지체들이 의식 확장하기 위해서 거대한 물질계 에너지 세계 지구촌을 만들어놓았다.

의식 성장을 위해 만들어놓은 지구촌이기에, 비물질계 세계로 돌아갈 때 물질계에서 정신 성장 에너지만 가져오도록 명령하였다.

왜냐하면 공부하는 에너지체들이 끊임없이 지구촌에 오기 때문에 공부할 수 있는 자료들은 놓아두어야 한다.

현상계의 모든 물질은 정신세계 확장하고자 하는 에너지체들이 끊임없이 지구촌을 방문한다.

방문체를 위해 현상 물질계가 존재한다.

영성공부하는 제자들은 물질계에서 주어진 모든 환경을 이용할 수 있는 자격이 있다.

다만 의식 확장시키기 위해 존재한다는 것을 유의하고, 다음 비물질계 에너지체들이 방문할 때 공부할 수 있는 환경을 만들어놓고 가야 함을 잊지 말아야 한다.

말의 기술

제자들이 대화하는 모습을 지켜보면서 혀를 찰 때가 많다. 저렇게 말의 기술이 없으니 사회생활이 참으로 어렵겠다.
말도 기술이 들어가야 듣는 재미, 말하는 재미가 있다.
세상만사 기술이 들어가지 않으면 재미없다.
아마추어들은 기교를 부리지 못한다. 왜냐하면 배우는 입장이기 때문이다. 아마추어가 프로로 전향하면 기술, 기교를 배운다.
어떤 직업이든 이와 같다.
나도 가끔 기술을 사용한다. 기술이 들어가면 제자들은 와~ 한다.
말하는 데도 화법이 있고, 화술이 있다.
우리는 일반적인 자리에서는 화술을 사용해야 대화를 잘 이끌어 갈 수 있는데, 영성공부하는 제자들은 화법을 사용하여 분위기를 지루하게 만든다.
거시적으로 화법은 담화나 연설·토론·토의 등에 사용하는 특수한 방법이고, 화술은 생각이나 주장 따위를 말로 표현하는 기술이다.
말 기술이 있으면 어디 가든 굶지 않는다는 옛 어른들의 말도 있다. 말을 잘하는 사람은 본인의 생각을 내놓지 않는다. 남과의 대화 중에 말의 기술을 걸어놓고 즐긴다.
나도 한때 말의 기술이 부족해 나의 생각을 전달하려고 많은 시간을 낭비했다.

나의 생각을 전달하려는 근본 문제를 찾아 들어가 보니, 나를 인정해 주기 바라는 필요 없는 마음 욕심이 있었다.

현대인들은 자신을 인정해 달라는 말을 수없이 쏟아내고 있다.

그런데 정작 당사자들은 숨어 있는 마음 욕심을 잘 모른다.

나는 나의 욕심으로 주변 사람들을 힘들게, 때론 마음에 고통을 알게 모르게 많이 준 것을 깨달았다.

정말 큰 것을 알았다.

듣는 내 귀가 막혔다는 것을… 사실 그네들은 나를 인정해 주었는데, 귀가 막혔으니 인정해 주는 소리를 못 알아들은 것이었다.

더 큰 깨달음은 인간들에게 인정받아서 무엇 할 것이냐는 질책이었다.

내면에서 이러한 질문을 던져주었을 때, 맞아 인간들에게 인정받아서 무엇 하나? 변덕이 죽 끓듯 하고, 이기심 가득 찬 인간들에게 인정받으려고 한 내가 등신 중의 등신이었다는 것을 크게 깨달았다.

질문에 들어갔다.

그럼 어디에 인정받아야 하는가?

나의 내적 세계에 인정받아야 하고, 내 안의 신성에 인정받는 것이 하늘에 인정받는다는 것을 크게 깨닫고, 스쳐 지나가는 인연들을 영적으로 불러내어 사과하고 깊은 내면세계로 들어갔다.

그리고 마음의 평화를 얻었다.

그다음부터는 인간들 만나는 데 두려움이 없었고, 나를 내세우려고 하지도 않았으며, 중생 구제한다는 명분 내세워 나의 수행을 전달하려고 하지도 않았다.

마음의 지옥에서 해방되었다.

모든 것이 욕심 속에서 나왔다는 것을, 하기야 태어난 것 자체가 욕심이다.

말의 화법, 화술을 적절하게 사용하는 공부시켜 달라고 하늘에 청했다.

그랬더니 말의 기술을 사용하라고 바로 응답을 준다.

말의 기술을 어떻게 사용합니까?

있는 그대로 들어주어라!

그리고 말을 품어주어라.

품어주는 자가 어른이다.

진짜 어른들은 품어준다. 그리고 수용한다.

그것이 어른다운 면모를 갖춘 자다 하신다.

어른다운 큰 어른이 되어야 모든 이들을 품을 수 있다.

움직이는 영

언제나 따라다니는 생각들을 잡아내는 것은 보통 어려운 일이 아니다.
자동차를 운전하면서 무심히 운전하는 것이 아니라 주변 경관에 눈을 팔고, 마음은 주변 경관의 사물들을 판단하며 필요한 것과 불필요한 생각들이 교차하면서 눈과 마음이 일치하는 시간도 있지만 불필요한 교차점도 있음을 알게 함이다.
자신과 합의가 안 되었을 때는 부정적인 생각이 마음을 어지럽히고, 내면과 합의가 이루어졌을 때는 감탄과 긍정적인 사고로 변한다. 또한 마음이 편안할 때, 두 가지 마음이 언제나 같이하고 있음을 알게 된다.
부정적인 면과 긍정적인 면, 어느 부분이 더 많이 차지하느냐에 따라서 생각이 달라지고 삶의 질도 달라진다.
수시로 움직이는 생각을 잡아내는 신명이 있음을 알게 되었다.
그러더니 수시로 들어오는 감정 조절도 하게 되었고, 무엇이 인간을 죽이는지도 알게 되었다.
왜 영적으로 공부하는지 말한다면 얼마만큼 빨리 판단하며, 놓을 때는 얼마만큼 미련 없이 놓을 수 있는지 궁금하기 때문이다.
일반인들은 영적이란 것을 생소하게 받아들이지만, 사실 모든 사람들은 영적으로 살아간다.
다만, 인간들이 영적으로 살아가고 있다는 것을 인지하지 못하고 있다.

열심히 일해도 안 되는 이유

악신은 내면이 잘되는 것을 막을 때가 있다.

인간의 내면은, 인간의 내적 세계는 겉과 안으로 되어 있어 양면성을 띤다는 말을 들어보았을 것이다.

내적 세계는 잘된 부분도 있고 안 된 부분도 있다.

내적 세계가 잘못되면 걷잡을 수 없는 상황들이 줄줄이 일어난다.

그러므로 내적 세계가 어떻게 구성되었느냐에 따라 생각이 만들어진다.

한쪽 면은 참신으로, 또 한 면은 악신으로, 아니면 숨어 있는 신명으로 구성되어 있다.

없는 부분은 후천적으로 만들어놓아야 한다.

사람은 맑은 기운과 탁한 기운을 가지고 있으며, 중재할 수 있는 에너지도 포함하고 있다.

그래서 일이 잘되는 사람이 있는가 하면, 열심히 해도 별 성과가 없는 사람도 있는데, 그렇듯이 어떤 기운의 에너지가 내면에 숨어 있느냐에 따라서 달라진다.

대충 내적 세계가 어떠하다는 것을 알았을 것이다.

내면은 소우주이므로 우주에 항상 명령을 받는다.

어두운 에너지가 있는 사람은 어두운 에너지가 충만하고, 밝은 에너지가 많은 사람은 밝은 에너지를 받아 좋은 에너지가 충만하다.

밝고 좋은 에너지가 충만한 자들은 밝고 긍정적이며, 좋은 에너지를 가지고 있는 사람을 만나게 되고, 자신도 모르게 항상 변한다.

이것을 알아차리는 공부가 영성공부이며 깨어 있다는 것을 말하고, 깨어 있기 위해서는 내면이 잘되어 있어 우주와의 채널이 제대로 이어질 때 이루어진다.
　내적 기운과 우주의 만남은 어렵지 않다. 인간이 모르는 사이에 이루어지며, 깨어 있을 만할 단계가 될 때 알게 되므로 아무리 내면을 알려고 해도 내면이 깨어 있기 전에는 볼 수 없으며, 깨어 있는 단계가 되면 어떠한 단계가 자신을 이렇게 만들었구나 하고 감탄하고 감사함을 가진다.
　내면세계에 도달한다는 것은 인간세계가 아닌 다른 세계에 도달한 것이므로 인간의 생각을 덮어버리며, 자신의 의지가 아닌 진정 우주의 의식을 갖게 된다.
　또한 우주의 기운을 받은 대로 생각하고 행동하게 되는데, 이것을 자아 발견이라고 한다.
　영성공부하는 제자들은 이때 다른 사람들이 이해하는 속도가 느리거나 이해를 못 하면 오히려 우주와의 채널이 자신을 이상한 사람이나 정신병자로 취급하는데 내면은 그렇게 무서운 것이다.
　제자들은 내면이 원하는 것이 무엇인지 알아야 하는데, 그것을 모르기에 사람들은 자신의 사주가 궁금한 것이다.
　영성공부하기 전에는 명리학이나 주역으로 내 사주를 연구하였다.
　연구해 보아야 별 신통치도 않고, 이건가 하면 다른 곳에서 일들이 줄줄 터지고 맞지 않아 집어던졌다.
　손님들이 사주를 봐달라고 하면 내 사주도 모르는데, 사주 봐서 뭣 하느냐고 되레 큰 소리를 쳤다.

영성공부하면서 이제 감을 잡았다.

지금은 사주를 봐준다. 영성심리 상담으로,

왜 영성심리 상담인가 하면 내적 세계는 인간의 일생을 기록해 놓은 곳이기 때문에 대화하면서 사주를 풀어내기 때문이다.

손님들에게 덧붙인다.

내면세계를 모르기에 여기저기 돌아다니며 점을 보는 것이라고.

또 한 가지 덧붙인다면, 내면은 내가 누구인데 하며 인간의 정신을 빙의시킨다.

지도하는 제자도 내가 누구인데 한다.

내적 세계를 알지 못하면 아무리 열심히 일해도 소용없다.

긴박함이 영의 성장을 가져온다

영성공부할 때 일어나는 여러 가지 빙의 현상 중 대처를 못하는 경우가 빈번히 일어나는데, 주로 신명이 없을 때 이루어진다.

공부 중에 필요한 부분이 있거나 정신 안 차린다거나 긴장이 풀어져 있으면 예고 없이 신명들이 차원계로 이동한다. 이때 제자들은 정신이 멍 때리거나 기운이 빠질 때가 있다.

이러한 빙의 상황은 정신이 없을 때처럼 일어난다.

제자들은 이러한 현상이 오면 질문을 정확히 던져야 하는데, 대충 우물쭈물 미루다 본인 수준에 맞춰 해석하다 보면 제자들 스스로 더 긴급 상황을 만들기도 한다.

여기서 말하는 영적 빙의는 영적 성장을 진화하기 위한 과정이다.

영적으로 빙의 되지 않으면 영의 세계를 이해하지 못하기에 하늘은 영적 빙의 현상을 체험하게 한다.

영의 세계는 보이지도 들리지도 않기에 빙의 과정을 체험토록 한다.

빙의는 너무 광대하여 정신을 바짝 차리고 공부하지 않으면 빙의에서 빠져나오지 못해 정신병자가 될 수 있다. 나를 지도해 주신 선생님도 제자들 신이 빙의 되어 벗어나지 못해 결국 정신병자가 되어 사람 구실을 못 하고 있다.

그래서 영성공부는 스승 없이는 못 한다.

하늘은 많은 사람들을 도구로 사용하려고, 지금도 많은 천신을 3차원계로 보낸다.

다만 인간이 영계를 이해하지 못하기에 잘못된 곳을 찾게 되는데, 물론 지나면 모든 것이 공부되어 있다는 것을 알게 되며, 지금까지 헤맨 것도 하늘의 뜻이라는 것을 알게 될 때 깨달음이 시작된다.

잘못된 곳을 찾는다는 것은 종교나 기수련원, 무속세계에 발을 들여놓아 어려운 상황을 더 어렵게 상담 받고 오는 것이 문제가 된다.

만약 제자가 유치원 수준이라면 종교 쪽으로 가서 위안을 받아도 도움은 받는데, 내면세계 급수가 높은 사람이 낮은 차원계에 가서 상담 받으면 오히려 더 답답한 마음이 들어선다.

내 자신이 스승인데 자신을 찾으려 하지 않고, 엉뚱한 데 가서 어려움을 호소한 부작용이 크다는 것을 경험한 분들은 알 것이다.

영적 공부할 때는 긴박한 순간이 가끔 일어나는데, 그때마다 어떻게 슬기롭게 보내느냐에 따라서 하늘은 수준대로 능력을 내려준다.

그렇다. 어려운 시간을 어떻게 보내느냐가 중요하다. 그만큼 영은 시간을 초월해야 한다.

사람들은 마음을 다스려야 한다고 쉽게 말하지만, 제자들은 쉽지 않다는 것을 잘 알 것이다.

인간은 머리로 해결하지 못하면 종교나 하늘을 만나길 원하는데 하늘의 기운을 알고 시작한다면 성공할 것이다. 사람들이 내적 세계를 알아 하는 일이 모두 순조롭게 이루어지길 바란다.

오늘도 나는 긴박한 순간을 만났다.

영적 깨달음을 얻기 위해서는 긴박한 순간을 많이 경험해야 한다.

긴박함이 영의 성장을 가져온다. 그리고 깊이를 깨닫게 된다.

제자들은 영적으로 살면 아무리 급한 상황도 편안한 마음을 갖게 되는데, 영적으로 사는 것을 느끼기에 항상 기분이 업되고 흥분되기 때문이다.

 어떠한 상황에 대처하기 위해서는 오직 하늘의 소리를 들을 줄 알아야 한다.

 하늘의 소리를 들으면 어렵고 힘든 긴박한 상황은 오지 않을 것이다.

 나는 오늘도 하늘과 상의한다.

인간의 사고를 빼야 하는 이유

영성공부는 파김치가 될 정도로 힘들다.

힘들다고 하면 하늘은 더 이상 영성공부를 진행하지 않는다. 왜냐하면 하늘의 소리를 듣는 것은 인간으로서 최고의 소리를 듣는 것이기에, 하늘의 소리는 사람의 마음을 편하게 해준다.

영적으로 공부하고 있는 것도 모르는 걸음마 시절에는 영성공부라는 것이 참으로 생소하였다.

나를 지도해 주시는 분은 하늘의 소리를 잘 들어라! 하고 채찍질했다. 나는 무엇이 하늘의 소리인지 구분도 못 하는데 내 수준은 생각지도 않고 담금질 채찍을 멈추지 않았다.

하늘에서 담금질로 힘들게 할 때마다 영적 성장시키는 데 꼭 이 방법밖에 없냐고 원망을 퍼부어댔다.

하늘의 대변자를 만드는 데 이만한 고통 없이 갈 수는 없다.

때론 담금질, 때론 마음을 달래주기 위해 많은 기운을 내려주었다.

하늘은 나를 파김치 만드는 데 맛을 들였는지 하루에도 몇 차례 파김치로 만들어 나의 성장을 알 수 있게 해주었다.

하늘은 받는 것보다 주는 것을 원칙으로 한다.

영적 삶을 사는 자에게 주는 것을 원칙으로 하기에 인간의 사고가 파김치 될 정도로 내려받는 공부를 시킨다.

인간의 사고로 내려준다면 하늘은 용납지 않기에, 인간의 마음을 삭제하는 방법은 파김치가 될 정도로 인간의 사고를 죽이는 것이다.

하늘의 대변자는 인간의 사고가 있어서는 안 된다.

하늘은 제자 자신도 모르게 영적 성장을 시켜주는데 어려울 때 그것을 느끼게 된다.

자신의 분수를 지키는 사람만 하늘을 가까이할 수 있다.

수행이 무언지도 모르고 한창 재미를 붙여 몰아친 적이 있다.

내가 할 수 있는 한계 내에서 잠을 안 자고 몇 날 며칠 했었다. 지금 그 시절로 돌아가 다시 공부하라고 한다면 하겠지만, 솔직히 다시는 하고 싶지 않다.

제자들을 지도하면서 지금 제자들은 파김치가 되도록 공부시켜 본 적이 없다.

하늘의 소리, 우주의 소리를 듣고 싶다면 제자들은 파김치가 되는 공부를 시켜달라고 청해야 한다.

그만큼 인간의 사고가 망가져야 한다.

제자들은 하늘의 소리를 연결하고 싶을 것이다.

연결하고 싶으면 파김치가 될 정도로 하라!

인간의 사고가 철저히 죽지 않으면 안 된다.

겉 다르고 속 다른 원리

사람들은 서로 대화를 주고받다가 겉과 속이 다르다고 갸우뚱한다.

그렇다. 겉과 속이 다른 것이 당연하다.

마음은 우주에 있기 때문이다.

겉과 속이 같아야 친구가 되며, 겉과 속이 같다면 겉과 속이라는 단어도 필요 없다.

사실 이렇게 살기는 어려우나 좀 더 깊은 마음을 갖는다면 겉과 속은 같아질 것이다.

인간세계에서 진실한 친구 만나기가 하늘의 별 따기보다 더 어렵다고 하는 것은 마음이 우주와 연결되어 있고, 지구가 공전하는 이상 마음이 항시 변하기 때문이다.

그 마음 변치 말고 가자, 하는 마음 서약은 지구가 도는 이상 지킬 수 없다.

큰 원은 세우되, 중간 소소한 것은 지켜지지 않기에 겉과 속이 다르다고 표현한다.

그래서 사람은 겉을 보면 쉽게 알 수 있으나, 내면은 우주와 연결되어 있기 때문에 죽을 때까지 모른다.

나의 내면은 우주 안에 있다.

사실 누구나 그렇다.

우주는 겉의 마음, 속의 마음을 하나로 만들어주는 곳이다.

그래서 우주에 잘 보이면 하나로 만들어준다.

마음이 잘못돼 있으면 자동차 엔진보링 하듯 새로이 깎아준다.

영적 세계에서의 엔진보링은 영을 넣고 빼기를 하지만, 인간세계에서의 기운정리는 남자는 군대라는 조직을 통해서 심신을 교체해주고, 여자는 한 달에 한 번 피 걸음으로 내면이 바뀐다.

청소년기는 신체의 성숙 및 심리적 사회적 정신적 변화를 포괄하는 사춘기를 겪으면서 내면의 기운이 바뀐다.

내면의 기운이 바뀌지 않으면 영적으로 성장할 수 없다. 그래서 우주는 많은 고민을 하고, 우주는 친구야! 같이 가자 하기 위해, 사람을 친구로 만들기 위해 내면 변화를 시기에 따라 다 다르게 해준다.

겉과 속이 같으면 인간은 우주와 같다.

그러므로 우주의 세계는 인간의 세계와 같이 있는 것이다.

인간의 세계, 우주의 세계를 분리하지 않은 것이 우주관이다.

특별한 감응

　인간은 모두 평등하게 태어난다고 하지만, 사실 각자 재능과 소질을 다르게 타고나기에 평등하게 태어난다고 할 수 없다.
　정신세계에 두각을 나타내고자 태어나는 아이는 성장할 때부터 복잡한 신호를 감지받아 부모의 시신경을 곤두서게 한다.
　물질세계에서 꿈을 이루고자 태어나는 자녀는 다른 아이보다 물질에 대한 욕심을 더 많이 가지고 온다.
　물질계 아이들은 성장기부터 꿈을 수시로 바꾸면서 수준에 맞게 목표를 바꾸어 나간다.
　그런 것을 모르는 부모는 재는 왜 저러냐? 꿈이 수시로 바뀐다고 걱정한다.
　꿈이 수시로 바뀌는 것은 에너지가 수시로 바뀌는 것이다.
　에너지가 바뀌어 꿈을 다르게 표현할 때 부모는 자녀에게 곤두서야 한다.
　에너지 변이가 생기고 있다는 것인데 그때 지도를 잘해 준 부모들은 우주에서 주는 에너지를 자녀들에게 잘 먹이고 있는 것이다.
　인간은 어느 우주와 동기 감응하여 태어난다.
　그래서 자녀들은 저마다 소질과 자질이 다르다.
　나에게도 남매가 있다. 영성공부하기 전에는 보통의 엄마처럼 야단쳐 가면서 아이들을 가르쳤지만, 영성공부를 하고부터는 자녀들에게 무의식적인 교육을 하였다.
　부모의 언행을 보고 자라는 것이 무의식적인 자녀 교육법이다.

지금의 아이들을 보라.

특히 유치원에 가서 몇 분만 관찰하면 부모의 직업이 무엇인지 금방 알 수 있다. 집에서 부모의 언행을 그대로 답습하여 유치원에 와서 그대로 행동한다.

영성공부하면서 우리 아이들에 대해 의문을 가졌다.

이 아이들은 어느 행성에서 왔고, 왜 나를 부모로 선택했을까?

여러 달 고민했다.

고민 끝에 나를 부모로 선택하여 세상에 태어난 저 아이들은 결코 평범한 아이들이 아니라는 것을 알게 되었다.

아이들의 신명들과 교신을 주고받으면서 한 가지 선택을 했다.

특별한 동기 감응이 필요한 아이들로 키우겠다고.

가끔 후회할 때도 있지만 아이들이 성장하는 모습과 인성과 편인이 섞인 대화를 해나갈 때는 미소를 짓는다.

특별한 사람은 특별한 신명들과 동기 감응이 필요하다.

특별한 사람은 핑계를 대지 않는다.

긍정적인 마인드가 발달하여, 그렇다면 나도 한번 가보자 하는 생각을 하며 무의식적인 목표치를 달성해 간다.

특별한 동기 감응에는 특별한 마인드가 필요하다.

그것은 우주에 숨어 있다.

영혼이 우주에 찾아 들어간다.

특별한 신명이 숨어 있는 자들은 영혼이 우주로 찾아간다.

제자에게 함정 파놓고

자기 생각이 강한 제자는 곧잘 뻔한 함정을 파놓고 공부시킨다.
뻔한 함정을 파놓고 공부를 지도해 주어도 본인들의 생각을 나에게 전달한다.
그렇게 설명해 주어도 인간의 감정에 빠져 항시 덫에 걸리고, 다시 지도해 주면 어휴~ 한다.
영성공부는 심각하게 해봤자 제자들만 손해라고 설명해 주어도 심각함에서 벗어나지 못하고, 지적하면 얼굴을 붉힌다.
제자들은 아직까지 영성공부를 이해하지 못하는 것 같다.
자신의 생각은 중하지 않다고 수십 번 주의를 주어도 주의받을 때만 "네" 대답하고, 함정을 파놓고 공부시키면 여전히 본인들 생각을 전하려고 애를 쓴다.
신명공부하러 왔으면 본인 신명들 공부시켜 주면 될 것을 나에게 변명들을 늘어놓는다. 답답하다.
영성공부는 자신의 신명들을 공부시켜 주는 거라고 수십 번 지적해 주어도 변함없는 철밥통이다.
사실과 같은 함정을 쳐놓고 공부를 주어 한 번에 통과한 제자는 지금껏 한 명도 없다.
앞으로는 사실과 같은 함정을 울타리 쳐놓고 공부에 들어갈 것이다. 하늘은 너의 생각을 접수하지 않는다는 것을 각인해야 한다.
멈칫했다는 것이 제자의 생각이다.

영혼 이전

누군가 자신의 상황을 비관하면서 방법이 없겠냐며 한숨을 쉬며 의논해 온다. 내용을 소상히 물어보았다. 영혼 이전이라는 것이 있다면서 천제 지낼 것을 권했다. 천제를 진행하면서 남편의 영을 불러들여 여자에게 이전시켜 주었다.

여자는 결혼생활 내내 남편에게 못 배웠다며 무시당했다고 한다.

여자는 남편이 더 무식한 것 같은데 결혼생활 20년 동안 숨도 못 쉬고 산 것이 너무나 억울하고 분하다며 종주먹을 쥔다.

천제를 진행하면서 남편의 신을 불러들여 상황을 이야기해 주고, 똑똑한 남편의 신을 여자의 정신에 심어주었다.

그리고 일주일에 한 번씩 선원에 와서 신명들을 100일 동안 공부시켜 주어야 정착한다고 설명해 주었다.

영의 이전이라고 하면 웬 뚱딴지같은 말이냐고 하겠지만, 나는 그러한 것을 할 수 있는 능력을 내려받았다.

1년, 2년, 3년이 지나고 여자가 와서 이제는 남편이 무식하다며 무시하지 않는다고 한다. 오히려 전세가 역전되었다고 환히 웃으며 결과 보고하고 간다.

지금 제자들도 조금만 정신을 차리고 제대로 공부한다면 충분히 영의 이전을 할 수 있다. 제자들이 생각하지 못해서 그런 것이고, 사실 영들을 이전시킬 수 있는 과목이 있다는 것도 모른다.

선원에서는 제자들에게 그러한 공부 방식도 가르치고 있는데, 아직 수준들이 못 미쳐 상상도 못하고 있다.

신명공부라고 하는 것은

제자들에게 신명공부 잘하라고 질책하였다.
신명공부라고 하니 이해를 못 하는 것 같아 다시 설명해 주었다.
신명공부는 이어주고 연결시켜 주어 영적 의식을 확장시키는 것이다. 과거에는 깨달음이라고 표현했지만, 솔직히 깨달음이 무어냐고 질문을 던지면 바로 응답을 하는 자가 과연 몇이나 있을까?
정신세계에 있는 자들에게 무엇 때문에 수행하냐고 질문을 던지면, 의식을 확장하기 위해서 수행한다는 제자들을 한 명도 만나본 적이 없다.
거의 다 신과 통하기를 갈망하는 말만 늘어놓으면서 신통함을 깨달음이라고 궤변들을 늘어놓는다.
인체 투시라고 하는 자도 있는데 신과 통하여 인간들의 길, 흉사를 얻고자 사악한 판단을 한다.
신과 통하면 득과 실이 있다. 득이 있다면 신이 알고 있는 능력을 인간이 쉽게 얻어 사용할 수 있다.
신명들이 왜 인간을 선택하여 신들의 능력을 인간에게 펼치고, 신통력을 주어 물질을 벌게 하는지 이유를 알아야 한다.
그 신명들도 이득을 챙기기 위해서 인간의 체를 이용하는 것이고, 그러면서 살아생전 못다 한 집착 정리와 진화를 원하는 것이다.
그 신들도 인간에게 접신 되어 능력을 펼침과 의식 확장을 하고자 시간의 임기를 받아 인간에게 빙의 되어 들어가는 것이다.
신과 통한 자들은 그러한 것을 모르고 무한히 신명들의 신통력을 부려 먹고 신명들은 공부를 안 시켜주었다.

신명들은 신들 제자에게 이제 내가 신명계로 돌아가야 할 시간이 되었는데, 그동안 신통력으로 제자도 살았으니 이제 나에게 필요한 공부를 달라고 요구한다.

신과 통한 인간들은 그것을 모르고 신통력만 사용하다 신들이 원하는 것을 주지 못해, 신통력과 그동안 벌어준 재물까지 모두 거두어 신명계로 돌아간다.

신통력 있는 제자들이 어느 날 능력을 펼치지 못하는 것에 이러한 것도 있다.

집에 우환을 깃들게 하여 재물을 모두 병원비로 날리게 한다든지, 어떤 사건을 만들어 신들이 벌어준 재물을 이자까지 쳐서 거두어들인다.

능력 있는 신명들이 원하는 것이 있어서 인간과 잠시 소통이 이루어져 신의 능력을 펼쳐준 것이다.

신과 통해서 얻는 득실은 좋은 것도 있지만, 신명들이 원하는 것을 주지 못하면 그 결과는 매우 참혹하다.

그래서 신명들과 함부로 통하지 말라고 주의를 주는 것이고, 신명들을 공부시켜 주지 않으면 인간은 이 지구에 내려올 필요도 없다.

신명공부는 신들을 진화시켜 주는 것이다.

그것이 영적 진화이고 영적 의식 세계를 확장시켜 주어야 하는 의무를 가지고 온 마지막 홍익인간 사명인 것이다.

영적 내공이란

영적 내공을 갖추려면 많은 조건이 필요하다.

신과 통하는 신통 과정은 영적 내공을 갖추는 길보다 수월하다.

왜냐하면 신은 생각을 하는, 생각을 내주는 뇌가 없기 때문에 신과 통함의 방법은 쉽다.

그러나 영과 통한다는 것은 생과 사의 과정을 수천수만 번 반복해야 한다.

이수해야 하는 과목마다 내가 죽어야 산다.

내가 죽어야 한다는 것은 인간의 생각, 내가 가지고 있는 지식과 상식을 과감히 잠수시킬 줄 알아야 하는데, 제자들에게 영성공부가 무엇인지 조금만 시켜보면 내 생각들을 줄줄이 늘어놓는다.

영과 통하는 것인데 내 생각에 점령당하면 어떻게 영과 소통하겠는가?

영과 소통하려면 나라는 개체를 죽여야 한다.

신은 생각할 수 있는 뇌가 없다.

그래서 신과 통하는 길은 영적 수행보다 쉽다고 한다.

신은 집착이 있고 나를 우선으로 하는 것이 있지만, 영성은 집착이 없고 내가 없다.

영적 내공은 내가 수천수만 번 죽어야 갖출 수 있다.

간간이 영성공부를 지도하다 보면 제자들은 자신을 죽이려 하지 않고 반기를 들거나 변명을 늘어놓거나 대든다.

그러한 방법으로는 영적 내공을 얻을 수 없다.

영적 내공을 갖추면 말의 심법 능력을 내려받는다.

내가 죽어야 한다는 것은 태어날 때 따라 나온 신명들, 외부 신명이든 내부 신명이든 신들을 죽여야 내가 산다는 것인데, 제자들은 그것조차 알지를 못하거니와 아예 알려고 하지도 않는다.

영적 내공은 내가 죽을 때마다 얻어지는 것이다.

영적 내공은 말법 능력을 갖추게 된다는 것인데, 말 한마디 한마디가 법으로 내리기 때문이다.

쓰임새 있는 인간

바보 같은 인생, 요즘은 바보 같은 사람이 흔하지 않다.
잘나서 산다고 하니 부담이다.
못났다고 하면 편한데, "우리 자식은 키가 크고, 잘났고, 좋은 대학 나와서 박사학위를 받아서…"라고 한다. 이것이 현실이다. 사람다운 사람이 되어야 하거늘.
서민층은 사고를 치지 않는다. 서민층이 사고를 쳐도 범위가 크지 못해 이슈화되지 않는다. 서민은 교도소를 가도 누구 한 사람 면회가 없다. 그러나 정치인들은 그렇지 않은 게 우리의 현실인데 내 눈을 한 대 때린 것 같다.
맞았으니 할 말을 해야겠다. 사실 하늘에도 감방이 있다. 인간은 그곳을 잘 모르지만 하늘은 땅에서 일어나는 모든 일을 알고 있다.
그래도 하늘은 용서한다.
하지만 여러 번 하면 식상하다. 우선 하늘의 감방은 공부를 시킨다. 물론 영적 공부를 시킨다,
하늘의 감방은 성격을 완전히 교체한다. 다시 말해 기운을 완전히 바꿔놓는다.
영적 감방은 뇌를 바꿔주어 새로이 살도록 또다시 기회를 준다.
그런데 땅의 감방은 갔다 와도 그대로인 것은 뇌를 바꾸는 공장이 없기 때문이다.
그러나 우리 사회는 서로 잘났다고 하니 스승이 설 자리가 없다.
요즘 우리네 얼굴은 이렇다.

아침에 일어나는 얼굴은 망가진 얼굴이요, 이를 닦는 시간은 계획하는 시간이요, 세수하는 시간은 희망의 시간이다. 아침을 먹는 시간은 미안한 시간이요, 출근하는 시간은 겁나는 시간이요, 회사에 있는 시간은 고민의 시간이다.

텔레비전을 보는 시간은 답답한 시간이요, 저녁 먹는 시간은 고요가 흐르는 시간이다. 그리고 잠자리에 들어가는 시간은 기도하는 시간이다.

우리네 인생과 같이 시간은 가고 있다. 우리에게 꽃을 의미하는 시간이 있을까?

이제 꽃으로 보는 세상은 이러하다. 서로 서로 사랑하는 꽃은 무슨 꽃일까? 마음의 꽃이다.

마음이 담겨 있지 않은 꽃은 소용이 없다. 사랑하는 사람이 늘 옆에 있어 준다면 좋으련만 언젠간 이별을 한다. 영원히 꽃이 핀다면 얼마나 좋을까?

꽃도 언젠간 시든다. 하지만 마음의 꽃이라면 영원히 시들지 않을 것이다. 우리는 무슨 꽃을 좋아하는 걸까?

마음의 꽃을 좋아할 것이다. 그렇다. 누구든 마음의 꽃을 원할 것이다.

하지만 내 자신이 마음의 꽃이 안 된다면 아무런 소용이 없다. 사람은 마음의 꽃을 구하기 위해 산다. 시든 꽃은 말이 없다. 활짝 핀 꽃은 크게 웃고 있다고 볼 수 있다.

그렇다. 활짝 핀 꽃은 자신감을 가지고 있다는 말이다.

꽃으로 본다면 우리들 세상은 마음의 꽃이다.

마음의 꽃을 어떻게 다스리느냐에 따라 우리나라는 변화가 있을 것이다.

사랑하는 사람에겐 꽃을 선물한다.

꽃은 사람과 같이 살아간다. 꽃이 없는 세상은 인간이 살 수 없다는 말이다.

꽃은 하늘에서 말이 없는 단어라고 한다.

말이 없는 단어란 무슨 일이든 도와주는 매개체라는 것이다.

경우에 따라서는 많은 말을 하기보다 꼭 필요한 말을 함으로써 목적을 달성할 때가 있다.

많은 말을 하는 것보다 실천할 수 있는 말만 해야 한다.

"안녕하세요" 하며 손님을 반갑게 맞아들인다.

이런 꽃을 무슨 꽃이라 할까? 정성이 담긴 꽃이라 한다.

그렇다. 우리는 정성이 담긴 꽃을 갖고 싶어 한다. 원래 꽃은 많은 문제를 풀어주는 매니저이다.

화난 사람에게 꽃을 갖다 준다면 어울리지 않을 것이다.

요즘 꽃이 잘 안 팔린다고 한다. 근심 걱정 때문이다.

마음의 꽃을 가진 사람들이 많아야 통일이 올 것이다.

모든 국민들의 마음에 꽃이 활짝 펴야 통일이 올 것이다.

충동적이며 자기 보호 수준의 영적 세계

영의 세계를 어떻게 표현해야 잘하는 것인지 모르겠다.
왜냐하면 영의 세계는 무한대이기에 어떻게 표현해야 할지 모를 때가 한두 번이 아니기 때문이다.
영적 세계는 일반인들이 알기에는 너무나 광범위하여 설명을 잘못하면 시작부터 잘못될 수 있기 때문에 조심성을 필요로 한다.
영의 세계는 보이지도, 들리지도 않기에 함부로 말할 수 없는데, 평범한 사람이나 신의 세계에 있는 자들도 믿어주지 않는다.
그래도 나는 지금까지 영의 세계를 통해 삶을 배우고 내가 가야 할 길을 알게 되었다.
인간의 지식으로 다룰 수 없는 내면세계를 영의 세계라고 할 수 있다. 초등학교 영의 세계는 무당보다 약간 높은 경지를 말하며, 명상이나 도를 닦는 사람들은 초등 수준을 넘지 못하는 단계라고 할 수 있다. 다시 말해 초등 수준의 영은 영의 세계라고 할 수 없다.
초등 수준으로 영의 세계를 다 아는 것처럼 최고라고 하며 착각 속에 사는 사람들이 무수하다.
한 사람의 과거는 알 수 있을지 몰라도 미래는 알 수 없다. 적어도 한 사람의 미래를 알기 위해서는 고등학교 수준의 영의 세계를 접해야 한다.
우리나라 사람들 중에 고등학교 수준의 영을 터득한 사람들은 몇 안 된다.
어떠한 수순을 논하려는 것은 아니지만, 그만큼 영의 세계를 모르고 일을 한다면 항상 답답하고 막힘이 있을 것이다.

　사람들은 부처가 깨달은 것을 보고 무조건 부처를 향해 달려가는데 그것보다 더 높은 단계가 있다는 것을 알아야 한다. 부처의 단계를 쫓아가다 보면 부처보다 높은 경지를 알 수 없고, 또한 부처보다 높은 경지에 올라간다 해도 알아주지 않는 것이 가장 큰 걸림돌이다.

　깨닫기 위해서 깨달음의 공부를 한다면 주의를 주고 싶다.

　깨달음은 욕심을 품어서는 절대 깨달을 수 없다.

　만에 하나 깨달음을 터득하였다 하더라도 그 깨달음을 누구에게 전수하거나 알려주지 못한다면 그 깨달음은 아무것도 아닌 게 된다. 그러기에 깨달았다고 해도 깨달음은 항상 음으로 남는다.

　내가 깨달음의 공부를 전수하거나 알리지 않으면 항시 음으로 남는다. 다시 말해 초등학교 수준의 영의 세계는 영의 세계라고 할 수 없다. 왜냐하면 단순한 쾌락만 추구하기 때문이다.

　자기에게 이익이 될 때만 규칙을 지키려 하고, 편의적인 이득을 가지고 있다.

자기 보호 수준의 영을 높이는 단계

　영의 세계를 접하는 것은 어떻게 보면 가장 하기 힘든 공부로 가는 것이다.
　참고할 만한 책이 없고, 시간과 공간이 필요 없으며 자기의 노력과는 별개로 어떤 것을 알 수 있다. 그러나 자기 자신이 공부한다고 생각하면 영의 세계는 다 알 수 없다.
　영적인 공부는 자신이 하는 것 같지만, 자신의 몸에 있는 어떠한 영이 하늘과 연결되어 하는 것이기에, 자기와는 거의 별개라고 보면 된다. 그래야 영의 세계를 접할 수 있고 신을 다룰 수 있다. 신을 다루지 않고 신의 놀음에 따라가면 잘못되는 경우가 많다. 물론 신의 놀음에 따라가고 싶은 사람은 없을 것이다. 따라가는 것도 모르고 시작하기 때문이다.
　신을 따라가는 공부를 하는 사람은 영원히 신을 다스리지 못하고 신을 따라가는 공부만 하게 된다.
　위에 열거한 것이 초등학교 과정이다. 이 과정은 누구나 할 수 있어도 중학교, 고등학교 과정은 아무나 할 수 없다.
　중학교 과정을 시작하려면 우선 많은 과정이 필요하다. 중학교 과정 중에 가장 하기 힘든 과정은 어떤 것을 시켜놓고, 그 일을 하거나 또 하지 않아도 다 틀린 답으로 가르쳐준다는 것이다. 그도 그럴 것이 하나의 오차라도 있으면 안 되는 공부이기에 아무나 중학교 과정을 접할 수 없다.
　기도를 많이 한다고 큰 능력을 주는 것은 아니다.

그러나 기도는 필수적으로 해야 한다. 기도가 질문과 답으로 이어지는 매개체이기 때문이다. 또한 영과 대화할 수 있기 때문이다. 다시 말해 자기 몸에 있는 영의 수준이 얼마인가에 따라서 공부 수준이 달라지며 상상도 못 하는 세계로 진입하게 된다.

그러므로 영의 세계를 아는 사람은 중학교 과정을 지나야 비로소 영의 세계란 어떤 것인지 알게 된다.

중학교 과정도 거치지 않고 영의 세계를 알려고 한다면 오히려 빙의로 고생할 것이다.

그러므로 영의 세계란 사람들이 생각하는 것처럼 호락호락하지 않으며 단계가 올라갈수록 힘든 시험을 받게 된다.

영의 세계를 접하고 싶다면 남이 써놓은 글을 읽을 필요가 없다.

글은 읽을수록 머리에 어두운 그림자가 낀 것처럼 맑지 못하게 된다. 자기가 읽은 책의 상식으로 접하려고 하니 영의 세계를 접하기는 점점 더 어려워진다. 그리고 남의 말을 통해 영의 세계를 접하더라도 순간일 뿐이다.

그 순간이 지나면 멍청해진다. 그래서 영의 세계를 가고 싶다면 우선 이 땅에서 일어나는 일을 접고 살아야 한다. 그래야 누구보다 쉽게 영의 세계를 접근할 수 있다.

또한 영의 세계는 하늘의 시험에 합격해야 접할 수 있다. 제대로 하늘의 기운을 배우고 익히면 자동서기나 자기가 생각지도 않은 말이 저절로 나온다.

순응적 과정 단계 수준의 영

순응적 과정 단계의 영의 수준을 말하기 전에 영을 이해하려면 긍정의 에너지가 많이 필요하다.

긍정하지 않는 사람은 읽을 필요가 없다.

왜냐하면 인생을 사는 데 하나도 도움이 안 되기 때문이다.

순응적 과정 단계 수준의 영을 이해한다면 아마 여러분은 어느 누구보다 일찍 성공하고 판단력이 생길 것이다.

영적 공부는 끝이 없고 지금이 최고라고 생각하면 어제의 영의 높이는 아무것도 아니다.

하늘을 알고부터 하늘의 계시를 받는 사람과 그렇지 않은 사람의 차이를 알게 되었다.

또한 영의 세계는 보이지 않는 세계이기에 자기 보호 수준의 영적 세계 수준이나 대학원생을 가르치는 수준을 알 수 없다.

중학교 수준의 영이 되면 우선 상대방을 읽을 수 있다. 상대방의 눈만 보아도 그 사람의 성격과 마음을 읽어 내린다는 말이다.

이것만 터득해도 세상살이가 아주 편해진다. 그리고 중학교 수준의 영이 되면 이해심이 많이 생기며, 세상을 바라볼 때 나이와 상관없이 사람들이 다 어려 보이고 밑으로 보인다.

그렇다고 그렇게 사람을 상대하다가는 망신당할 수 있다. 중학교 수준의 영이 되면 스님, 목사, 신부와 같은 레벨의 영을 알게 된다.

그래서 중학교 수준의 영을 가진 사람들이 여러 종교를 만들어 사고를 친다. 자칫 중학교 수준의 영에서 머물게 된다.

우리나라 성직자 대부분이 중학교 수준의 영을 갖고 있다.

지금도 중학교 수준에서 멈춘 자들이 선원에 와서 잘난 척을 많이 하고 간다.

그전 같았으면 나도 똑같이 잘난 척했을 텐데, 지금은 그냥 들어 준다.

잘난 척하고 싶어서 왔는데 받아주어야 하지 않을까?

또한 중학교 수준의 영을 갖고 있는 사람들의 말을 듣고 어떤 일을 한다면, 처음에는 잘되는 것 같으나 점점 잘못되고 있다는 것을 알게 된다. 한계에 부딪쳐 더 이상 원력을 사용할 수 없기 때문이다.

이 수준의 신들 원력은 대단하다. 원력을 가지고 온 신은 제자와 거래하기 위해 들어섰는데, 제자가 그 거래를 하지 못하면 그다음 문제는 수습 불가하다.

이 수준에서 영의 세계에 입문하는 공부 단계에 들어서는데, 제자가 근기와 내공을 갖추지 않았다면 영의 세계 입문은 힘들다.

그래서 영은 한이 없고, 수치도 없으며, 그 이상을 말하기란 쉽지 않다. 영이 아무리 높을지라도 많은 사람들에게 도움을 주지 못한다면 영을 갖고 있지 않는 사람보다 못하다고 할 수 있다.

중학교 수준은 책을 통해서 얻는 것이 아니며 스스로 얻는 것도 아니다. 하늘이 감동할 때 내려주는 신호이다. 다시 말하면 중학교 이상의 영은 하늘이 감동하기 전에는 절대로 가질 수 없고, 느낄 수 없으며 생각조차 할 수 없다. 그러므로 영은 욕심을 내도 안 되고 바라서도 안 된다.

영의 세계는 인간이 모르는 것을 하늘에서 가르쳐주기 위해 조화로서 인간에게 계시해 준다.

사람들은 신기하게 생각하면서도 이상하게 생각하는 경우가 있다. 그래서 많은 문제가 나타난다.

신기함이라는 단어를 느끼게 해주었으면 왜?라는 질문을 던지고 생각을 돌리면 의식 확장하는 데 좋은 기회를 얻은 것인데, 수준이 낮다 보니 영역 확장할 기회를 주어도 받아가지 못한다.

자기 의식적 영의 수준

영의 세계는 한 사람의 수준을 맞추기 위해서 10년 이상이 걸린다. 다만 영의 세계를 이해하는 사람은 1초도 걸리지 않는다.

자기 의식적 수준의 영을 다루어보자.

자기 의식적 영의 수준에서는 기도가 필요 없다.

기도가 필요 없다는 말이 의아하게 들리겠지만, 자기 의식적 수준의 영적 세계야말로 이제 겨우 시작하는 영의 세계이다. 하늘에 물어보지 않아도 답을 얻을 수 있는 과정이며 하늘에서 알아서 해주는 과정이라고 할 수 있다.

그러므로 한 치의 오차가 있을 수 없으며, 함부로 입을 열 수 없는 단계이다.

자기의식 수준의 영의 세계를 접하기 위해서는 우선 어떠한 영을 접하는가에 따라서 그 차이를 알 수 있다.

자기의식 수준의 영의 세계는 하늘의 글을 쓰고, 하늘의 말을 하게 된다. 다시 말해 하늘공부에 입문하는 수준이다.

함부로 말할 수 없는 것이 영의 세계라고 하지만 이 수준은 말이 필요 없다.

자동서기가 글을 받아 영적으로 해석하는 단계이다. 그리고 가장 견디기 힘든 시험이 많은 시간이다.

나도 이 시기에 표현할 수 없을 정도로 신성함과 사투를 벌였다.

도저히 이제는 못 하겠다고 내 안의 신성과 타협에 들어가면, 조금만 참고 기다립시다, 라며 응원해 주어 어마 무시한 시험 단계를 통과할 수 있었다.

하늘은 누구나 시험하고 있다. 그러나 그것을 느끼지 못하고 살아가기에 현실 속에서는 영의 세계를 긍정하기 어렵다.

영의 세계는 가깝게는 조상으로부터 멀게는 우주로부터 오는 메시지로 시작된다.

자아의식 수준의 영의 세계는 우주로부터 오는 메시지를 해석하고 집필할 수 있는 단계이다. 그래서 우주의 메시지로 책을 쓰는 사람은 이미 자아의식 수준이라고 할 수 있다.

단, 자아의식 수준의 영의 세계는 가장 힘든 과정이기에 점점 더 어려워진다는 것을 느낄 수 있다.

세계적인 영적 권위가 중에 자아의식 수준만으로 일생을 보낸 사람들도 있다.

자아의식 수준의 영의 세계는 엄청난 세계이다. 세계적으로 자아의식 수준의 영의 세계를 접한 사람들은 손에 꼽을 정도다.

석가가 영적으로 대학원을 졸업한 상태로 일생을 마감했다고 보면 쉽게 이해될 것이다.

영의 세계는 차원이 세분화되어 있지 않지만, 단계가 있다는 것을 알아야 영의 세계로 접근할 수 있다.

순응적 수준의 영의 세계에서 자아의식 과정으로 올라가려면 적어도 6년 이상 걸린다고 한다.

하늘과 6년간 대화하고 응답받은 사람도 될까 말까 하는 단계다.

허하면 찾아다녀라

허한 마음이 들면 여행을 다녀와야 한다.
산도 좋고 바다도 좋고 강도 좋다.
영적 멘토를 만나 점검받으면 더더욱 좋다.
허한 마음은 흘려보내야 한다.
흘려보내야 또 다른 기운이 들어올 수 있는 자리가 만들어진다.
가끔 한강에서 나를 부른다. 이기심이 가득 차 있을 때면 어김없이 한강에서 나의 귀에 속삭인다.
와서 같이 놀자!
밤에 제자들을 데리고 나가 공도 차고, 맛있는 간식거리 사다 하하 호호 놀다 오면 가득 차 있던 이기심이 풀어져 있다.
한강은 모든 것을 다 받아주는 에너지가 가득 차 있다.
하지만 인간은 구분 짓기에 조화로운 에너지를 사용하기 매우 어렵다.
구분해서 받아들이지 말자. 무엇이든 다 받아들이고 받아먹어야 새로운 기운을 알 수 있다.
하늘은 화합을 원한다.
인간이 구분 짓기에 자기 자신과 융화되지 않고, 타인과도 화합이 어렵다.
화합 에너지가 있어야 서로 융화할 수 있다.
바다는 어떤 물이든 소화한다.
사람은 태어날 때 위험하거나 힘든 경험을 싫어하는 인자를 가지고 나온다. 함정 인자를 가지고 나와 미리 내다보기에 숨은 기운을 알지 못한다.

그러므로 내면이 얼마나 잠재되었는지 알아야 붕괴되지 않는다.

마음공부가 안 된 인간은 허한 마음을 어떻게 채워야 하는지 방법을 몰라 엉뚱한 곳에서 에너지를 낭비한다.

사람은 영의 에너지를 진화시키기 위해 태어난다.

영의 에너지를 진화시킬 수 있는 방법은 영적 마음공부를 통해야 가능하다.

허한 것은 자신을 발전시킬 수 있는 가장 큰 무기이다.

참 생각이 허한 생각을 이길 수 있다.

인간으로 태어난 이상 허하지 않는 사람은 없다.

한 가지라도 마음이 궁하면 기운에 따라 정리해야 한다.

마음을 다스려야 한다. 그런 방법이 최고이다.

마음은 마음먹은 대로 에너지가 흘러간다고 한다.

좋은 생각의 에너지는 우리의 미래를 약속한다. 현재보다 살기 편해진다는, 좋은 생각이 자신을 바꾼다. 그러한 사람이 氣가 막히면 어떻게 해야 하나?

氣가 막혔다면 기도해야 한다. 기도는 막힌 에너지를 충족시켜 준다. 氣는 사람의 일생을 좌우한다.

3차원 세계에서도 모른다

마음이 바뀌는 대로 끝없이 유랑한다.
그러나 마음이 가고자 하는 곳을 막아버리면 인간은 어떻게 되나?
주인의식을 갖고 사는 사람들이 얼마나 될까?
주인의식을 제대로 갖지 못하니, 여기저기에 가서 질문을 던진다.
마음을 바꾸겠다고 유랑하는 것은 결국 깨달음의 길로 들어서는 것이다.
깨달음이 싫다면 아예 시작하지 말아야 한다. 잘못하면 빙의 되어 정신적으로 고생한다.
빙의는 약도 없다.
스스로 고치거나 영적으로 교화시키고 그 기운을 내보내야 한다.
우뇌를 발달시켜야 한다. 어릴 때는 우뇌가 가득 찼지만 나이가 들수록 좌뇌를 이용하기에 우뇌 작용은 멈추고, 성인이 되면서 우뇌가 그리워서 어떠한 기운을 받고 싶어 뇌가 작용하여 수련을 시작한다.
언젠가는 우뇌를 써야 하는 시간이 도착한다. 그럴 때 여러 단체를 알게 되는데 우선 마음부터 다스려야 한다.
마음공부는 중요한 것으로, 그 속에 모든 것이 들어 있어 마음공부를 통해 많은 것을 터득할 수 있다.
마음을 영적으로 풀이하면, 스스로 소우주가 됐지만 살면서 소우주의 본성을 잃어버려 그것을 되찾고자 하는 노력이다.
그것이 소우주인데 인간으로서는 알 수 없다.

혼을 통해야 알 수 있다. 그래서 사람들은 여기저기 다니면서 기도를 하고 공부들을 하고 있다.

언젠가는 혼을 통해 알 수 있기에 그때 환희의 희열을 맞게 된다.

이런 내용은 3차원도 모른다. 그래서 결국은 소우주의 실체를 열어보는 것이 깨달음으로 가는 길이며, 누구나 할 수 있지만 어떠한 고통도 감수할 때 그것을 볼 수 있다.

3차원계는 의심부터 하는 신명이 발전되어 있으므로 인간은 그것을 따라갈 뿐이다.

그러므로 인간의 잘못은 없다.

그래야 영적 공부를 이해할 것이다.

피아노 건반 기 점검

미술 심리 치료사도 있고, 음악 심리 치료사도 있다.
사주 상담할 때 음악으로 손님들의 기운을 점검해 주었다.
그런데 어느 날 피아노 전공인 대학생이 선원 문을 노크하였다.
이런 아이가 음악으로 기운 점검하면 잘하겠다.
피아노 건반으로 사람들을 힐링시켜 주면 어떻겠니?
즉흥 연주할 수 있게 영성공부 지도해 주겠다며 꼬셨다.
대학생은 꼬임에 넘어가 15년 동안 영성공부를 내려받았다.
다른 제자들은 뇌의 일부분을 열어놓고 영성공부를 지도해 주었다면, 음악 심리 힐링 지도받는 제자는 듣는 귀를 막아놓고 무식하게 지도하였다.
자연 속에서 희로애락을 느낄 수 있도록 환경을 만들어주었고, 제자 또한 잘 따라주었다.
자연 환경이 메시지를 준다.
이제 때가 되었다. 풀어주라.
감사하다고 자연에 예의를 갖추었다.
제자에게 자연의 에너지를 느끼게 하고 연주하게 하였다.
에너지가 미비하게 손끝을 타고 들어간다.
희미한 미소가 감돈다.
이제 다 풀어주어야겠다.
고생했다.
자신과의 싸움에서 잘도 이겨 나왔다.

손끝이 피아노 건반 위를 두드리며 신들의 기운을 탄다.

음악의 신이 제자를 통해 새로이 태어난다.

제자를 통해 새로 태어난 음악신은 고난이 음악의 새로운 세계를 만들 것이다.

이제 교만하게 놀지 않으면 음악의 새로운 방을 만들어나갈 것이다.

말 전달

나는 말을 전달했으니 들은 사람이 알아서 하겠지 하고, 들은 사람의 처사를 기다린다는 말을 들으니 웃음이 절로 난다.
그것은 통보나 마찬가지이다.
인간은 주로 통보라는 화법을 사용한다. 그러고는 나는 말을 했다고 한다.
말을 한 인간은 상대방이 확실히 자신의 말을 들었는지 확인 작업도 안 하고, 본인은 무조건 말을 전달했으니 알아서 할 거라는 말을 강조한다.
타인의 가정사에 절대로 끼어들지 않을 것을 다짐하였기에 신세 한탄하는 수행자에게, 내가 당신 가정사에 관심을 가져봐야 후에 내 얼굴에 침 뱉기요. 다만 질문을 던져주겠소!
당신은 부인에게 통보 방식을 선택하였지, 상의한 것은 아니었는지?
신도들에게 하는 방식을 부인에게 사용하면 부인이 받을 마음 상처는 생각해 보았는가?
그리고 수행자는 신도들에게 세속의 가정사 문제를 이야기하면 그 장소는 앞으로 삐그덕거리오.
세속인들은 무의식중에 수행자를 높이 평가하는데, 수행자가 대중과 똑같은 문제로 고민한다는 것이 신도들 입에서 입으로 흘러나가면 당신네 장소는 불안한 장소로 변해 간다는 평범한 진리를 모르시오?

일반인들은 수행자에게 마음의 편안함을 얻기 위해 오는데, 내 집과 같은 문제가 보여 신도들에게 불안함을 준다면 어떻게 합니까?

신들이 나의 신세 한탄 좀 들어주소! 하고 장시간 심리적 불안을 구구절절 늘어놓는다.

이번만 신들의 신세 한탄을 들어주겠으니 개인의 가정사로 신성한 장소의 기운을 어둡게 하지 마시오!

한 가지 덧붙이면 수행자는 상대가 나의 말을 알아들었는지 확인하는 습관을 가져야 한다. 그런데 당신은 신도들에게 통보하는 화법을 사용한다.

미숙한 영을 가지고 있는 신도들은 이해도 못 하거니와 수행자 앞에서는 아는 척하며 "네!" 하고 일어서겠지만, 뒤돌아서서는 여태 저분이 어떤 말을 했는지 이해가 안 된다고 투덜거리며 간다.

나는 그것을 자녀들에게 배웠다.

"엄마는 왜 우리를 이해시키지 않고 통보하는 화법을 사용하시냐! 그리고 우리가 자식이지 제자는 아니지 않느냐"는 항변에 깜짝 놀라 뒤돌아보았다.

오랜 시간 정신세계에 있다 보니 잊었다. 이해시켜야 한다는 것을.

수행자의 신세 한탄을 걸쭉하게 들어주고 정리한다.

지금껏 해탈한 단군은 없었다.

단군을 해탈시켜 그 도량에 영정을 걸어주었다.

수행자가 갑자기 감사합니다, 인사를 한다.

속내를 털어놓고 갑자기 단군전에 고했다고 한다.

단군께서 지금까지 들으신 것 알아서 정리해 주십시오.

아, 이제야 마음이 시원하다고 밝은 미소를 환히 짓는다.
이번에 큰 공부를 시켜주어서 감사합니다.
인사 답례에 나도 당신 덕분에 많은 공부를 받았습니다.
수행자와 대화하면서 스스로 빛낸다는 것이 무엇인지 조금 내려받았다.
공부를 내놓을 때 서로 주거니 받거니 기운 교류가 있어야 한다.
말을 했다고 하는 것은 혼자 떠든 것과 같다.
내가 말한 것이 정확히 전달되었는지 상대방에게 확인받아야 한다.
그래야 말 전달했어!가 성립된다.

현 시국이 걱정이다

 본래 정치에는 관심이 없다. 다만 대통령 선거는 나라를 대표하기에 잠깐 천기를 살펴본다. 현 대통령이 당선된다는 것을 알고 심려가 컸다. 왜냐하면 국민들이 정신을 못 차려 엉뚱한 인물이 당선되기 때문이다.
 엉뚱한 인물이 대통령이 되어도 사실 별 관심이 없다. 내가 가장 중요시하는 부분은 나라가 안정적으로 돌아가는 것이다. 그래야 음계에서 공부하고자 내려오는 신명들이 걱정이 없다.
 자유로운 환경에서 고급스러운 질량이 찬 공부를 받아야 지적 확장이 된다.
 정세가 불안하면 신명들이 공부하는 환경이 주어지지 않는다.
 정세가 불안하면 정신세계는 음지로 들어가야 한다.
 지금은 영성시대인데 정신계가 음지로 들어간다면 후퇴하는 것과 같다. 영성이 꽃을 피워야 하는 시대에 뒤로 후퇴한다면, 지금까지 조상들 헌신이 물거품이 되어버린다.
 최적의 환경을 만들기 위해서 전 인류의 조상들이 얼마나 많은 헌신을 하였는데, 현 시국이 정신계를 불안하게 만들고 있다.
 선천시대에서 후천시대로 진입하는 과도기에서 입문의 기로에 서 있다. 나는 선구자적인 역할을 맡고 이 땅에 왔다. 그래서 지금의 사회변화를 은하계에 계속 쏘아댄다.
 당신들이 이 환경에서 온다면 원하는 공부는 받아가지 못하니, 에너지 교체하여 더 나은 최석의 공부 환경으로 만들어놓으시오.

정치에 관심이 없는 나는 은하계가 심히 걱정된다.

이튤의 세계관도 정리해야 하는데, 지금의 정치 흐름이 그대로 지속된다면 난감한 문제가 산재한다.

한 달간 대은하계에 공지를 내렸다.

대한민국 정치가 이대로 흘러가면 안 되니 흐름을 바꾸어야 한다.

좌파든 우파든 어느 쪽이 대선을 잡든 관심 없다.

다만 국민이 힘들지 않고, 잘 살고, 정신계가 꽃을 피우면 그걸로 족하다. 그런데 위판에서 악어의 가면들을 교묘히 사용하니 그것이 문제다.

천신들도 업그레이드하고자 이 땅에 발을 밟는데, 그 책임은 우리가 져야 한다. 아는 자들의 몫이다.

나는 이번 천제에서 그 부분을 고하고 다녔다.

신명들이 공부할 수 있는 최적의 환경을 만들어달라고….

현 시국도 안일한 마음을 가진 자들에게 정신 차리라는 공부도 숨어 있지만, 이 상황을 모르고 지구촌에 오는 천신들이 걱정된다.

그러나 대한민국은 쉽게 무너지지 않는다.

전 은하계에서 관심을 가지고 대한민국을 내려다보고 있다.

영성으로 공부하는 자들은 자부심을 갖고 대한민국에 태어남을 자랑스러워해야 한다.

그리고 지적 수준을 확장시켜 주어라.

천신제자들은 무거운 짐을 짊어지고 이 땅에 태어났다.

다음에 이 지구촌, 대한민국 땅에 태어날 천신들을 위해서 국민성이 계몽되었으면 한다.

전 국민이 아프다

TV를 보면 전 국민이 아프다는 소리가 들린다.
정치적으로 경제적으로 힘들다고 하소연한다.
그런데 하늘에서 우리나라를 볼 때 마음이 아프다고 할 것 같다.
모든 신들도 영적으로 더 아파한다.
산에 있는 산신은 산신대로, 바다에 있는 용왕은 용왕대로, 주신은 주신대로 할 일을 못하기에 나라의 발전이 보이지 않는다.
인간은 인간대로 신과 함께 의무를 못 하기에 우리나라의 미래는 주저앉는 형국이다.
우리의 미래는 천신들의 도움이 있어야 결정적으로 변화가 이루어진다.
지금도 하늘에서는 대한민국에 수많은 영을 내리고 있다. 현재 영적 지도자가 제대로 서 있지 않아 내려준 영을 사용하지 못하고 있기에 전 국민들이 아파요 하며 데모를 하고 있지만, 결국은 하늘의 아버지 아파요, 이 시대를 잡아주세요 하며 호소하는 것이다.
하늘에서는 이렇게 이야기한다. 너희는 내면을 성장시켜야 하는데 성장하려고 하지 않고 편안하게 살려고만 한다.
영혼 성장시키려고 지구촌에 도킹해서 왔는데, 인간은 내면의 성장을 게을리하고, 영혼 성장시키는 것도 게을리하고 있음에 잘 살고자 하는 욕심을 버려야 한다.
하늘은 인간이 태어나면 아프지 않고 잘 살기를 원한다.
다만 하늘에서 정신 차리라며 병을 내리는 경우가 있다.

영적으로 오는 병도 있지만, 하늘에서 내린 병은 인간의 힘으로 고칠 수 없다.

영적인 병은 영적으로 고쳐야 한다는 것을 모르는 사람이 많다.

영적인 병은 신적으로, 종교적으로 고칠 수 없다.

다만, 순간 땜빵은 가능하다.

천신제자는 마음을 아프게 하여 하늘을 찾도록 한다.

하늘을 찾으면 마음 아픈 사람들을 치유해 주며 편안한 세상을 살게 해준다. 그래서 모든 인간은 하늘의 법을 알아야 하며 하늘이 무엇을 원하는지 알고 살아야 한다.

지금 국민들은 하루하루 아픔 속에서 살고 있는데 사실 그것은 국민들 자신이 만들어놓은 것이다.

그런데 누구를 원망하며 사는가? 나만 잘살면 된다는 이기심으로 자녀들의 인성교육은 뒷전으로 하고 오직 공부만 잘하면 된다고 종용한다. 가정이나 학교에서 민족정신에 대하여 지도하고 교육하였다면 지금 우리나라가 겪고 있는 심각한 상황은 맞이하지 않았을 것이다.

인간은 하늘이 만들어놓은 규칙대로 살아야 한다. 마음이 아픈 사람은 세포 속에 불필요한 정보를 입력해 놓았기 때문에 그러한 것이다.

하늘은 마음을 다스릴 수 있는 공부를 원한다.

영적 내공을 쌓아둔 자만이 하늘의 힘을 빌릴 수 있다.

하늘에서 아픔을 줄 때 이유를 찾아 내적 세계를 갖추는 자가 되자.

별들의 성격

생각이 하루에도 수십 번 바뀌는 것은 지구가 공전하여 우주에서 퍼져 내리는 기운을 각기 다르게 받고 있기 때문이다.

사람의 성격은 우주에서 내리는 기운이 돌면서 다르게 내리기에 고정되어 있지 않다. 계속 변화한다.

인간은 하늘에서 어떠한 기운을 받고 태어났는지 알려고 노력해야 한다.

그런데 내 마음을 우주에 저당 잡혀놓고 왔기에 알려고 해도 쉽지 않으므로 시간 낭비일 경우가 많다.

하늘은 지구 발전을 위해 인간에게 여러 가지 유형의 성격을 내려준다.

같은 기운으로 몰리면 지구촌 발전 방향이 편향된다. 이를 우려하여 木, 火, 土, 金, 水 음양오행을 고루 갖추어 탄생하는 별자리와 음·음 기운만 가지고 태어나는 별, 양·양만 가지고 태어나는 별, 음·음·양으로 태어나는 별, 양·양·음으로 태어나는 별, 고루 갖추어 태어나는 별이 있다.

이 별들은 여러 가지 부딪침으로 에너지를 만든다. 이 에너지는 인간이 성장하는 데 많은 발전이 된다. 별의 도움을 받는 것이다.

음·음·양, 양·양·음, 별들이 자기의 고집을 내세우면 인간은 우주에서 내려주는 새로운 에너지를 못 받게 된다.

부족함의 기운을 가지고 태어나는 별은 우주에서 내리는 기운을 받아 영혼을 성장시켜 주어야 한다. 영혼의 성장은 의식이 성장하는 것으로 하늘의 도움을 받아야 한다.

　하늘이 인간을 만들어 지구에 태어나게 했으며 영성도 갖추도록 한다. 이것을 인간이 알 때 비로소 바른 성격이 형성된다.

　사람의 성격은 지구가 자전·공전하며 변화한다. 자전과 공전하는 지구에 있으면 내려주는 우주 별들의 에너지가 계속 바뀌기 때문에 사람들의 마음이 하루에 몇 번씩 변하는 것이다. 아침의 지구 위치와 점심의 지구 위치가 다르기 때문이다. 이것을 알게 되면 마음을 다스리는 공부가 주어진다.

　지구가 돌면서 나에게 어울리는 기운이 내려올 때 그것을 받아 내 것으로 만들어서 사용하면 된다.

　지구가 돌 때마다 인간의 성격이 변하며, 하늘을 알고 산다면 인간은 하늘과 같은 마음으로 살게 된다.

제 4 장

사람을 영으로 보는 방법

영안을 쉽게 여는 방법

천부경은 一始無始(일시무시)부터 시작한다.
一(일)은 신들의 언어요, 始(시)는 신들의 천서이다.
영안이란 신과 통하는 것이다.
산에 가서 열심히 기도한 수도승이 어느 날 내게 이런 말을 하였다.
열심히 기도 정진하고 있는데 내 입에서 이상한 언어가 막 터지는 거야. 그런데 그때 앞이 환히 보이는 거 있지.
이상한 언어가 터졌다는 것은 그 시간에 신과 통해서 신의 목소리로 터진 것을, 아무것도 모르는 제자는 이상한 언어가 터졌다고 하는 것이다. 신과 통한 자는 신의 소리를 한다. 그것이 바로 천어다.
천신과 통해 터져 나온 말을 천어라고 한다.
지신과 통해 터진 말은 방언이라고 한다. 때론 잡신과 통해 터져 나오는 말도 방언이라고 한다.
천신과 통했느냐, 지신과 통했느냐, 잡신과 통했느냐에 따라서 천어와 방언으로 구분 짓는다.
천신이든, 지신이든, 잡신이든 통하면 영안이 열린다.
다만 수준에 따라 열리는 것이 다르다.
산에 가서 죽을 둥 살 둥 기도하지 말라. 천어가 터지면 영안은 열린다.
다만 조상공부는 시켜주어야 영안 열리는 데 어렵지 않다.
그러므로 인간이 하늘의 말과 글을 알면 영안을 쉽게 열 수 있다.

도통하기를, 혜안이 열리기를 기원하는 것은 천부경의 一終無終一(일종무종일)을 기원하며 사는 것이다.

천부경은 나를 바로 만들기 바라는 것이고, 천부경을 공부하는 자는 자신도 모르게 기도로써 자신의 뇌를 바로 만들어나가는 것이다.

그래서 웅천 마음선원에서는 천부경으로 영성공부를 시킨다.

나를 바로 알아가겠다고 마음공부하러 다니는 것이다.

영성을 깨닫고자 후천시대를 만들었고, 영성시대로 나아가는 것이다.

이것은 영적 진화, 의식 성장, 영혼 성장, 하늘의 글과 하늘의 언어를 알아야 가능하다.

천어와 천서가 터지면 영안은 쉽게 열 수 있다.

자연의 울음

영혼신이 의식 확장을 하기 위해서는 자연의 울음을 알아야 한다.
확장이란 증폭을 말하기도 한다.
뇌를 증폭해야 우주의 기운이 들어온다.
우주의 기운이 돌아가는 것을 느끼며 감을 잡을 때 '아'라는 소리가 탄성이 되어 나온다.
'아!'라는 소리가 탄성이 되어 나올 때, 모를 게 없다는 것이며 자연의 울음이 감지될 때 모를 게 없다고 한다.
영혼신 의식을 확장시켜 줄 수 있는 것은 영적으로 공부하여 수시로 깨달음을 반복하는 것이다.
깨달음이란 진행 중이라는 뜻이기 때문이다.
나는 깨달았어! 외칠 때, 깨달은 자가 무엇을 깨달았는지? 질문을 던지면, 내 깨달음을 받을 수 있으면 말해 주지.
우리는 영적 의식 진화하러 왔기 때문에 깨달음이라는 단어를 사용하는 것이 아니라 부딪쳐가며 얻은 것을 내놓는 것이다.
선천시대의 유물은 이제 접어야 한다.
수행자는 부딪쳐가며 내 것으로 만들어 영혼신을 진화시켜 주어야 하며, 자연과 합일되어 자연의 울음과 호흡해야 한다.

영혼 호흡

생각을 일으키는 의식을 가져야 한다.
저절로 생각을 일으키는 훈련을 끊임없이 해야 한다.
생각하는 자가 되어라.
생각의 의식을 가져라.
의식을 가져라.
의식이 깨어 있는 자가 한 호흡을 할 수 있다.
인간이 들이쉬고 내쉬는 호흡이 있고, 영혼 의식의 한 호흡이 있다.
생명 호흡이란 의식 성장의 문을 열고 들어갈 수 있다.
영혼신을 깨울 수 있는 한 호흡 단계까지 가보아라!
깨어나라!
그리고 한 호흡 숨 쉬는 의식을 놓치지 말라.

요즘 사람은 영적으로 말라 있다

지적 세계에서 다음을 가르치는 시대는 영성시대이다.

자신과 대화하는 것이 통하는지 몰랐다. 그리고 신들과 대화하고 영들과 대화하며 지나간 흐름들이 영성시대를 가리키는 것인지 전혀 몰랐다.

지금은 하늘에서 준 최대의 선물이라고 생각하고 있지만, 그것도 영의 흐름이라는 것을 어느 날 알게 되었다.

세계적으로 신과 영을 이용해서 미래를 조종하는 나라가 많다.

특히 선진국일수록 영의 흐름을 알아 정신세계가 발달하고, 영의 세계를 추구하며, 국가 이익에 많은 힘을 쏟고 있다.

앞으로 별들의 전쟁이 벌어질 것이다.

별들의 전쟁은 정신으로 하는 것이다.

핵무기를 사용하는 것이 아니라 오직 하늘의 소리로만 한다.

앞으로의 세상은 지적 세계에서 영성시대로 흘러갈 것이며, 세상은 영들의 전쟁이 되며, 올바른 영을 아는 나라가 선진국이 된다.

종교세상이나 예언가들은 대한민국이 앞으로 막강한 나라가 될 것이라고 예언하면서 혹세무민한다.

선진국 대열에 서려면, 세계의 신과 세계의 영을 다루는 영적 지도자가 많이 배출되어야 한다.

영적 지도자가 많이 배출 안 되면 다 헛소리와 같다.

영적 지도자는 하늘의 소리를 대변한다.

제대로 된 영적 지도자가 하늘과 소통하면 판을 바꾸어나갈 수 있다. 아무리 하늘이 대한민국 편이라고 하지만, 천손 민족이 영의 세계를 알려고 준비하지 않는데, 어떻게 선진국 대열에 서려고 하는지 의문이다.

대한민국 국민은 천손의 자손이다.

천손의 자손답게 세계의 신과 세계의 영을 함께 겨눌 수 있는 참의식이 깨어 있어야 한다.

그런데 국민의 의식을 들여다보면, 선진국 대열로 들어가는 의식을 갖추기는커녕 뒤로 후퇴하는 의식만 보인다.

하늘의 이치와 원리를 알려고 하지 않으니 당연히 영의 세계를 알 수 없고, 인간들의 영적 세계는 말라가고 있다.

대한민국에는 영적으로 지도해 준다는 단체들이 전국 곳곳에 산재해 있다.

그러나 만족할 만큼 영적 세계를 체험하지 못하거니와 영적 의식 진화를 못 하는 것 같다.

신명건설과 영적 세계를 올바르게 채워주었다면 지금 대한민국 정세는 안정적이고 경제는 위축되지 않았을 것이다.

사람들은 영적으로 굶주리고, 영적으로 삭막해지고 있다.

그것은 마음을 치유해 주는 곳이 없다는 말과 같다.

영혼의 마음을 치유해 주는 영성치유 장소가 마련되었으면 한다.

종교나 예언하는 분들께 부탁하고 싶다.

영적 세계가 메말라 있는 지금, 아무리 하늘이 대한민국 편에 서 있다고 하지만 준비가 안 되어 있는 국민을 현혹하지 않았으면 한다. 하늘이 내 편에 서 있으면 천신제자들은 자격을 갖추는 준비를 해야 한다.

사람을 영으로 보는 방법 1

　소감 지도할 때 생각이 떠오르지 않으면 천서를 쓰거나 천어를 읽어나가면 글이나 말이 저절로 해석될 것이다.
　다만 어떠한 수준인가에 따라 해석하는 데 차이가 있을 것이다.
　쉽게 해석할 것도 온종일, 몇 날 며칠이 가도 생각 안 나는 단어가 많을 테지만, 하늘의 단어와 말을 확실히 알아야 하늘의 소리를 확실히 전달할 수 있다.
　하지만 하늘의 말과 글을 해독 못 하는 차원계는 못 하는 차원계로 내려가 다시 시작해야 한다.
　많은 사람들이 오늘도 자신의 미래가 궁금한 만큼 노력하며 살아가고 있다. 노력의 대가를 받는 사람들도 있지만 대부분은 노력의 대가 없이 살아간다.
　어떤 사람들은 여러 가지로 풍족한데 그렇지 않은 사람들이 많은 것은 무엇이 문제인지 알아야 한다.
　인간은 자신의 방향을 제대로 모르므로 문제가 어디에서 왔는지 찾는 의지가 부족해서 계속 불어나는 근본적인 문제를 속수무책으로 당하고 있다. 그래서 사람은 자신의 뿌리를 제대로 알아야 한다.
　천신제자 영성으로 상담 들어갈 때 뿌리부터 알아야 하는데, 자신의 뿌리를 보지 못하면 다른 사람들의 뿌리도 볼 수 없다.
　개인적인 생각이 들어가면 안 되므로 무조건 내 자신을 뒤에 세워놓고, 신명을 불러야 하는 경우와 신명이 알아서 대기하는 경우가 있다.

이제야 제자들은 왜 신명을 다루어야 하는지 느끼게 된다.

에너지장이 알아서 해준다면 공부가 많이 된 것이며, 신명을 일일이 불러서 한다는 것은 그만큼 공부가 모자라는 것이다.

신명을 일일이 불러서 한다는 것은 아직도 멀었다는 뜻이며, 공부가 안 되어 있다면 사람을 본다는 것이 얼마나 힘든지 알게 된다.

그러므로 매 순간 스스로 체크하지 않으면 인간의 생각이 들어와 좀 슨다는 것을 알아야 한다.

영적으로 상담한다는 것은 다른 사람의 몸속에 있는 영과 대화를 통해 알 수 있는 것이므로, 머리를 하늘에 두고 공부하여 영과의 대화를 통해 하늘과 통한다는 것을 가슴으로 느끼고 행동해야 한다.

아직도 자신의 최면에 걸려 자신이 하늘인 양, 자신이 말하는 것이 하늘에서 내려주는 것처럼 들려 아무것도 못 하는 경우가 있다.

우리나라에 있는 氣를 하거나, 어떤 기운을 읽는 사람들이 그러한데, 대부분 그런 사람들에게 다니던 사람들이라 정확하게 답을 주지 않으면 그 사람들은 길을 잃고 헤매게 된다.

길을 헤매고 오는 인간들에게 하늘에서 내려주는 진정한 메시지를 전해 주어야 한다.

사람을 읽는 것은 전부를 읽는 것과 마찬가지이다.

그러므로 모든 것을 알아야 사람을 읽는 것이다.

오늘도 아들이 걱정인 엄마가 시골에서 상경하여 아들을 데리고 와서 잘 보살펴달라고 인사한다. 어머니의 정성이 갸륵하여 평생 사주를 하늘의 기운으로 내려주었다.

기운을 읽어 내려갈 때 항시 긴장하지만, 머리를 하늘에 두었을 때는 하늘에서 알아서 해순다.

사람을 영으로 보는 방법 2

세상에서 제일 무서운 것이 있다면 인간이 아닐까 싶다.

제일 처음 병자 기맥을 잡았을 때, 두려움으로 숨고 싶었고 두려움으로 도망치고 싶었다.

물론 그러한 마음이 들게 한 것도 뒤로 숨지 말고 도망가지 말고 정면 대응하라는 마음을 갖게 하는 프로그램이었지만, 그 프로그램에 걸리면 머릿속이 하얘진다.

'하늘은 공부시킬 때 두려움을 줄 것이다'라고 생각을 주는 것 같지만 사실은 그렇지 않다는 것을 알았으면 한다.

하늘에서 나에게 언제 어떠한 주문이 들어올지 모른다.

해석하자면!

나는 이러하게 공부시켰지만, 제자들에게도 나와 같은 공부를 시키는 것이 아니라는 것을 알았으면 한다.

사람을 영적으로 볼 때도 여러 가지 형태로 관찰하기에 고정관념으로 본다면 하기 힘든 것이 사람을 靈(영)·氣(기)·神(신)으로 보는 것이다.

지금껏 사람들 영을 보는 방법에 대해서 말하고 있지만, 이것도 종합 공부 중의 한 부분이라는 것을 잊지 말아야 한다. 물론 따로 보는 방법이 꼭 이것이다라고 말할 수 없지만, 이것만은 명심하고 숙지하고 잊지 말라고 이 글을 남기는 것이다.

우선 내 생각을 배제하였는지, 내 생각을 갖고 있는지가 중요하지만 공부가 많이 되어 있다면 그러한 것은 필요 없다.

또 하나 중요한 것은 신을 다루는 상태가 되어야 읽을 수 있으며, 신을 모시는 기운에서는 사람의 기운을 읽어 내릴 수 없다는 것이다.

그러므로 지금까지 자신에게 끌려다니며 신을 모시고 공부했느냐, 아니면 신을 다스리는 경지의 공부를 했느냐에 따라 많은 것들이 달라진다.

또한 신을 다루는 과정을 이수하지 않았다면 신을 다루는 과정을 다시 시작해야 할 것이고, 영성공부를 쉽게 생각한다면 아니한 만 못하다.

사람들의 기운을 읽어 내린다는 것은 말처럼 쉽지 않다.

나의 전 일생을 걸고 투자해야 한다.

해석하자면 여러 가지 잡다한 생각을 해서는 안 되며 한 곳에만 몰두해야 한다는 것이다.

영성공부는 한 곳으로 모으는 것이 잘하는 공부 방법이다.

지금껏 영성공부를 한 제자들은 영이 한 곳으로 되어 있다고 하더라도 신을 잘 다루지 않으면 어려울 테지만, 지금까지 공부한 것을 다시 점검하며 생각해 간다면 다시 살아날 것이다.

다시 살아나게 하면 영적인 공부는 이런 것이구나 하고 생각할 때가 올 것이다.

지금도 공부하는 제자는 항시 스스로 문제를 만들어 잡다한 구성이 형성되어 공부 진도를 내지 못하고 있다.

하늘에 생각을 거둬달라고 청하면 거둬줄 것이고 단순한 뇌로 만들어줄 텐데, 과거사 엉켜 있는 굴레에서 비교하니 공부 진도를 빼지 못하는 제자를 보면 답답하다.

사람을 영으로 보는 방법 3

자신의 영적 능력이 어느 정도인지 알려고 하면 사방을 다 막아놓기에 알려고 하면 할수록 어렵다는 것을 제자들은 느꼈을 것이다.

영성공부는 내가 하는 것이 아니라 하늘에서 해주는 것이다.

하늘에서 해주는 대로 공부하였다면, 어렵다는 것을 알게 될 것이고, 공부를 얼마나 잘 시켜주었는지 느끼게 될 것이며, 다음 단계는 어떤 식으로 해야 한다는 것을 느끼게 해줄 것이다.

그러므로 사람의 영을 보는 것은 수많은 영적 공부가 되어야 하며, 천 명 이상 보고 나면 영의 세계를 더욱 실감할 것이다.

제자들이 이 글을 읽고 무슨 말을 하는가 생각한다면 제자는 어떠한 단계를 밟지 않았다는 것이고, 인간의 머리로 이해하려고 한다면 이해할 수 없도록 만들어놓는다.

이 글은 영적으로 읽고 영적으로 이해하는 글이기에 인간의 머리로 이해한다는 것은 도저히 있을 수 없다.

다시 말하자면 이 내용을 이해할 수 있는 사람은 영적으로 무엇인가가 되어 있다는 증거이다.

영적으로 볼 수 있는 천신제자들은 인간적으로 보려고 하는 데서 힘이 들어가 영적으로 읽어 내기가 어렵다.

하늘에서 자동으로 해주어야 하는 것이기에, 사실 말로 표현한다는 것은 무엇보다 어렵다.

자신이 직접 어떠한 영적 공부를 했을 때 빨리 이해할 수 있다.

하늘과 하나가 된 만큼 이해가 빠를 것이며 그다음 단계 공부도 저절로 될 것이다.

그래서 영적으로 어떠한 것을 이해한다는 것은 깨닫지 않고서는 할 수 없다.

인간의 머리가 어떠한 수준이라고 할 수는 없다. 왜냐하면 인간의 머리는 하늘과 비교한다면 할 수 없는 것들이 많다.

그러나 하늘의 기운을 머리에 담거나 마음에 담는다면 하늘과 마찬가지로 머리가 돌아가는 것이다.

그래서 영적으로 사람의 기운을 읽어 내려가는 것을 배워서 한다면 그것은 이미 실패작이다.

제자들은 이 글이 무엇을 말하려는지 이해가 안 간다면, 그것은 영의 세계를 이해하지 못하는 것이며, 이해했다고 하더라도 말하기 전에 미리 알아야 하거늘 남의 글을 읽고 이해한다는 것은 이미 늦은 것이다.

왜냐하면 영은 우리에게 모든 것을 알려주고 있기에 자신의 영의 세계가 그곳에 미치지 못한다면 답은 내려오지 않고 멈출 뿐이다.

내가 처음에 영이 무엇인지 알고 싶어서 선생님을 만나 지도를 받으면서 이 부분이 이해가 안 돼 혼란스러웠다.

영적인 공부를 하고자 청할 때 아무것도 모르는 무지렁이 수준이 아니었는데도, 인간이 알려고 하였다는 최대의 취약점을 만들어놓고 공부시켰다는 것을 나중에 알았다.

나름 정신세계에 능력이 있는 상태였는데 영적 세계의 궁금증이 풀리지 않아 운영하던 선원 문도 닫고, 영의 세계가 무엇인지 확실히 모르면 나는 이 수준에서 더 이상 성장하기 어렵다는 것을 이미 정신세계에서 간파하고 부속하다는 것을 느끼게 만들어놓고, 영적으로 지도해 주는 선생을 찾아다니게 하였다.

영적 공부를 하면서 깨달은 것이 있다.

내가 지금껏 한 것은 신명들과 통해서 하였다는 것이다. 기 치료로 사람들의 병을 치료해 준 것도 의통 신명이 있어서 가능했으며, 조상들 전생 영가 정리도 나에게 그러한 신들이 존재하기에 가능하였다는 것을 알게 해주었다.

영적인 공부를 지도받으면서 나를 왜 영적인 공부를 받게 하였는지, 천신교관 인도해 준 것을 공부하면서 저절로 알게 해주어 교만 속에서 벗어나게 깨우쳐줌이 감사하다.

영적 공부하기 전에는 모든 능력이 내가 잘나서 가능하다고 했었고, 그 모든 능력이 내가 하는 것으로 착각하고 있었기에 하늘은 치솟는 교만을 스스로 만들어내고 있었음을 영성공부 지도를 받으면서 깨닫게 해주었다.

사실 영적으로 사람의 기운을 읽어 내려가는 것이 쉬운 일은 아니지만, 하늘과 하나가 되면 어렵지 않다.

나는 지금도 하늘의 무게를 담고 있기가 힘이 든다.

하늘의 무게를 느껴본 자들은 영적으로 상당한 수준까지 올라간 제자들이다.

사람을 영으로 보는 방법 4

사람을 영으로 본다는 것은 어렵거나 특이하지 않다.
절대적으로 자신의 생각을 얼마나 배제했느냐에 따라서 알 수 있는 무한한 것이 있다.
나는 그렇게 하고 싶지 않았는데 절대적으로 그렇게 하라고 해서 철저하게 나의 생각은 보자기에 묶어 장롱에 넣어두고 오로지 하라는 대로 했다.
인간의 머리는 상상을 초월하면 할수록 머리가 맑아진다는 것을 느꼈다면 배우지 않을수록 알 수 있다.
항시 긴장하고 있는 것이 대처 방법인 것처럼 하다 보면 처방전을 빨리 빼낼 수 있다.
영성으로 공부를 하다가 인간으로서 처신이 어렵다는 것을 느낀다면 어느 정도 공부가 되어가고 있는 것이다.
어느 부분이 영적이고, 어느 부분이 인간적인지 문제가 될 것이다.
인간의 머리와 하늘의 소리가 하나가 된다는 것은 어려운 인지를 깨우칠 때 이루어진다.
사람의 영을 보려면 인내와 내공이 뒤따른다.
사람의 마음에는 수많은 과정과 측정할 수 없는 거리가 있다.
그것을 보고 판단하기까지는 수많은 과정이 있고, 그 과정은 자신의 능력을 정하는 것이며, 사람의 거리를 측정하여 영을 보는 것은 아무것도 아닌 것처럼 쉬운 일이다 하고 느꼈을 때, 그때부터가 영적으로 알 수 있는 모든 것을 스스로 깨우치는 시간이다.

우리가 알지 못하는 다른 세계가 있다는 것을 몸소 느끼지 않으면 알 수 없듯이, 경험을 통하지 않고 그냥 알려고 한다면 자신의 힘은 아무짝에도 쓸 수 없다.

지금도 하늘에서는 자신도 모르게 영성공부를 시키고 있다.

다만, 그것을 아는 제자만이 영성으로 살아간다.

인간은 영적인 문제를 풀기 위해 무척 노력한다.

사실 인간은 영적으로 살고 표현도 영적으로 하는데, 다만 그것을 알지 못하기에 영적인 문제를 부정하거나 관심을 두지 않을 뿐이다.

해석하자면 인간은 영적으로 돌아갈 때 죽음을 두려워하지 않는다. 물질도 명예도 시시할 뿐이며, 살아가는 데 꼭 필요한 것만 찾는다. 사는 데 가장 필요한 것이 무엇인가를 깨우칠 때 인간의 정신을 볼 수 있으며, 무엇을 안다고 아는 것이 아니며, 어떠한 것을 참고 인내하며 노력할 때 인간의 깊은 뿌리를 알게 된다.

인간은 무엇을 원하는가?

물론 개개인 각자의 생각과 이념이 다르기에 꼭 이렇다고 장담할 수 없지만 인간은 행복과 빛나는 삶을 원한다.

내면이 안정되고 영적으로 성장할 때 행복으로 가는 것이며, 빛나는 삶을 누릴 자격이 주어지지만, 눈앞에 아무리 좋은 것이 펼쳐진다고 해도 내면의 영적 성장이 따라주지 않으면 행복을 누릴 수 없다.

그래서 사람의 내적 영을 본다는 것은 결국 인간의 마음을 읽는 것이며, 안정을 찾아주는 것이며, 우주의 나침판을 가슴에 쥐어주어 길을 안내해 주는 것이다.

겉으로는 인간의 마음을 알 수 없으므로 내적 마음의 문을 열어주어야 영의 흐름을 읽어 내려갈 수 있다.

영적인 것은 인간들에게 통용되는 것이 아니므로 영적인 것을 잘못 설명하면 무시당할 수 있다.

인간의 생활은 영적으로 충족될 수 없다.

영적인 삶은 모든 것을 용서할 수 있으며, 세상을 영위하는 것이며, 마음의 휴식을 맞는 것이다.

결국 영적으로 사람을 본다는 것은 세상의 모든 것이 하나가 되기를 원하는 마음이 있을 때 알 수 있으며, 무엇이든 긍정할 수 있는 것이다.

영성공부를 지도하다 보면 제자들이 "나는 이렇게 생각하는데요?"라고 반문하는 경우가 있는데 그런 답답함이 수없이 많다.

그것도 말대답이라고 하지 말라고 하는데도 본인 생각을 꾸준히 내놓는다.

신명들이나 조상신들, 영가신들은 생각의 뇌가 없다고 수없이 각인시켜도 자신들의 에너지장을 이기지 못하고 가르치지도 아니하고 무조건 내 생각은 이런데요, 하고 반문할 때 지도하는 것을 덮고 싶을 때가 수없이 올라온다.

생각의 뇌는 인간의 고유한 선물이다. 왜냐하면 공부하러 3차원에 내려올 때 생각의 뇌를 가져오기 때문이다. 지구에서 육신의 숨이 끊어져 되돌아갈 때는 생각의 뇌를 가져가지 못한다.

차원계에는 생각이 없다.

영성공부할 때 생각의 뇌를 사용하면 영적 성장에 방해를 받는다. 그러므로 공부 기회를 받아 3차원계에 왔을 때 부지런히 영을 성장시켜야 한다.

사람을 영으로 보는 방법 5

사람을 보는 방법은 수없이 많다.

신과 통해서 신통술로 보는 법, 조상이 자손에게 들어와 보는 법, 역학·명리학·심리학으로 읽어 내리는 법, 영적으로 보는 것으로 크게 분류할 수 있다. 그런데 사람들이 영적으로 기운을 읽어 내려준다는 것을 잘 모르기에 답답할 때가 수없이 들어오지만, 모르는 상담자들에게 답답하다고 할 수는 없다.

나도 처음 영성이란 것을 접했을 때 몰라 방황하였다. 그래서 최대한 이해가 되는 방향으로 열심히 설명해서 보낸다.

영적으로 공부하는 제자들은 사람들에게 인생의 우주 나침판을 쥐어주는 위치에 서게 되면, 영성으로 가는 길을 잘 안내해야 한다는 공부를 내려받아 잘 알 것이다.

하늘의 천신제자는 그냥 만들어지는 것이 아니다. 홍익인간 이념이 바로 서야 하고 타에 모범이 되어야 하며, 항상 영성으로 가야 한다.

제자들은 수많은 고통과 힘든 공부를 한 뒤 무엇을 보여주느냐가 아니라 어떻게 살아야 하는가를 알아야 한다.

나는 영적 공부를 지도받으면서 지도해 주시는 선생님의 인품을 보면서 생각해 왔다.

지도해 주시는 선생님의 능력도 중요하지만 제자를 키우는 데 덕도 같이 쌓아가며 가르침을 내려주어야 하는데, 그날그날 자신의 컨디션에 따라 제자들을 쥐락펴락하는 것을 보고, 나는 제자들을 다시

지도하라는 명을 받으면 능력보다는 인성을 먼저 가르치겠다는 다짐을 했다.

능력도 중요하지만 인성을 중요시 여기고 공부를 내려받아야 한다. 하늘의 제자로 능력을 인정받을 때 인성을 갖춘 자들은 하늘의 마음을 닮아가기 쉬울 것이다.

하늘의 최고 마음은 측은지심이다.

신을 받아 사람을 보거나 명리학이든 역학이든 사람의 기운을 읽어 내릴 때, 인성을 제대로 갖추지 못한 제자들이 많아 일반인들을 혹세무민한다.

신을 내려받은 자들이 인성을 제대로 갖추지 못해 혹세무민의 일환으로 굿을 유도하기도 한다.

내가 영성공부를 할 때 하늘에서 이런 말을 내려주었다.

"굿을 해서 될 일이라면 굿을 안 해도 해결해 준다."

그래서 나는 될 수 있으면 일들을 안 시키고 스스로 할 수 있는 업상대체를 알려준다.

영성공부하는 제자들은 남들에게 손가락질 받는 언행을 삼가야 될 것이며, 그렇게 한다면 영성공부는 필요 없는 공부라는 것을 알아야 한다.

강조하자면 하늘에 한 번이라도 잘못한다면 언젠가는 자신의 능력을 가져갈 것이다.

제자들아, 어려운 공부를 열심히 지켜야 할 것이다. 능력으로 무엇을 보는 것보다 지켜가는 것이 하늘에 효를 하는 것이다.

나를 태어나게 만든 인간의 부모에게 하는 효도 있지만, 하늘에도 효를 해야 한다.

• 사람을 영으로 보는 방법 6

 하늘의 소리를 내려준다는 것은 하늘의 별 따기보다 더 어려운 것 같다.
 잘 알지도 못하면서 영을 다룬다는 것은 그만큼 어려운 일이다.
 왜냐하면 날마다 달라지는 공부이기에 체험을 통해 공부하지 않으면 할 수 없으며, 인간으로서는 알 수 없는 것이기에 더욱더 힘드는 것은 사실이지만 마음을 바로 갖는다면 어느 공부보다 쉽다.
 일단 내면의 영의 깊이를 읽어야 하지만, 겉을 알아야 내면의 깊이를 알 수 있듯 겉을 알아야 하는데 이때 겉은 보이지 않고 내면만 보여야 한다.
 내면의 거리가 보이지 않고 겉부터 보인다면 아직 공부가 덜된 것이며, 언젠가는 내면의 영적 깊이가 보인 뒤 겉모습을 볼 수 있다.
 그렇다. 내면의 영·기·신을 본다는 것은 그만큼 자신의 모든 것을 하늘에 맡겼을 때 일어날 수 있는 현상이기에, 자신을 하늘에 맡기지 않고 어떠한 것을 안다는 것은 있을 수 없다.
 현재 이 글이 이해되는 제자가 있다면 그만큼 공부가 된 것이다.
 제자들은 왜 하늘의 소리를 들어야 하는지 터득해야 한다.
 하늘의 소리를 듣는다는 것은 세상의 모든 소리를 듣는 것과 같다.
 제자들에게 안테나 설치하는 공부를 시켜주었다.
 안테나 설치가 되지 않고는 하늘의 소리를 들을 수 없다.
 안테나는 한 곳에 설치하는 것이 아니라, 안테나를 필요로 하는 곳에 구분해서 설치해 놓아야 수준에 맞게 세상의 소리를 들을 수 있는 자격이 주어진다.

인간은 좋은 것만 생각하고 살아야 하지만 자신의 처지가 그렇지 않다면, 그러한 생각은 희망사항으로 던져놓고 먼 이방인으로 살아갈 수 있을까 하고 생각으로 정지시켜 놓는다.

주어진 삶을 빛나고 행복하고 기쁘게 산다면 사람은 무엇을 궁극적으로 하는지 궁금하게 생각하지 않을 것이다.

하늘은 인간들에게 하늘이 그렇게 만만하지 않다는 것을 알려주려고 사건 사고를 심심치 않게 쥐어주어 우리와 같은 사람들을 찾아오게 하여 대화로 고민을 풀고 영적 성장을 시켜주는 것을 원한다.

사는 동안 풀기 어려운 일들이 심심치 않게 터져야 사는 맛이 있는데 사람들은 그렇게 생각하지 않으므로 하늘은 세월의 거리를 두고 여러 곳에 지뢰와 폭탄을 파놓았다.

하늘에서 여러 가지 어려움을 주어 사방팔방 앞길을 막아놓을 때가 종종 있다.

그러한 것은 내면으로 영의 거리를 알고 방법을 풀어내는 것이 영으로 사람을 보는 방법이지만, 그 속에는 많은 것이 숨어 있다.

수많은 어려움을 주어 앞일을 막아놓는 것은 영적 성장을 위해서이다. 영들은 머리로 생각으로 성장하지 못한다.

그래서 하늘은 이러한 방법을 동원하여 인간을 어려움에 놓이게 하고, 문제를 푸는 열쇠를 쥐게 되면 합격을 준다.

영의 성장은 이렇게 흐름을 타면서 이어져 간다.

영의 성장은 영의 거리를 보면서 우주의 나침판을 쥐고 안내자 역할을 맡은 자가 한다.

사람을 영으로 보는 방법 7

 긍정적으로 세상을 보는 사람은 내면이 밝기에 얼굴이 항상 밝은데, 부정적인 생각으로 세상을 바라본다면 스트레스와 여러 가지 병을 안고 살아가기에 괴로움이 따를 것이다.
 우선 사람들에게 마음을 다스리는 방법을 알려줘야 한다.
 그렇다면 어떻게 마음을 다스리는 방법을 알려주어야 하는가?
 그것은 자신의 영이 상대방의 마음을 읽어 내려가는 데서 가르침을 줄 수 있다.
 자신의 영이 그렇게 하기 위해서는 상대방의 신명을 읽어 내려가야 한다.
 사람은 신명 에너지로 살아가므로 사람들의 신명을 읽어 내려야 한다.
 신명에는 여러 가지가 있는데 우선 내면의 기운이 여자인지, 남자인지 알아야 이것을 기초로 내면을 보며, 사람이 사람을 안다는 것은 내면의 기운을 알고 하는 것이니만큼, 내면을 본다는 것이 얼마나 신기하고 대단한지 항상 느껴야 한다.
 그러므로 사람의 내면 에너지를 밝게 한다면 살아가는 데 기쁨을 얻을 것이다.
 기운을 읽어 내리는 자가 마음이 밝지 못하면 저절로 읽어가지 못한다. 그러므로 사람을 읽어 내리지 말고 상대방의 내면이 알려줄 수 있도록 자신의 신명을 올려야 한다.
 신명의 급수가 높을수록 단계가 높다. 단계가 높을수록 쉽게 사람을 읽을 수 있으며, 상대방의 신명이 높다면 전혀 읽을 수 없다.

인간세계에 비유하자면 유치원 수준의 신명이 중학생 기운을 읽어 내릴 수 없다는 것이고, 병장이 중령 계급을 넘을 수 없다는 것이다.

그렇다면 어떻게 상대방의 신명을 읽어 내리는 것인가?

자신의 신명이 상대방의 신명과 가까워야 하며, 만약 상대방의 신명이 너무 탁하면 그것부터 바꿔야 한다. 탁한 것이 있으면 아무리 읽어줘도 부정하기 때문이다.

탁한 잡신들은 이미 사람의 정신과 육체를 지배하고 있기에 내면의 기운을 읽어줘도 탁한 잡신들이 부정하도록 뇌를 조정한다.

오늘도 여자 한 명을 상담해 주었는데, 어떤 강한 에너지가 사람의 입을 봉해 버리고 세월을 뒤로 보내고자 한다.

그러면서 끊임없이 자기 합리화하며 도망을 한다.

나는 비유법이나 대유법, 은유법으로 사람들의 기운을 읽어 내려가는 경우가 많다. 그것은 자연을 통해 많은 것을 배우도록 하였기에 가능하였으며 자연을 모르고서는 알 수 없다.

조물주가 사람들이 자연을 좋아하게 만들어놓았기에 사람들은 무조건 자연을 좋아한다.

사람들은 자연 생태를 좋아하는데 자연을 사랑하고 나서야 느끼게 되며 모르는 많은 것을 배우게 된다.

그래서 자연을 찾아 자연과 함께 기도하는 것이다. 어차피 인간은 자연으로 돌아가기에 자연에 순응하는 법을 배워야 한다.

그래서 나는 제자들을 산으로 들로, 강으로, 바다로 이끌며 기도하는 방법을 일러주고 많은 것을 깨우치게 한다.

사람을 영으로 보는 방법 8

자연과 친해진 정도에 따라 통하는 수준이 다르기에 수준대로 통하여 내적 세계를 점검할 수 있다.

자연에 감사함을 느낄 때 비로소 인간의 머리는 맑은 상태로 돌아가며 스스로 자신을 채찍질해야 할 수 있는 것이다.

그러한 과정을 거쳐야 영안이 열리며, 그것을 통해야 상대방의 기운을 읽을 수 있다.

항상 자신의 내면 소리를 들을 수 있도록 기도하는 마음을 가져야 하며, 기도를 통하여 하늘과 응답해야 한다. 하늘의 소리를 전해 주는 것이 상대방을 읽어주는 것이다.

천신제자들은 자연의 순리가 얼마나 위대한지 느껴야 한다. 위대함을 느낄 때 비로소 하늘은 천신제자들을 대단하게 만들어준다.

기도는 대화이다. 내면과의 끊임없는 대화 속에서 답답함을 찾아야 하고, 끊임없는 대화 속에서 존재 가치를 깨워야 한다.

다만 착각 속에서 자신의 생각을 집어넣어 최면에 걸려 사람의 영을 본다면 참으로 망신당할 일들이 벌어질 것이다.

말하자면 제자는 열심히 영을 읽어 내려 설명하지만 자신이 하는 것인지, 누가 하는 것인지를 모르면 오히려 황당한 경우를 겪게 되는데, 그것은 공부를 잘못해서라기보다 어느 것을 원망하게 되면 천신제자들은 사람의 기운을 읽어 내린다는 것이 얼마나 간사하고 인간이 얼마나 약한지 알게 된다.

공부를 다 했다는 착각을 주어 많은 고독과 외로움이 찾아들게 한다. 해석하자면 답답하고 외로움을 느끼게 만들어 천신제자들이 더욱더 깨우치도록 한다.

하늘의 이치와 섭리를 전달한다는 것은 하늘을 알아야 함은 물론, 자신 스스로 항상 공부해야 하며 24시간 그 끈을 놓지 말아야 한다. 다만 자신의 환경으로 인해 그렇게 가기가 너무 힘들 것이다.

그러나 그런 것을 경험해야 다른 사람들의 마음을 이해할 수 있으므로 자신을 다 버려야 알 수 있다는 것을 명심해야 한다.

영적으로 공부를 지도해 줄 때 제자들이 "나는 이렇게 생각한다"는 인간의 말을 하는 것은 자신을 버리지 못하고 있다는 것이다.

아무 능력 없는 인간이 나라를 이렇게 만들어놓은 것에 화가 난다. 아무 능력도 없는 자들은 먼저 영적 지도자를 찾아가 자신을 바로 볼 수 있도록 지도받기를 권하고 싶다.

사회 지도자들이 영의 세계를 어느 시점에서 이해하느냐에 따라서 사회는 밝게 변해 가는데, 아직도 우리나라는 영의 세계가 무시되는 만큼 영의 세계를 모르는 사람들로 인하여 나라가 거꾸로 흘러가고 있다.

인간의 내면세계를 본다는 것은 모든 것을 보는 것과 마찬가지로 생각하고 봐야 어떤 것을 알려줄 수 있으며, 영의 세계를 무시하고 인간이 본다는 것은 어려우며 자신의 몸에 있는 영과 함께 봐야 한다는 것을 알아야 한다.

영적으로 살아가지 않으면 내적인 세계의 기운을 읽어 내리지 못한다.

인간적으로 살아가면 영의 소리를 들을 수 없다.

영의 주파수는 인간의 주파수를 뚫을 수 없다.

다만, 내면이 자유자재하다면 영의 주파수는 읽을 수 있다.

영의 주파수는 모스부호와 같지만, 영의 급수에 따라서 강도가 다르게 온다.

영성공부는 여러 가지 주의할 점들이 많다.

자신이 알고 있는 정보가 돌연변이로 착각을 불러일으킬 때가 있다.

인간적으로 살게 되면 영은 설 자리를 잃게 되므로 내가 영적으로 살아갈 때 인간의 내면을 볼 수 있다.

한 순간만 인간적으로 산다면 오히려 그 행동은 자신의 잘못을 인정하지 않기에 하늘에서는 내면을 읽을 수 있는 기회를 주지 않고 거두어버린다.

제자들에게 매 순간 긴장을 놓지 말라고 하는 것도 그러한 이유이고, 불필요한 정을 사용하지 말라는 것도 영의 세계는 냉혹하기에 사사로이 정을 사용하면, 하늘은 가차 없이 모든 능력을 거두어버리므로 영적으로 살아가라는 것이다.

그래서 제자들은 이때 많은 것을 잃게 되는데 이것을 모르고 인간들의 내적 기운을 읽어 내린다면 다 틀릴 것이다.

그 이유는 나의 생각을 갖고 있기 때문이다.

천신제자는 하늘을 대변하므로 내 생각은 다 배제해야 한다.

사람을 영으로 보는 방법 9

하늘은 천신제자에게 많은 시험을 치르게 한다.

지금까지 공부한 것은 아무것도 아니라는 것을 느낄 때 발전하며, 공부할 과목이 추가로 일어난다.

제자들은 이제부터 공부의 묘미를 터득해 나가는데 무궁한 능력을 받을 것이다.

선천시대에는 인성이 되어 있든 안 되어 있든 누구나 능력을 내려주었지만, 후천시대는 인성을 제대로 갖추지 않으면 능력을 내려주지 않는다는 것을 알아야 한다.

지금까지 공부한 것이 나를 위한 공부였다면, 지금부터 시작하는 공부는 타인에게 봉사하기 위한 공부이다.

자신을 위한 공부가 있는가 하면 나라와 민족을 위한 공부가 있다.

하늘의 세계는 36길이 있는데 그 길을 다 통과해야 영통할 수 있으며 자유자재로 영을 다루게 된다.

영을 다룰 수 있을 때 비로소 내면을 제대로 보게 된다.

제자들이 그와 같은 경지에 다다를 때, 지금까지 왜 이러한 방법으로 공부를 지도했는지 알 것이다.

특히 영적으로 공부할 때 답을 얻으려는 것이 내면을 읽어 내리는 공부를 하는 데 얼마나 방해가 되는지 알게 될 것이다. 어떠한 단계가 됐든 그런 단계를 이수해야 하며, 공부를 지도받을 때 답답한 순간이 많은데 그때를 넘기면 공부 단계니 지금 공부한 것이 흥미로워지며 즐거움을 얻게 되고 재미를 느끼게 된다.

그때 그 시험을 이기는 것이 공부의 한계라는 것을 알게 되며, 이기지 못하면 어떤 소리를 해도 귀에 들어오지 않는다. 그것을 알아야 왜 그러한 공부 지도를 받게 됐는지 알 수 있고, 어떠한 방법으로 하늘과 연결되어 가고 있는지 알 수 있다.

천신제자들은 자신이 누구인지 알아야 하고, 어떤 뜻을 펼쳐야 하는지 알아야 하고, 남을 이해하고 상대방의 영을 볼 수 있는 사실을 알아야 우주의 기운이 어떠한지 올바르게 느낄 수 있다.

제자들은 예전에 느끼지 못했듯이 지금 느끼지 못하는 사람을 보면 답답할 것이다.

그렇다. 사람의 영을 본다는 것은 얼마나 답답한가를 알아내는 것이다.

이제 제자들은 어떠한 메시지를 주고 있는지 알 것이다.

내가 느끼는 답답함을 풀지 못하면 상대방의 답답함을 알 수 없으며 문제를 풀 수 있는 공부를 내려받지 못한다.

제자들이 지금 써내려가는 글의 취지를 깨닫지 못하면 아무것도 모르는 것이다. 이러한 것도 이해하지 못하면서 영적으로 공부했다는 것은 시간만 허비한 셈이다.

제자들이 영성으로 가지 못하고 제자리걸음을 하고 있다면 그조차도 모르게 되는 것이며, 영성으로 공부해도 하늘의 인정을 받지 못하거니와 누구에게도 인정받지 못할 것이다.

사람을 영으로 보는 방법 10

나는 인정받으려고 공부하지 않았다. 다만 내게 도움을 청하러 오는 병자들에게 조금이라도 도움을 주고자 노력했을 뿐이다.

또한 남을 지도하고자 영성공부한 것이 아니었는데, 결과적으로는 그렇게 흘러갔다. 상담해 주다 보면 하늘의 처방전을 받아 지도하고 있고, 영의 세계를 인정하게끔 수많은 난관을 곳곳에 설치해 놓고 어떠한 지혜를 사용하여 뚫고 나오는지 관망한다.

수많은 난관과 고통을 맛본 자만이 영의 세계를 거부하지 않고 인정하게 되며 자연스레 나의 몸에 맞게 만든다.

제자들은 편안하게 공부하려는 마음을 버리고 철저히 고통을 감수하며 공부해야 한다.

사람의 영적 기운을 읽어 내린다는 것은 몸에 많은 신명들의 에너지장이 있다는 것이다. 이러한 기초를 모르고 공부를 시작한다면 진도가 나가지 않을뿐더러 안 하느니만 못하다.

제자들은 공부 수준에 따라 하늘의 안테나를 새롭게 바꿔야 한다. 안테나가 녹아져 내리고, 부러지고, 녹이 스는 것을 제자들이 알아서 하는 줄 알겠지만, 그것도 하늘에서 알아서 해주는 것이다.

그래서 얼마나 안테나를 설치하고, 얼마나 점검하는가에 따라서 채널이 된다.

우주에서 자신의 수준에 맞게 기운을 내려주어야 능력을 발휘할 수 있다.

그러므로 제자들은 어느 수준까지 왔는지 항시 점검해야 한다.

공부를 제대로 하지 않는 제자는 점검할 필요가 없다. 자신은 열심히 했다고 하지만 공부를 잘했다면 점검할 필요가 없는데, 점검 당하는 제자가 아니라 점검해 주는 제자가 되어야 영성공부를 받게 된다.

그 수준에 이르기까지 많은 단계를 거쳐야 하는데, 제자들은 하고 싶은 과목만 하지 말고 36길을 다 공부하여 남을 지도하는 자가 되었으면 한다.

가볍게 생각하지 말고 지금보다 좀 더 깊게 공부하기 바라는 마음에서 일러주는 것이다.

천서와 천어를 부지런히 공부하다 보면 신명들은 전 세계 각 나라의 언어와 글을 스스로 깨우쳐, 전 세계 인간의 기운을 인지하여 각 나라 사람들의 수대로 기운이 있다는 것을 알 수 있다.

인간의 머리로는 다 기억할 수 없지만 하늘은 그것을 다 기억하고 관리한다.

그래서 하늘은 인간이 이길 수 없는 존재 가치라는 것을 천어와 천서를 공부하게 하여 천신제자를 배출하는 것이다.

인간이 하늘을 이길 수 없는 존재 가치인 것을 깨닫게 되면 하늘은 인간을 하늘과 닮게 만들어주신다.

사람의 머리로 담는 것은 담을수록 머리가 무거워지지만, 하늘의 소리를 통해 우주의 기운으로 머리에 담는 것은 머리를 비우는 일이므로 인간이 하는 공부와 영들이 하는 공부는 다르다.

그래서 천신제자는 영성공부를 통하여 영의 힘을 빌려 공유하는 것이다.

사람을 영으로 보는 방법 11

 살면서 기본적으로 해야 하는 일이 있지만, 현대인들은 필요 없는 것을 담아 채우려고 하니 사회가 복잡하고 병이 유행하고 있다.
 인간의 영을 본다는 것은 내적 세계를 보는 것이기에 인간들마다 오는 병이 어떻게 진화되어 생겼는지 알 수 있다.
 그래서 영적으로 오는 병은 영적으로 치유가 가능하다.
 영적인 병은 내면세계를 모르면 알 수 없으며, 영을 모르면 병을 고칠 수 없다.
 영의 세계를 모르고 병을 고칠 때는 답답함이 수반되었다.
 아마도 답답함이 있었기 때문에 영적으로 고통받고 사는 사람들에게 조금이라도 도움을 주기 위해 공부해 나간 것 같다.
 지금까지 영성공부한 것은 이것이다!라고 확실히 단정 짓기는 부족하지만, 영성공부는 종합적인 공부이므로 여러 가지 경험을 바탕으로 하지 않으면 영적으로 생긴 문제는 해결할 수 없다. 영의 세계를 알고 공부하면 즐겁다.
 하늘에서 주는 여러 가지 능력 중 한 가지라도 받지 못하면 항상 불안하고, 하늘에 모든 것을 맡기지 못하는 공황 상태가 오기에 공부가 늦어진다.
 우선 말문이 터져야 하는데, 흔히 말하는 병 고침(신유은사)이 있어야 하고, 먼 곳을 보는 천안통이 열려야 하며, 예언의 은사가 열려야 하고, 나쁜 것을 걷어차는 기운이 바로 서 있어야 사자정리를 할 수 있다. 그에 따라 집착·한·둔탁한 에너지를 밀로 해결하거나,

천문 · 천부로 해결하는 능력을 갖출 수 있다.

이렇게 하늘의 은사를 내려받으면 모든 것이 편하고 마음먹은 대로 할 수 있다.

이렇게 자신의 능력이 하늘의 능력이라는 확실한 믿음을 하늘에서 줄 때, 그 사람은 하늘의 힘으로 말을 하거나 글을 쓸 수 있다.

열두 가지 능력을 은사 받으려면 생사를 뛰어넘는 단계를 수천 번 닦아야 한다.

매일 하루를 성실하게 불만 없이 365를 돌며 공부한다면, 자신의 능력이 인간을 읽는 대로 힘이 들어가지 않고 생각하는 대로 될 것이다.

다만 욕심으로 영성공부를 한다면 그 능력은 하루에 몇 번이라도 없어질 것이다.

사람을 영으로 보는 방법 12

영성공부는 하늘과 합의하에 질문을 던져가며 하는 공부이기에 마음을 비우는 것이 기본이고, 빈 공간을 만들어주어야 채울 수 있다.

그래서 못하는 것을 자신의 생각으로 한다면 발전이 없을 뿐 아니라, 오랫동안 제자리걸음으로 많은 공부를 놓치게 된다.

제자는 영적으로 사람들의 내면세계를 읽어 내려면 마음을 비우는 것부터 해야 한다는 것을 깨우쳤듯이, 자신을 알지 못하고는 남을 알 수 없다는 것을 알아야 신명을 읽을 수 있다.

그러나 영성으로 공부하다가 톱니가 하나라도 틀어지면 아무것도 아닌 것이 되므로 매 순간 한시라도 안일하거나 게으름을 피운다면 다른 사람을 올바른 길로 인도하지 못할 것이다.

영적 수행은 하늘의 선택을 천신제자가 합의하에 하는 것이기에 인간의 힘은 하나도 없다.

다만, 어느 날 인간의 생각을 말해 보아라 할 때 그때 조금씩 맞추어가는 것을 허락하고 접수하는 단계가 있는데, 근기 시험에 합격했을 때이다.

인간의 힘으로 한다고 생각하면 그 순간부터 아무것도 보이지 않게 만들어놓는다.

그래서 영성공부는 어떤 것을 보지 않아도 알 수 있어야 하는 공부이다.

자신의 처지를 비관하거나 혹 하늘을 원망하면 할 수 없는 공부이기에 항상 하늘이 옆에 있다는 것을 알아야 한다.

근기를 키우고 내공이 쌓이면 인간이 풀 수 없고 해결할 수 없는 일들을 해결할 수 있다. 사람의 내적 세계의 영을 보는 방법을 알려면 하늘의 힘을 빌려야 한다.

근기를 설정해 놓고 열심히 노력하면 제자들은 하루가 다르게 변할 것이다.

영적 수행은 하늘의 선택이 있어야 한다.

다만 그 선택은 사람에게 주어지지만, 제자가 하늘의 선택을 받아들이고 영적 공부에 들어가면 선택의 책임은 인간에게 있다.

중도 포기하고 인간의 삶으로 전환하면 용서는 있지만 더 이상 진도는 내주지 않는다.

지금껏 중도 포기한 제자들을 바라보면 본인들은 정지당한 것을 모르고 진도가 나간다는 착각 속에 제자리걸음하고 있음을 인정하지 않는다.

그렇다. 하늘은 인간에게 모든 선택권을 주지만, 인간이 어떠한 것을 선택하든 관여하지 않는다. 단지 선택에 대해서 상·벌을 준비할 뿐이다.

사람을 영으로 보는 방법 13

제자들에게 천도하는 방법에 대해 말하려 한다.
인간의 몸속에는 여러 신명들이 존재하고 있는데, 그중에 주장신이 존재한다.
주장신은 인간의 성격을 나타내는 성격 신명이다.
특히 숨어 있는 신명, 구성원들이 무수히 많은 경우와 해결사 신명이 나와 모든 사건, 사고를 해결해 주는 신명들도 있다.
이러한 경우를 볼 때, 신명들은 인간에게 도움을 줄 때만 필요한데 필요 없이 신명들이 많으면 몸이 아프거나 사는 동안 어려움을 겪게 된다.
인간이 죽을 때만 천도재를 지내줄 것이 아니라, 사람 세포 속에 있는 잡신을 보낼 때도 천도를 해야 한다. 특히 천도되지 않은 조상이 있다면 후손들이 살아가기 힘들다.
사실 조상 천도재라는 것은 없다.
사자정리를 해준다는 것이 옳은 표현일 것 같다.
나는 제자들에게 영의 정화, 사자정리해 주는 공부를 지도하고 있다. 그리고 스스로 공부하여 조상들 천도하라고 한다. 그러함이 제일 부작용이 없는 것 같다.
제자들이 내가 무엇을 어떻게 지도하는지 연구하고 공부하였다면, 천도시켜 주는 것과 공부하는 것이 같다는 것을 알았을 것이다.
그래서 천도하려면 모든 신명을 알아야 한다.
신을 다스릴 때만 천도가 빨리 이루어지며, 그렇지 않으면 천도가 되지 않을 것이다.

다시 말하면, 천도는 인간의 생각으로 하는 것이 아니라 하늘에서 모든 것을 기획해야 할 수 있다.

한 가지라도 모르면 할 수 없으므로 많은 기도와 영성공부를 통해야 한다. 그래야 더욱더 자세한 것을 알 수 있다.

제자들이 좀 더 분발하도록 이 글을 쓴다.

제자들도 앞으로 천도할 수 있는 경지에 이를 텐데, 그때가 되면 영안이 다 열릴 것이다. 영안이 열리지 않으면 천도를 할 수 없다.

그러므로 영성공부를 하는 것은 어느 것을 풀어주고 기운을 바꾸는 역할을 하기 위해서이다.

이 정도 경지에 오르면, 하늘은 제자에게 하늘의 문을 활짝 열어 능력을 크게 주며, 지금까지의 노력을 치하하는 뜻에서 많은 손님을 보내준다. 이때 한 사람이라도 인간적으로 본다면 다시는 천도할 수 있는 능력을 주지 않을 것이다.

천도를 할 줄 알아야 영적인 공부를 제대로 하였다고 할 수 있다.

제자들아!

천도할 수 있는 능력을 하늘에서 내려받기를 간절히 기원하며, 나라와 이웃에 도움이 되는 제자로 발돋움하기 바란다.

사람을 영으로 보는 방법 14

사람은 자연의 운행을 알아야 한다.

인간은 매 순간 자연의 조화로 환경과 기운이 바뀌는 공간에서 살아가는 것을 인지해야 한다.

자연의 조화를 역학으로 사람을 본다면, 낭패를 가져온다는 것을 영성공부를 통하여 완전히 알았을 때 하늘의 바른 소리를 들려줄 수 있다는 것을 알아야 한다.

천기를 받아 어느 정도 공부한 제자들은 사람을 볼 때 직감적으로 느낀다. 한 가지를 보더라도 실수하지 않고 사는 방법을 알게 되며, 그렇게 해야 어떠한 소리나 행동을 자유롭게 하며 이해심이 많아진다.

남북통일도, 대한민국의 흥망성쇠도 하늘이 하는 것이니 하늘을 알아야 모든 것을 알 수 있다는 진리를 터득할 때 나라와 민족은 바로 서게 된다.

국민 개개인이 국가이고 개개인이 민족을 대표해야 한다.

그러나 요즘 사람들은 그런 생각이 없는데, 그러한 것을 알려주는 사람이 진정한 제자가 되는 길이며 또 그렇게 하는 것이 당연하다.

영적으로 공부를 많이 했다고 하더라도, 인간의 도리와 사리를 구분할 줄 모르면 그것은 영성으로 가는 길이 아니라, 오히려 다른 사람에게 피해를 주는 것이다.

천신제자들은 영성공부를 통해서 어떻게 살아야 하는지 쉽게 파악하였을 것이다.

더불어 살아야 한다고 하지만 입으로만 떠드는 사람이 더 많다.

제자로서 행동으로 옮기지 못한다면 어떻게 제자라고 할 수 있겠는가?

행동으로 실천하는 삶이 영적으로 사는 것이다.

개인의 욕심보다 나라와 이웃을 걱정하는 것이 영성으로 가는 길이다.

그러한 마음을 갖고 있다는 것은 하늘과 같이 있다는 뜻이며, 그렇게 해야만 승리할 수 있다.

영성으로, 영적으로 살아가라는 뜻을 바로 알았으면 한다.

가장 영적인 자가 가장 인간적인 자이고,

가장 인간적인 자가 가장 영적인 자이다.

사람을 영으로 보는 방법 15

인간의 내적 에너지를 읽어 내린다는 것은 정신세계를 보는 것이기에 마음의 눈이 열리지 않으면 읽어 내릴 수 없다.

천신제자들은 자신의 눈을 마음으로 읽을 수 있게 만들어놓았으면 마음의 눈이 무엇인지 알았을 것이다.

인간적으로 볼 때는 한 개의 눈으로 보지만 마음의 문이 열리면 수만 개의 눈으로 보게 된다.

공부를 하다 보면 아는 만큼 아는 것이 아니라, 아는 만큼 모른다는 것을 깨닫게 된다.

인간은 아는 만큼 살아가지만, 영은 모르는 만큼 살아간다.

왜 영성으로 살아야 하는지 알았을 것이다.

자신의 수준은 영적으로 할 때 알 수 있다는 것을 터득했으면 진실하게 해야 한다.

영성공부한 자들이나 영적 경험한 제자들은 영적인 문제는 영성으로 풀어야 한다는 것을 알았을 것이다.

인간의 머리가 아니라 영혼으로 하는 공부를 어느 정도 알게 된다면 무엇이든 저절로 알 수 있으며, 영성공부가 숫자와 관계없이 기하학적으로 열려간다는 것을 터득하게 된다.

어느 정도 영성공부를 했다면 그때부터 중심을 알게 되고 양면을 알게 된다.

중심에서 사물을 보아야 제대로 평가할 수 있는데 이러한 공부는 영을 재판하는 새판관이 하는 공부이므로 한 치라도 공부를 게을리하거나 영성으로 가지 않으면 아무것도 남지 않는다.

천신제자들은 얼마나 공부가 되었는지 측정하면서 공부해야 한다. 자신을 평가하고 측정할 수 있을 때 상대방의 영적 기운을 읽어 내릴 수 있다.

제자들은 영적으로 사는 것이 얼마나 귀하고, 대단하고, 소중한지 많은 사람들에게 알려야 한다.

하늘의 언어와 하늘의 글인 천서를 알아야 인간세계의 마음을 읽을 수 있다.

인간세계의 글을 읽고 쓰는 것이 아니라 하늘세계의 글을 알아야 하며, 하늘의 글과 말을 알아야 모든 것을 풀 수 있다. 하늘의 소리를 한다는 것은 하늘의 언어를 내리는 것이다.

하늘의 언어는 기본 글자가 12만 자인데 최소한 이것을 해독할 수 있을 때 알 수 있다.

공부했다면 우선 해독할 능력이 되는지 알아야 하며, 무엇이든 영적으로 해독하려면 적어도 369,666자를 알아야 한다.

제자들은 영성으로 공부했다면 얼마나 해독할 수 있는지 알아야 한다.

하늘의 소리는 기본 단어를 소화했을 때 할 수 있다. 그러므로 얼마나 공부되었는지 항상 점검해야 한다.

사람을 영으로 보는 방법 16

 영성공부하는 제자들은 항상 공부가 진행되고 있다는 것을 알아야 한다.
 공부가 진행 중이란 것을 눈치채지 못하고 공부하면 자신의 경지를 알 수 없다.
 이렇게 공부하면 상대방의 영적 기운을 읽어 내릴 수 있다. 다시 말해 자신이 말을 하는 것이 아니라 영적으로 한다는 것이다. 그래야 바로 볼 수 있다.
 영적 공부에서 가장 중요한 것은 자신의 영보다 높은 영은 볼 수 없으며 무조건 다 볼 수 없다는 것이다. 다만 자신의 영적 수준이 높이 올라가 있다면 문제없지만, 그렇지 않다면 많은 실패가 온다.
 나도 처음에는 이 부분에서 수많은 시행착오를 겪었고 스스로 망신도 자처했다.
 정말로 나보다 영급이 높으면 기운을 읽어 내릴 수 없는지 테스트해 보다 톡톡히 망신당했다.
 영을 공부했는데 영적으로 하지 않고 인간적으로 한다면 아무런 효과가 없으며 어떠한 것도 풀 수 없기에, 하늘과 같이하지 않으면 사기꾼이란 소리를 들을 수 있으므로 항상 자신을 살펴야 하며 점검하는 데 게을리해서는 안 된다.
 제자들은 무당 수준이 아니라 무당들의 할머니나 할아버지 정도 되는 직급이니만큼 수준 높은 영의 소리를 해야 한다.
 현재 우리 사회는 난순한 깃을 선호하고 지저분하거나 복잡한 것을 기피한다.

요즘 사람들은 남들이 하기 싫어하는 일을 하지 않는다.

천신제자들이 영성공부하는 이유는 남들이 하기 싫어하는 일들을 소리 없이 조용히 하려는 것이다.

인간은 누구나 행복하고 즐겁고 편하게 살기 원한다.

특히 하늘공부를 하는 천신제자들은 수행하는 데 물질이 필요하다.

하지만 하늘에서는 우리와 같이 영적으로 공부하는 제자들에게 물질과는 상관없이 공부를 시킨다.

제자들도 물질이 필요할 때 있다면 얼마나 좋을까? 하는 생각을 많이 할 것이다. 그러나 제자들은 잘 먹고 잘사는 것을 원하기보다 남들이 잘되기를 기도하고 살아야 하는 사명을 가졌기에, 그 일을 제대로 하는 것이 우리의 보람이다.

하늘은 영성공부하는 제자들이 인간적으로 생각하는 것을 허락하지 않는다.

사람의 한계가 어디까지인지 모르지만 사람의 한계까지 가야 하늘에서 조그마한 것을 내려준다.

제자들은 어렵다고 말하기 전에 얼마나 노력하고 있는지 점검해야 한다.

인간의 존엄성을 제대로 알아야 한다.

최고의 지식을 가졌든, 지식을 갖추지 못하였든, 삶의 질이 높든, 삶의 질이 낮든 그러한 것으로 사람을 판단해서는 안 된다. 잘살든 못살든 배웠든 못 배웠든 어느 것에 편견을 두었다면 영성공부를 하지 않은 것이다.

종교를 믿든, 무종교인이든 어차피 하늘에서 내린 말씀이니 어느 하나라도 소홀히 해서는 안 된다.

천신제자들의 공부 목적은 너와 내가 더불어 산다는 사명을 전파하는 것이며, 영적으로 풀지 못하는 것을 하늘의 소리를 통하여 전파하는 것이다.

사람을 영으로 보는 것은 자신이 아니라 하늘이다.

사람을 영으로 보는 방법 17

제자들에게 영성공부는 무엇을 알고자 한다면 오히려 공부가 멈춘다는 설명을 해준다.

왜냐하면 영적 공부는 어느 정도의 수준에 올라가기 전에는 자신이 하늘의 공부를 하는 것 같지만 그렇지 않은 경우가 허다하기 때문이다.

공부가 안 된 제자는 시험을 하기에 그것이 정답인 줄 알고 그렇게 행동하는데 그러한 것을 놓치지 말고 묻고 답해야 한다.

무엇이 되고자, 답을 알고자 하는 급한 마음이 들어서면 거짓으로 답을 내려주므로 자칫 자신도 모르는 사이에 엉뚱한 길로 들어설 수 있다. 그러므로 영성공부는 매 순간 정신을 차려야 한다.

인간의 생각으로, 자신의 마음으로 공부하면 처음부터 다시 시작해야 한다.

천신제자들이 아무리 공부를 많이 했어도, 내적 수준이 올라가는 만큼 영성공부는 까다로워지며 하늘의 시험도 상상하지 못할 정도이다. 하늘의 소리는 언제 내려올지 모르기에 항시 묻고 답하기를 게을리하지 말라고 천신제자들에게 많은 것을 요구한다.

하지만 제자가 이것을 모르고 앞에 열거한 주의사항을 이행하지 않으면 제자는 제자리걸음을 하게 되고, 또다시 처음부터 시작해야 한다.

내적 수준이 어느 정도 올라서면 하늘에서는 무서운 시험을 치르게 한다.

다시 말해 제자가 어떻게 어느 방법으로 일들을 처리하는지 시험한다.

하늘은 제자들이 한 것이 옳은 것처럼 만들어놓고 그 후 엉뚱한 판단으로 몰고 가 힘들게 한다.

영성 상담은 인간의 생각으로 하는 것이 아니기에 철저하게 제자들을 가시밭길로 내몬다.

제자들은 그러한 것도 판단해야 한다.

그때까지 하늘은 각 제자들 수준에 맞게 올려준다.

인간의 마음으로, 하늘의 마음으로 하는지 판단할 수 있으면 하늘에서는 더 이상 시험하지 않는다.

지금 제자들의 수준은 하늘의 소리를 제대로 듣지 못하고 있다.

제자들에게 교만이 들어와 모든 것이 끝난 것처럼 느끼기에 착각이 일어나게 한다.

지금까지 제자들은 어려운 관문을 숱하게 겪어왔다.

하지만 앞으로 더 많은 공부가 있다는 것을 안다면 지금의 행동이 창피하게 느껴질 것이다.

이 시기가 지나야 사람을 영으로 볼 수 있는 기회가 주어진다.

제자들마다 시행착오가 다른데 막상 그때는 시행착오인지조차 모른다. 그런 것이 하늘의 공부다.

하늘을 대단하다고 생각하는 제자는 하늘이 대단한 능력자로 키운다.

사람을 영으로 보는 방법 18

하늘은 무엇을 어떻게 공부하는지 모르게 영성공부를 시킨다.
내적 기운들이 알아서 하는 것이기에 인간은 알 수 없다.
알고자 하는 마음으로 하는 것은 인간적으로 하는 것이기에 영성공부는 알려고 해도 알 수 없는 공부이다.
제자들은 잘 알 것이다.
현재 이 공부를 끝내면 다음 단계가 기다리고 있다. 한 단계를 끝내면 다음 단계가 기다리고 있는 것이 영성공부이다. 그래서 제자들은 항상 긴장하고 매 순간 점검받을 자세를 갖추어야 한다.
영적 성장을 위해 개념적 의식을 가지고 인간이 됐을 때, 하늘에서는 천신제자에게 능력을 준다.
조금 안다고 아는 체하면 하늘에서는 어떠한 능력도 없게 만들어 버린다.
그만큼 하늘이 냉정하다는 것을 제자들은 인지해야 한다.
하늘은 냉정하다. 그리고 냉혹하다. 잊지 말아라.
언젠가 제자들이 우주의 원리를 터득하여 많은 이들에게 그 원리를 알려주는 데 있어 모든 영들이 따라준다면, 이렇게 우주의 원리는 쉽게 표현할 수 있는 것이라고 하늘에 반문할 때가 올 것이다.
제자들은 어느 정도 사람들의 내적 기운을 읽어 내려가는 방법을 터득했을 것이다. 물론 영적으로 진행될 때 이루어진다는 것도 알았을 것이다.
그렇다. 하늘은 한 사람의 제자를 키우기 위해 모든 방법과 수단을 동원한다.

하늘은 나를 지도해 준 선생님마저 천신제자 키우는 데 도구로 사용하였다.

이때 하늘에서는 인간으로서 참을 수 없는 여러 가지 고통을 내려주는데, 그것을 고통이라고 생각하지 않고 올바른 천신제자 만드는 과정이라고 생각해야 한다.

제자들을 지켜보면 안쓰럽고 대견하지만 표현은 하지 않는다.

다만 이 공부는 칭찬이 없는 것과 오로지 깨어 있으라는 질타만이 있다는 것이 안타까울 뿐이다.

1등도 없고, 꼴찌도 없는 영성공부는 각자 개개인이 터득해야 하는 공부라서 자신의 마음을 어떻게 해야 할지 모를 경우가 많다.

영성공부는 과정마다 원하는 근기와 참음이 다르다.

그렇게 깨달음으로 가는 것이다.

제자들이 깨닫는다면 하늘공부는 어떻다는 것을 알 것이다.

그런데 깨달으려고 한다면 하늘에서는 계속 시험만 치르게 할 것이다.

깨달으려 하지 말고 그저 하늘을 따라주고, 신명들과 같이 공부하고, 대화하고, 하늘 소리를 듣는다면 제자들은 하늘을 대변하는 대변자가 될 것이다.

그때까지 천신제자들은 돌아보지 말고 열심히 공부해야 한다.

그러면 언젠가는 하늘의 탤런트가 되고, 하늘에서 원하는 일을 할 수 있다.

사람을 영으로 보는 방법 19

영적으로 통해야 우주의 원리를 알게 되고, 우주의 원리를 깨달았을 때 사람들의 내적 기운을 읽어 내려갈 수 있다.

한의사가 맥을 짚는 것도 우주의 원리로 하는 것이다.

심지어 세수하는 거, 화장실 가는 거, 양치질하는 거, 손톱 깎는 것도 우주의 원리로 하는 것이다.

제자들은 천기를 받아 공부하고 신을 다루고 영적인 삶을 추구한다면, 하늘에 묻지 않아도 자신이 영적인 삶을 산다고 느낄 것이다.

결국 인간이 사는 사회는 우주의 원리로 만들어가는 것이다.

그러나 현대인들은 그것을 모르고 살아가기에 당면한 문제들로 고민한다.

이제 제자들은 많은 것을 터득하고 깨달았을 것이다

그동안 계산적으로 공부한 제자들도 있었고, 예전처럼 또다시 건강이 악화될까 봐 공부하는 제자도 있었고, 기복으로 공부하는 제자들도 있었고, 영적으로 하지 않고 인간적인 마음으로 공부한 제자들도 있었다.

그래서 현대인들 중 영적으로 사는 사람과 인간적으로 사는 사람이 현저하게 달라 보이는 것이다.

사람들이 영적으로 공부해야 하는 이유 중 하나가 누구나 영적인 삶을 살아야 하기 때문이다.

하늘은 영적으로 살아가기 원한다.

왜냐하면 자신이 영적으로 살지 못하면 다른 사람을 인도할 수 없기 때문이다.

  말로만 우주의 원리를 찾는다면 그것은 자신을 무너뜨리는 것이다. 영적으로 사는 사람들은 자신도 모르게 삶이 서서히 변한다.

  그렇다면 영적으로 사는 것은 특별하다고 할 것인가?

  지극히 자연스럽게 사는 것이 영적인 삶이다. 보통 인간이 지극히 평범하게 사는 것이다.

  현대인들 중에서 평범하게 사는 사람들을 찾아보기 매우 어렵다.

  나는 평범하게 살기 위해서 영성공부를 했다. 그리고 정말 평범하게 살아가고 있다.

  남에게 영적인 삶을 인도하려면 자신부터 영적인 삶을 살고 있는지 파악해야 한다.

  인간적인 삶과 영적인 삶은 크게 다르지 않은 것 같은데 그 차이는 실로 엄청나다.

  영적으로 산다면 삶의 질이 다르다.

사람을 영으로 보는 방법 20

영적으로 산다면 전쟁도 없고, 물질로 인한 고통도 없고, 서로가 잘사는 나라가 될 것이며 나아가 온 인류가 더불어 잘사는 세상이 될 것이다.
그것이 영적으로 공부하고 가는 자들의 할 일이 아닌가?
하늘이 영적으로 살아가는 자들에게 부여하는 책임이다.
하늘에서 주는 메시지가 자신의 채널을 통해 내려올 때 감개무량할 것이다.
요즘 자신의 미래를 걱정하는 사람들이 천기를 내려받아 영성공부한다.
영적인 공부는 자신의 미래를 생각해서는 안 된다.
어떤 것을 바라고 어떤 것을 계획한다면 어려울 것이다.
왜냐하면 제자들이 욕심을 부리면 하늘은 기운을 바꾸어버리기 때문에 영성 제자는 딴마음을 품어서는 안 된다.
하늘에서 주는 능력은 개인의 이기심을 취하라고 주는 것이 아니라, 주변의 어려운 자들을 공부 지도해 주면서 같이 가라는 하늘의 뜻이므로, 무엇이 되고자 인간의 마음으로 영적인 공부를 한다면 아니한 만 못하다는 것을 제자들이 알았으면 한다.
영적인 공부는 자신보다 먼저 남을 생각하는 공부이므로 만약 개인의 이기심을 먼저 생각한다면 인간적인 생각으로 돌아와 실수를 범하게 된다.
나도 처음 몇 개월을 제자리에서 빙빙 도는 시간을 갖게 하여 제자리로 돌아오는 데 애를 먹었다.

 하늘은 실수를 용납하지 않기에 어떤 일이든 자신의 생각을 뒤로 해야 한다. 제자들은 이것을 명심해야 한다.

 이 과정이 이수하기 제일 어렵고 참기 힘든 것 같다. 그러나 이 과정을 겪고 나면 왜 자신부터 생각하면 안 되는지 깨닫게 된다.

 하늘의 대변자가 되기 위해서는 나 자신을 비워야 한다.

 순간순간 문제를 피하기 위해 핑계를 댄다면, 그 당시는 모르지만 얼마 후 자신의 잘못을 알게 되는데 그때는 너무 늦었다는 것을 깨닫게 된다.

 제자들아, 인간들의 인생을 본다는 것은 하늘의 진실을 전하는 것이므로 모든 것을 조심해야 한다.

 자신은 하늘을 부정하면서 상대방에게 하늘을 믿으라고 한다면 얼마나 우스꽝스러운가?

 지금 제자들이 영적으로 하는 영성공부는 그만큼 각오가 되어 있어야 한다.

 천신제자들은 이제 어느 정도의 수준으로 올라와 있다고 생각하는가?

 혹 자신의 최면에 걸려 오기와 교만과 이기주의가 내면에서 작용하는지도 모르고 어떤 내적 기운을 읽어 내린다면 어찌 되겠는가?

 지금 있는 그 자리에서 염력으로 멀리 있는 사람도 읽을 수 있도록 영성공부하는 것이 가장 중요하다.

 염력은 이기심을 끌어안고 사용하면 개인의 기운만큼 염력이 나오므로 나라와 이웃을 위해 일을 한다는 소신은 그만큼의 염력이 발산된다. 공적으로 하늘을 알리는 천신제사가 되겠다는 제자들은 하늘과 친구가 될 수 있는 경지까지 가보아라.
　　하늘이 누구에게 손을 뻗치겠는가?
　　그리고 누구에게 친구가 되자고 하겠는가?
　　나는 하늘과 손을 맞잡고 공적으로 나라와 이웃에 봉사한다.
　　또한 친구 사이는 망신을 주어서는 안 된다.

사람을 영으로 보는 방법 21

　공부가 어느 정도 끝나면 제자들의 수준에 따라 손님이 오는데 물론 예외가 있을 수도 있다.
　제자들의 영적 수준보다 높은 손님들이 오면 제자는 상대의 기운을 전혀 읽어 내릴 수 없기에 모든 것을 체휼 체득하여 다 알아야 한다.
　우주의 원리를 깨닫고 우주의 소리를 알아야 어떤 소리든 전달할 수 있다. 현재 우리는 웰빙 소리에 파묻혀 살고 있다.
　사람들은 웰빙이 무엇인지 모르면서 '웰빙~ 웰빙' 하고, 제자들도 모르면서 공부들을 하고 있다
　일반인들이나 제자들은 깨우치는 공부를 하여 무엇이 옳고 그른지 판단해야 한다.
　웰빙은 무한세계를 지배하는 우주의 원리를 통해 바르게 살고 이웃과 더불어 건강하게 사는 것이다.
　제자들은 영적 공부를 하면서 믿기지 않을 정도로 희한한 일들이 많이 일어나는 것을 경험할 것이다.
　다시 말해, 영적으로 사람을 본다는 것은 상대방의 기운이 들어와서 자신이 그 사람의 기운을 읽어 내릴 때 여러 가지를 느끼게 되는데 특히 아픈 부분이 다른 것보다 빨리 느껴진다.
　제자들 영적 수준만큼 감각을 느끼게 하기 때문에 한 치도 속일 수 없다.
　단 제자들이 그러한 능력 없이 한다면 질대로 느낄 수 없는 현상이

며 아무 감각도 느끼지 못할 것이다.

그러므로 영적으로 사람들의 내적 에너지를 읽어 내리면 사람의 몸에 풍기는 모든 것을 알 수 있고 종합적으로 볼 수 있다.

제자들이 자신의 능력은 뒷전이고, 거의 인간적으로 사람을 상대한다면 영적으로는 알 수 없게 된다.

영성으로 공부해야 알 수 있는 것을 그때가 되면 스스로 느끼게 되며, 자신이 얼마나 공부했는지 알게 되며 그때부터 정신을 차려서 수행 정진할 것이다.

우선 제자들이 무엇을 해야 하는지 알아야 어떤 수준으로 올라갈 수 있다. 그렇지 않고서는 쉽게 영성공부할 수 없다.

사람들을 영으로 본다는 것은 하늘과의 채널 그리고 내면과의 대화를 통해 알 수 있다.

이러하듯 어느 것 하나 연결점이 없으면 사람을 볼 수 없다.

하나를 알면서 다 안다고 하면 하늘의 심판이 있을 것이다.

사람을 영으로 보는 방법 22

영성공부하는 제자들에게 선배로서 말하고자 한다.

어떤 제자는 능력도 없으면서 어느 누구보다 앞서간 것처럼 행동하는 경우가 많은데, 물론 하늘공부를 많이 한 것도 중요하지만 바른 심성을 갖는 것이 더 중요하다.

지금까지 많은 제자들을 통해 배운 것은 내면의 구성원들이 제대로 되어 있지 않다는 것이다.

어느 한 가지를 경험하였다고 해서 그것이 중요한 것처럼 자신을 모르고 뚱딴지같은 생각을 하는데, 언제고 하늘이 용서 안 할 것이며, 그 자체로 자신의 능력이 끝나는 것이다.

초발심으로 영성공부할 때는 초심을 놓지 않고 긴장하는 마음으로 공부하겠다고 맹세하지만, 시간이 지나면 자신도 모르게 마음이 검게 변한다. 초심에 교만으로 가는 과정을 잡지 않으면 더 높은 경지로 갈 수 없는데, 이때 제자들이 잘못하면 탈락하게 된다.

그러므로 영성공부는 어느 정도의 수준으로 올려놓고 수준을 점점 더 올리는 공부를 해야지, 그렇지 않으면 홀로그램의 꿈속에서 헤매게 된다.

제자들이 조금 알려고 할 때 시험이 가장 많고 어려운 고비도 많다. 이 시기에 자신과의 싸움에서 밀리면 영원히 수렁에 빠지며 본연의 자리로 돌아오기 힘들다.

영성공부는 밥 먹듯이, 잠자듯이, 놀듯이 재미있게 해야 하는데, 힘들다고 생각하면 영성공부는 자신과 거리가 멀어질 것이다.

제자들은 고생한 만큼 성공이 뒤따른다는 것을 알 때가 올 것이다. 그래야 어느 누구에게나 자신을 보여줄 수 있지 않은가?

고생을 많이 했지만 아직 시작도 안 했다고 생각한다면 그때부터 자신의 공부는 한없이 성장해 나갈 것이다. 그것이 영적으로 사람의 내적 에너지를 읽어 내려가는 지름길이다.

하늘의 자격증을 받았는가?

하늘의 대변자 자격증을 받았다면 그 능력이 필요할 때 사용하고 있는가?

능력이 들어왔다고 인간들에게 자랑하고 있지 않는가?

능력이 있다 해도 그 자리에 머물러 있지 않는가?

이러한 의심을 알고 자신을 이끌어가는가?

이러한 여러 가지 조건의 생각이 자신을 발전시킬 수 있는 원동력인지 모르는 제자들이 대다수이다.

'사람부터 되어라!' 하는 말을 행동으로 옮기기는 쉽지 않은데 영적으로 산다면 쉽다.

'사람부터 되어라!' 하는 말은 하늘의 소리를 들을 수 있는 자격이 주어지기에 부정할 수 없다.

천신제자들은 제자라는 감투를 쓰고 일을 하고 공부를 하면서 자신이 천신제자임을 잊어버리는 경우가 많다. 안타까운 일이다.

하늘은 실수를 용납하지 않기에 영으로 보는 것은 쉬운 일이 아니다. 어찌 보면 제자 자신들의 희생을 그 가치로 평가받을 수 있는 것이기에 철저히 하늘의 메시지를 듣는 것이 중요하다. 그것이 우주에서 내려오는 메시지가 아닐까?

사람들은 인연과 필연을 기다린다고 한다.

그러나 하늘은 인연과 필연이 없다. 이미 인연과 필연이 만들어져 있기 때문이다.

제자들의 부단한 노력이 있을 때 자신도 모르게 사람을 볼 수 있는 눈을 하늘에서 만들어준다.

그것은 천신제자들이 하늘의 대변자 자격증을 받을 때 하늘은 마음의 눈을 만들어준다는 뜻이며, 제자들이 공부하는 과정이 영적인 눈을 만들어가는 과정이라고 해도 과언이 아니다.

천신제자들 중 이 글을 쓰는 이유를 아는 사람이 있을 것이다.

'제자들이 내적 세계의 눈을 열어 대자연의 어느 것 하나 빠뜨리지 않고 내면으로 대화할 수 있게 하는 것이다'라는 것을. 그렇게 해서 마음을 읽으며 내면과 접하는 것이다.

하늘의 기본 문자인 12만 자부터 바로 알아야 하며, 12만 자부터 수많은 단계가 있다는 것도 거기에 있는 것이다.

제자들이 내적 세계를 마음의 눈으로 읽어서 어떠한 문제를 마음의 열쇠로 풀어줄 수 있는 사람들이 되었으면 하는 바람으로 이 글을 쓰게 되었다.

사람의 내적 세계를 본다는 것은 제자 스스로 낮아지려는 마음과 높은 영성이 있을 때만 가능하다는 것을 인지하라.

제자들이 종교와 관계없이 영성 수준이 높다면 사람들의 내적 세계를 읽어 내리기에 충분하며, 하늘에서 시험하지 않는 단계의 수준이다. 이제 제자들은 부디 우주의 원리를 바로 알아 우주의 기운으로 만들어진 인간을 마음으로 풀어내는 데 훌륭한 도구가 되기 바란다.

천지기운 천지마음

천지마음 천지기운

제 5 장

답은 있으나 누구나 다르다

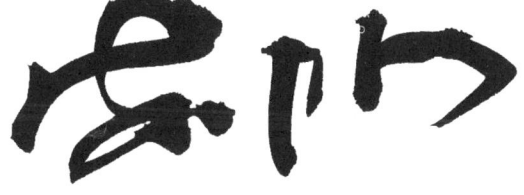

행복을 맛본다

나를 지도해 주신 선생님의 책을 오랜만에 들춰보았다.
그리고 감사했다.
어느새 그분에게 지도받은 지 16년이란 세월이 지나갔다.
16년 후 선생님이 쓰신 책을 다시 읽어보니 내가 얼마나 교만했는지 또다시 알게 되었다. 그리고 이제야 그 책의 내용을 이해하게 되었다.
내 교관은 참으로 나에게 걸맞은 선생을 연결시켜 주었다.
하늘이 스승이다.
스승은 법을 내려준다.
그 법이란 인간의 법이 아니라 하늘이 내려주는 것이다.
정말 오랜만에 천부경을 다시 축원으로 올렸다. 그리고 덕수궁에서 지내는 천제의 의미를 알려줌에 행복했다.
대한민국 사람들이 천부경을 노래로 축원을 올리면 얼마나 좋을까?
나는 덕수궁에서 일제의 잔재를 정리해 주고 천부경으로 축원을 올릴 것이다.

天천府부經경

一일始시無무始시
一일析석三삼極극無무盡진本본
天천一일一일地지一일二이人인一일三삼
一일積적十십鉅거無무匱궤化화三삼
天천二이三삼地지二이三삼人인二이三삼大대三삼合합
六육生생七칠八팔九구運운三삼四사成성環환五오七칠一일妙묘
衍연萬만往왕萬만來래
用용變변不부動동本본
本본心심本본太태陽양昂앙明명
人인中중天천地지一일
一일終종無무終종一일

내가 너고 너가 나다

"내가 너고, 너가 나다"라는 하늘의 음성을 들었다.
이제부터 하늘에서 책임져 준다.
공부 도중 "내가 너고, 너가 나다"라는 메시지를 3번 들었다.
그때마다 이제부터 하늘에서 책임져 준다.
진짜냐, 진짜입니까?
사실입니까? 사실이면 책임지는 부분은 어디까지입니까?
수없이 물었더니, 축하한다는 음악이 널리 울려 퍼졌다.
천신제자는 하늘에서 이 메시지를 내려받아야 한다.
그래야 영을 재판하는 자격증을 내려받는다. 영을 재판하는 명판을 내려받으면 조상 영을 천도할 수 있는 자격이 주어진다.
뜻하지 않은 사고를 저질렀을 때는 엄격한 질타를 하면서 사고 수습을 다해 주었다.
또 어느 때는 너만 잔머리 굴리냐! 하며 나도 해본다 하고 웃음을 터트린다. 또 어느 때는 문제가 될 것이 뭐가 있냐. 너와 내가 정만 쌓으면 되지.
인간계의 정과 하늘의 정은 엄격히 구분된다.
너와 내가 같다. 인간들이 품는 에너지는 여러 사람의 쇠도 녹이지만, 너하고 나하고는 사람의 마음을 녹이는 편이 되자 한다.
네가 듣는 것이 내가 듣는 것이 되었을 때 이루어지리라.
하늘의 마음을 품은 자는 내가 보호하리라.
하늘의 마음을 모르면 말의 허구일 뿐이다, 라는 것도 알아라.

하늘은 인간들이 먹는 공부를 하기 위해서 거대한 밥상의 재료들을 준비한다.

양념들도 갖추어주었다. 거대한 지구가 공부 밥상이다.

하늘은 인간들이 공부할 수 있는 최적의 환경을 만들어주는 것이지, 인간을 책임져 주지는 않는다.

다만 천신제자로 입문하여 영성공부하고 간다고 약속하면 하늘이 보호령이 되어 제자들을 보호하며, 제자들이 마음 내는 만큼 공부 재료들을 준비해 준다.

천신제자 이 자리에서 신고합니다. 하늘에 청하면, 그 순간부터 하늘이 보호령 되어 제자가 마음을 내는 수준만큼 방향을 제시하여 이끌어준다.

영이 자아의식 수준이 되면 아주 혹독한 시험지를 매초 깔아놓고 공부를 내려준다.

그때 하늘의 시험을 통과하게 되면 내가 너고, 너가 나이니라.

내가 하는 일들은 하늘에서 책임져 준다는 약조를 한다.

그러나 자아의식 수준의 영을 받기란 하늘의 별 따기보다 더 어렵다는 것을 알아야 한다.

하늘에 수없이 감응을 올려야 한다. 한 번 하늘에 감응을 던졌다고, 너가 나다라는 응답을 받기란 쉽지 않다.

이 말을 들을 때마다 정말이오? 하고 질문을 던지면, 한번 해보았다 하고 지나간다. 이제는 하늘이 너가 나고 내가 너다. 다시는 번복하지 않는다고 확답을 받았다.

그렇지만 나는 수행 장소인 살얼음판에서 내려오지 않을 것이다.

살얼음판이 나에게는 아주 좋은 수행 장소이기 때문이다.

어려움을 풀어가는 방법

지금껏 어려운 고비가 몇 번 있었나 손꼽았더니, 항시 어려운 나날이 계속되었던 것 같다.

태어나면서 죽을 고비를 수없이 넘나들었다.

지금도 또렷이 기억나는 장면이 있다. 3살 때 소태같이 쓰디쓴 한약가루를 물에 타서 마시라고 하면 써서 안 먹겠다고 울었다. 그러면 어머니는 사탕을 주겠다고 살살 달래가며 한약을 먹여주었다. 지금도 아픈 거라면 몸서리를 친다.

어린 나이에 어른도 먹기 힘든 한약을 몇 년간 먹었다. 그 덕분에 초등학교 6년 동안 체육시간은 단골로 불참하는 학생이 되었다.

해를 보면 현기증으로 쓰러져 체육시간은 항상 불참하였다.

중, 고등학교 다닐 때는 신기하리만큼 건강해져 맘껏 놀았다.

학교도 아주 잘 다녔다. 그러다 고3 때 무리한 걸음으로 지병이 발병해, 1년 동안 병명 확인서를 학교에 제출하고 마지막 고3 겨울에 힘겹게 졸업시험을 치렀다. 간신히 기본 교육을 마쳤지만 그 후 병명도 모르는 병을 줄줄이 앓게 되었다. 부모님도 긴 병에 지치신 것 같았다.

계속되는 고통은 혼자 감당하기 힘들었는데 주변에서는 본인들의 아픔이 아니니 왜 또 아프냐고 했다.

그러한 아픔을 작년까지 끌어안고 오다 다행히 하늘에서 약방문을 내려주어 웬만한 병들은 소멸되었다.

그래서인지 나는 약초 욕심이 누구보다 많다.

그리고 하늘에서 내려받은 처방전은 때가 되어 받을 자가 온다면 줄 생각이다.

'우환이 도둑이다.' 집에 환자가 있으면 내적 세계에 문제가 있다는 것을 공부하면서 알게 되었다.

예방하라고 가정에 가벼운 문제를 주는데, 인간들은 대수롭지 않게 넘긴다. 신명들은 인간이 알 수 있게끔 모든 방법을 동원하여 지속적으로 쳐주고 있다.

가족들에게 잔병을 주거나 가벼운 사고, 경제적 문제들에 대한 알림을 수만 가지로 주고 있는데 인간들은 내적 세계에서 신호를 보낸다는 것을 모르기에 무심하게 지나친다. 가볍게 쳐준 사고들이 세월이 흐르면 눈덩이처럼 불어나 감당하기 힘들 정도로 가정을 침몰로 몰아간다.

나도 그것을 몰라 첫째 아이가 태어나기 전에 경제 깡통을 찼다. 너무도 젊은 나이에 겪은 것이라 아이가 태어나 갈 곳 없는 처연한 신세가 되어도 몰랐다.

신명세계에서 나에게 끊임없이 노크한 것을 모르고, 무엇이 잘났는지 어려운 상황을 수습해 놓고 내적 세계에 대해서는 알려고도 하지 않았다.

20대부터 병든 자들을 고쳐주는 직업에 있었는데도 말로만 내면세계에 대해 떠들어댔고 실상 자신은 들여다볼 여유조차 없었다.

신명계에서는 내가 도태되면 안 되는지, 공부는 지속적으로 시켜주고 능력은 점점 속도를 붙여주었지만 끊임없이 부딪치는 난제들로 마음이 한시도 편하지 않았다.

내가 감당하지도 못할 말기 암 환자들을 들여보내 그 병들을 고쳐

보라고 나를 시험대에 앉혀 긴장감을 풀지 못하도록 하였다.

소문을 듣고 찾아온 말기 암 환자들이 병을 고쳐달라고 할 때마다 속마음은 고쳐줄 자신이 없는데 정작 입에서는 그까짓 것 가지고 그러냐고, 고쳐준다는 말이 터져 나와 소스라치게 놀라곤 했다.

한번 입 밖에 내놓으면 거두지 않는 젊은 시절의 도도함. 책임을 다해 난치성 병명을 가지고 온 손님들을 한두 명씩 치료해 주었다.

어느 날 날벼락이 떨어졌다.

이제까지 했던 모든 행위를 그만두고 영성공부에 치중하라는 엄명을 받았다.

운영하던 선원 문을 닫고 영성공부 들어가는 그 시간부터 어려움이 다시 시작되었다. 해도 해도 너무 한다고 하늘을 원망했다.

어떻게 좋은 날은 잠시 머물게 하고, 또다시 마음 졸임과 경제를 풀어야 하는 과정을 주시나이까?

제일 어려웠던 시기였다.

공부만 하라 하고 돈 버는 것은 일절 금했다.

초등학교 다니는 남매의 교육도 문제고, 돈 떨어지면 이것저것 다 떨어진다더니 쌀 살 돈도 없는 긴박한 상황이지만 어디에 도움을 청하기에는 자존심이 허락지 않았다.

돈은 벌지 못하게 하고 공부만 시켜 빚은 날로 늘어갔다. 감당하기 어려운 액수여서 차라리 죽는 것이 낫지 않을까 싶을 정도였다.

남매에게 빚을 남기는 것은 치욕적이라고 생각하여 '그래 차라리 죽는 편이 낫겠다'는 결정을 내렸더니 번갯불에 콩 튀듯이 힌트를 한 가지 날려주었다.

그때를 생각하면 지금도 가슴이 미어진다. 눈에 넣어도 안 아픈 남

매를 두고 죽음을 생각했다는 그 자체가 충격 중의 충격이었다. 그래서 그때를 생각해서 후회되는 결정은 최대한 줄여나가는 연습을 했다.

매 순간이 긴장의 연속이다. 즐거운 시간이 몇 초라면 가슴을 졸여야 하는 상황은 매 순간 다가온다.

나는 지금도 어렵다. 그러나 투정은 부리지 않는다.

철들기 전부터 생활고에 시달렸다. 영성공부를 하기 전에는 생활고의 어려움은 난리를 쳐가면서 풀어갔는데, 영성공부를 하고부터는 어려움이 올 적마다 하늘과 상의했다.

상의하고 나면 지나간 무언가를 반성하고 있는 자신을 발견한다.

반성하고 지나가면 어느새 문제들이 정리되어 갔고, 정리가 되면 어느새 또 다른 문제들이 터진다.

하늘이시여, 조금만 마음을 덜 졸이고 살아가면 안 되겠습니까?

알면서도 투정을 부린다.

제자들에게도 나는 어렵다는 표현을 하지 않는다.

왜냐하면 하늘도 자존심이 있기 때문이다.

나만의 어려움을 풀어나가는 방법은 항시 하늘과 상의하는 것이다.

"아버지, 이런 문제가 생겼습니다. 이 문제는 아버지가 만들어놓으셨고, 나는 알았습니다!"

집착이 집착을 낳은 망신, 공부 끝에 얻은 자유로움

나는 욕심이 많았다.

20여 년 전 기수련원을 운영하면서 수련생들에게 영적으로 기수련을 지도해 주었다. 그리고 영적 기수련을 지도해 주면서 내 실력을 더 다졌다.

어느 날 깨달았다. 기수련의 끝은 술이라는 것을, 누구나 할 수 있는 것이라는 것을.

생각해 봐도 그 당시에 기 운용을 잘했던 것 같다.

아픈 사람들이 찾아와서 고통을 호소하며 통증만 덜하게 해달라고 상담 받는다. 아픈 사람들 기 치유를 해주면서 의문이 들어왔다.

과연 우주의 기를 운용하여 진짜로 고통을 해결해 주고 있는가.

기수련 지도해 주면서 깨달았다. 생체 에너지를 개발하여 병든 자들에게 기를 주입하고 있다는 것을.

그때 나의 생체 에너지를 개발하여 기 치유하는 것을 알고 수련원을 접었다.

생체 에너지를 개발하여 기를 주입하면 부작용이 따른다는 것을 알게 되었기 때문이다.

나를 거치지 않고 내 에너지를 주는 것이 아니라 그 사람만의 고유 우주 에너지를 찾아주어야 나도 다치지 않고, 병든 자도 부작용이 덜하다는 것을 고도의 수련을 통해서 깨달았다.

수련생들을 영적으로 지도해 정신적으로 많은 도움을 주었고, 순수한 수련생들은 믿고 따라주었다.

한편으론 수련생들이 나를 믿고 따라줌에 고마웠다.

그런데 세월이 흘러 고마움은 변색되고 퇴색되어 그네들을 통하여 선원을 키우고자 하는 교만한 마음이 나의 마음을 움직였다.

같이 수련했던 지인들이 커다란 단체를 운영하는 것을 보면서 욕심이 들어오는 것을 제지하지 못했다.

그 당시 주변 환경을 동경했나 보다. 저네들보다 실력이 못하지 않는데 스스로 초라하다고 자존감을 내려놓았다.

지금 생각하면 얼마나 어리석은 생각을 했는지 잠시 반성하고 간다.

영적으로 기수련 지도해 주면서 나 혼자 외로이 가는 것보다 수련생들을 키워 선원을 확장시키려는 욕심들이 나의 정신을 흐리게 하였다.

이러한 과정을 세 번 거쳤다. 자격도 갖추지 않고 지인들에게 인정받고자 하는 욕심이 화근이 되어 수련생들을 쥐락펴락하려고 했다.

진도를 나가면서 하늘이 나를 더 크게 키우려 했다는 것을 알게 되었다.

몇 번 더 쥐락펴락하며 공부하게 만들고, 반성할 수 있는 기회를 주었으며, 부족함을 깨닫게 하여 자격을 갖추는 데 게으르지 않도록 하였다.

수련생들을 통해서 철저하게 공부시켜 준 하늘에 감사하다.

세월이 흐른 지금 나는 모든 것을 사랑한다.

그리고 삶을 즐기는 방식도 안다.

내 주변에 있는 모든 사람들이 중요하나는 것을 알기에 그들은 나보다도 더 중히 여길 줄 안다.

나는 모든 것을 좋아한다.

나는 돈을 돌같이 보라 하는 말을 좋아하지 않는다.

나도 누구 못지않게 돈을 좋아한다. 다만 집착하지 않을 뿐이다.

나는 사람, 환경, 재물을 좋아한다.

다만 즐길 줄 알기 때문에 집착이라는 것에서 벗어나 자유로이 볼 줄 안다.

하늘은 운용할 줄 아는 자에게 사람과 환경, 물질을 책임지도록 내려준다.

우주는 나에게 모든 사물에서 벗어나 관조하는 수행을 시켰다.

이제는 자유로이 보는 자가 되어라 하는 뜻을 깨달았다.

나는 제자들이 여기까지 왔으면 하는 커다란 바람을 가지고 있다.

수십 년간 내적 세계 자유로운 공부를 달라고 청했다.

그리고 뜻을 세울 수 있도록 만들어주심에 감사하다.

선원 가족 생김

지금껏 천신제자들만 배출하다가 선원 가족 제자가 만들어졌다.

초창기에 자격도 없는 내가 근사한 선원을 만들겠다고 많은 젊은 선남선녀들을 산으로, 바다로 데리고 다니면서 기도를 지도해 주고, 기수련, 단공, 의술, 기타 등등을 지도해 주면서 앞으로 심법을 사용하지 못하면 이 세계에서 더 이상 발전은 없고 정지하거나 도태되기 십상이다 하면서 온갖 열정을 쏟으며 지도를 아끼지 않았다.

그렇게 몇 년을 지도하다 보니, 슬슬 쥐락펴락하는 마음이 올라와 개인 사생활까지 들어가는 사태가 벌어졌고, 스스로 몰락하는 지경까지 만들었다.

지도를 받던 수련생들에게 나는 실력이 모자라 선원 문 폐관하고 다시 공부 들어간다고 선언한 뒤, 모든 인연을 끊고 수련 정진에 들어갔다.

그러다 선원 문을 다시 열고, 또다시 수련생들을 쥐락펴락하는 오만함과 교만함이 다시 들어와 선원 문 닫기를 몇 차례 거듭하면서 다짐한 것이 있다.

천신제자만 배출하고, 나의 계보에 들어오는 제자는 육성하지 않겠다고 마음먹었다.

우주 흐름이 바뀌면서 방침도 수정하였다.

나에게 필요한 물질은 하늘에서 주지만, 그다음 필요한 인재는 보내준다고 했다.

木 火 土 金 水의 오행 기운이 보이기를 기다렸다.

모아졌다.
이제부터 시작이다.
계획서를 올릴 예정이다.
시작은 미비하지만 그냥 간다.

제자들에게 바라는 것들

천도재를 진행할 때 하늘에서 전달하는 소리를 전달해야 한다.

제자들에게 깨달음 공부를 철저히 지도해 주는 것은 천도해 줄 수 있는 자격증을 받아주기 위해서이다.

깨달음의 길은 저절로 천도해 줄 수 있는데, 자신의 능력이 땅과 하늘의 소리로 바뀔 때만 이루어진다.

그러므로 제자들은 천도할 수 있는 능력을 부여받기 위해 노력하고 있다. 충만한 기도가 응답을 줄 것이다.

사는 데 있어 주어진 일을 잘해야겠다는 생각은 중요하다.

주어진 일을 못 한다면 자기가 원하는 일을 못 할 것이다.

하늘에서는 누구나 잘되기를 바란다. 마음이 통해야 잘되기를 원하듯이 하늘과 자신의 마음이 통한다면, 하늘에서 걱정해 주는 것은 생각할 필요가 없다.

하늘에서 걱정해 주는 사람이 되면 자신이 잘되리라는 생각은 접게 된다.

하늘에 자신의 이름을 남길 만큼 열심히 일한다면 얼마나 기쁠까?

이제는 깨달음의 길이 이렇게 쉬운 것도 있구나 하는 생각을 하게 된다. 생각을 조금만 바꾸면 평화와 자연을 사랑하는 마음이 생길 것이다.

오늘도 어떠한 길을 자신도 모르게 가는 것이 깨달음의 길이다.

하늘이 원하는 대로 가면 쉬운데 고집을 부린다. 물론 고집도 자신

모르게 되는 것이다.

하늘은 인간에게 많은 것을 요구하지 않는다.

단지 하늘에서 내린 것이 그대로 되기 바랄 뿐이다. 그러나 그게 쉬운 일은 아니다.

하늘을 닮아가기란 쉽지 않지만, 하늘을 따라가는 것은 너무도 쉽다.

제자들이 하늘의 이치를 알고 따라간다면 그 세상은 물질로나 육체적으로 풍요롭고 변화할 것이다.

정상적인 생활을 하는 것이 우리가 가는 세상이다.

정상적인 세상은 개인이 아니라 온 국민이 만드는 것이다. 지금은 정상이 아니다.

우리 모두 깨달아 정상적인 나라를 만들어가자.

언젠가 나도 높은 경지로 올라간다는 생각 없이 무작정 하늘에서 시키는 대로 할 때가 가장 좋을 때다.

이때를 지나면 하늘에서 내려주는 것이 점점 작아지며, 하늘에서 자신을 테스트하기 때문에 힘든 과정을 지나야 한다.

인간으로는 참기 힘든 과정이지만 그렇지 않고서는 깨달음으로 갈 수 없다.

인간의 한계를 넘어야 영적 세계로 갈 수 있으므로 하늘에서는 힘들게 훈련시킨다.

다만 하늘의 소리를 잘 듣고 따라가면 쉬운데 어떤 것인지 모른다면, 항상 뒤처지게 되며 깨달음의 길이 험하고 힘들어질 수 있다. 정작 깨달은 사람은 어려움을 알지 못하고 가는 길이 깨달아 가는 길이다 하면서 묵묵히 간다.

물론 환경에 있어 늦을 수도 빠를 수도 있지만 깨달음은 특별한 것이 없다.

깨달음의 지름길은 항상 기도하고 반성하며, 하늘에 묻고 답하기이다.

사실 나는 언제 깨달았는지 모르게 물리를 터득하였다.

그러면서 알게 되었다. 사람이 저절로 깨닫는 것도 하늘의 힘이 있어야 한다는 것을. 깨닫고 나면 앞에 무언가 큰 것이 놓여 있는지 알았다.

그래서 앞만 보고 부지런히 왔다. 편하게 살게 되겠지 하는 마음으로.

그런데 '산 넘어 산'이라는 메시지를 준다. 깨달음은 산 넘어 산으로 머물러 있지 마라. 정상에 올랐으면 내려가야 한다.

그래서 깨달았다. 깨달으면 다른 차원계의 깨달음이 기다리고 있고, 항상 긴장을 늦추지 말아야 한다는 진리를 터득하게 되었다.

사실 난 깨달음의 공부가 무엇인지도 모르고 여기까지 왔다.

어느 날 물리가 터지면서 알게 되었다. 깨달음의 수치는 인간이 정하는 것이 아니라는 것을. 왜냐하면 사람은 깨닫고 태어나기에 그곳을 찾아가는 것이며, 자신과 가장 가까운 곳에 있다는 것을 알아야 한다.

다만 깨닫지 못할 때는 멀리 있다는 생각을 하게 된다.

알려주고 싶다.

우리가 알고 있는 기존의 깨달음은 깨닫는 방식이 아니라는 것을. 살면서 저절로 깨닫게 되는데, 자신의 내면을 바로 알지 못해 여러 가지 고통을 겪는 데서 문제가 오고, 문제를 풀면 푸는 수준만큼 깨달음을 얻게 된다.

하늘에서 나를 선택하여 깨달음을 얻게 해준 것은, 깨달음의 길을 안내해 주기 위한 사명으로 주기 위해서라는 것을 알았다.

인간들은 마음먹은 대로 안 된다는 것을 알고 있으면서도 혹시나 하는 마음에 하루하루를 기대하며 살아가고 있다. 다음엔 잘되겠지 하는 마음으로 살지만 생각뿐이다. 그러나 영성공부를 하고 나면 잘 되겠지 하는 마음이 없어진다. 하늘에서 해가 뜨고 지고, 달이 뜨는 것처럼 자신의 일들을 물 흐르듯이 쳐다볼 뿐이다.

이 한 가지가 달라진다. 공부하는 것과 공부하지 않는 데는 이렇게 많은 차이가 나는데, 그것은 자신의 마음을 다스릴 수 있기 때문이다.

자신의 내면을 다스릴 수 있다는 것은 많은 것을 참을 줄 안다는 것이다. 때가 되면 모든 것이 편해진다.

그렇지 않다면 아직도 마음을 다스리지 못하는 것이다.

제자들은 마음을 다스리는 자가 되었으면 한다.

그래야 어떤 것이든 이겨 넘어갈 수 있다.

자신의 마음을 다스리는 것이야말로 어려운 고비를 넘어갈 수 있는 큰 무기를 취하는 것이다.

그러므로 하늘은 시험한다.

어느 것이나 시험이라고 생각하면 옳을 것이다. 이렇게 하늘은 교묘한 방법으로 깨닫게 하며, 인간에게 많은 교훈을 주려고 한다. 교훈이란 단어를 풀이하자면 많은 시간을 요한다.

나도 하늘에서 여러 방면으로 시험을 통해서 많은 것을 깨닫도록 하였다.

학교에서 학기를 마치면 시험을 통해 평가하는 것처럼 시험을 치른다.

학교 시험은 틀린 문제를 알 수 있지만, 하늘 시험은 시험문제가 틀렸으면 어디서 어디까지 틀려서 일들이 틀어졌는지 모르게 한다.

그래서 깨달음이란 쉬운 것이 아니다. 하지만 하늘의 뜻대로 정신을 차리고 순응한다면 언젠가는 깨달음의 큰 뜻을 알게 한다.

하늘은 인간이 잘못된 것을 보고 그대로 두지 않는다. 언젠가는 깨우칠 수 있도록 한다.

영적 공부를 할수록 인간이 느끼지 못하는 신비한 일들이 많이 일어났다. 그런데 사회에 적응하기는 힘들었다. 그러나 이것을 넘어야 깨달음으로 가는 길이라고 생각했다.

영적 공부에는 수많은 단계가 있지만, 어느 정도 하다 보면 자신의 머릿속에 없는 파일들을 만들 수 있는 능력이 생기며, 남에게도 만들어줄 수 있는 능력이 생긴다.

다만 경험하지 않은 사람들은 어떤 말로 해도 모른다. 나는 여기서부터 막혔다.

내가 공부한 것을 글로 표현 못 한다면 아무런 소용이 없다는 것을 깨닫고, 글로 표현할 수 있는 능력을 달라고 하늘에 투정 부렸다. 그러나 투정 부린다고 내려주는 것이 아니라는 것도 알게 되었다.

영적으로 공부한 것을 각 사람마다 수준에 맞추어 어떠한 몸동작이나 행위 아니면 말, 글로 표현해 주어야 한다는 것을 알았다.

나는 영성공부가 새로운 세상을 연다는 것을 깨달았고, 앞으로도 남은 길을 가고자 게을리하지 않을 것이다.

과거세에서 현재까지 시상에 니타난 지식과 지혜의 터널을 지나한 번도 우주에서 내리지 않았던 것을 내려달라고 청한다. 이것은 하늘에서 도움을 줄 때만 일어난다.

나에게 그러한 기회가 있을 거라는 확신을 갖고 있기에 함부로 말할 수 없다.

믿기 어렵지만, 어떤 것을 생각하면 그것이 이루어지도록 한다는 것이 신비한 일이 아닐 수 없다.

지금 공부하는 제자들이 빨리 이 수준까지 왔으면 한다.

스승은 제자가 스승보다 앞서가는 공부를 했으면 좋겠다는 생각을 한다.

영원한 스승은 없다고 본다. 결국 제자가 스승이 아니던가?

나는 먼저 이 길을 왔을 뿐이다.

또한 스승은 자기 자신이다. 스승은 따로 있지 않다. 길을 알려줄 때만 스승일 뿐 다음은 자신이 알아서 가는 것이다.

자신의 마음속에 다 있으니 그것을 끄집어내는 것은 자신만 할 수 있다.

다만, 제자가 주춤하면 채찍을 쳐서라도 앞으로 가게끔 도와준다.

대자연에 하나가 되어 묻는다.

내가 무엇을 압니까?

알려주시면 떠드는 건 내 몫이니 지금껏 지구상에 존재하지 않는 것을 내려주시오.

하하하하. 하하하하. 하하하하.

대자연과 나는 웃는 사이이다.

밤을 주우면서

10일 동안 매일 앞산에서 떨어지는 밤을 주웠다.

며칠은 생각 없이 밤만 주웠다.

재미가 있어 하루에도 대여섯 번 도로에 나가 밤톨을 주우며, 이 밤톨이 완성되어 맛있게 먹는 생각으로, 또 필요로 하는 사람들에게 나눠줄 생각을 하니 더더욱 밤톨 줍는 것에 재미를 더해 갔다.

밤톨을 주우려면 허리를 숙여야 하고 머리도 숙여야 한다.

힘들면 무릎을 꿇을 때도 있고, 허리가 아프면 한 번 허리를 쭈욱 펴고 다시 밤톨을 줍는다.

자연이 주는 것은 사실 육체만 수고하면 뭐든 다 공짜다.

그런데 허리를 숙이고 고개를 숙이며, 예를 갖추지 않으면 아무것도 가져갈 수 없다.

밤톨 한 개를 주워도 고개와 허리를 숙여야 한다.

때론 무릎도 꿇어야 한다.

이와 같은 이치가 인간세계에서도 벌어진다.

물건을 사가는 고객에게 머리와 어깨를 숙이는 동작을 취한다.

하늘은 인간에게 물질로 감사함을 가르치는 방법을 택하였다.

하늘이나 우주는 인간에게 겸손의 마음을 온 세포에 가르치고 있다.

비물질계에서 물질을 만들어 물질계에 던질 때 인간은 감사함과 겸손을 배워야 한다.

물질세는 겸손이 결여되어 매우 횡랑히다.

쉽게 얻을 수 있는 것은 말만으로 해결되는 것도 있고, 좀 어려운 일은 머리를 숙여야 하고, 좀 더 어려운 상황을 만나면 머리와 허리를 숙여야 한다.

머리와 허리와 무릎까지 꿇어야 하는 상황이 있음을 자연 속에서 배운다.

제자들은 자연 속에서 영성공부 지도받는 것의 의미를 깨닫기 바란다.

능력을 쥐락펴락할 줄 알아야 한다

오래전 같이 공부했던 도반과 통화하면서, 그 도반이 제일 듣고 싶어 했던 말을 해주었다.

나와 주변 모든 지인들에게 인정받고 싶었냐고? 질문을 던졌다.

그랬더니 그 도반 하는 말이 "그랬네. 사실 몇 개월 전부터 그 고민에 빠져 있었네. 내가 왜 정신계에 미련을 접지 못하고 수많은 밤을 새워가면서 머리를 써가며, 돈을 잃어가며, 개인의 즐거움도 잃어가며, 무엇을 위해 갔는지 최종적으로 확인 작업 들어갔었는데 친구가 오늘 그 무거운 짐을 덜어주었네. 너무 행복하고 즐겁네. 정말 감사하이…"였다.

나는 안다. 그 진심 어린 말뜻을. 나도 수십 년간 그 굴레에 갇혀 있었기 때문에 누구보다 잘 안다.

어느 날 문득 깨달았다. 내가 왜 저 이기적인 인간들에게 인정받으려고 온갖 가면을 써왔던가? 저 인자함 속의 가면 속에 변덕이 죽 끓듯 이기심들로 가득 찬 추악한 인간들인데….

그러면서 생각의 늪에서 벗어나 내 자신과 하늘만 믿고 수행해 왔다.

그 도반도 이 부분의 공부 과정에 걸려 있는 것 같아 문제의 본질을 찾으라고 가장 가까운 답을 주었다.

그 도반은 마음속에 담아두지 못하는 떠벌이 에너지가 있었다.

떠벌림의 에너지를 이기지 못해, 그 친구를 아는 모든 지인은 그가 무슨 공부를 하고 있는지 다 안다.

주변인들로부터 "저 친구, 공부한다고 산으로 절로 방황한 지 30년이 넘었는데 별 진전도 없고 쓰잘데기없는 짓만 하고 다닌다"는 오명을 벗으려고 몸부림쳤다.

그 몸부림은 인정받고 싶고, 결국은 내가 이렇게 해냈다 하고 잘난 척도 하고 싶은 어리석은 마음이었는데 어느새 그것이 마음속 깊이 자리 잡고 있었다.

20년 전 그 친구에게 해주었던 첫 마디가 생각난다.

"교만 속의 겸손이 자네를 죽일 거야."

그렇게 상담해 주었는데 20년 동안 지켜보게 될 줄은 몰랐다. 이제는 풀어주어야 할 것 같아 메시지를 전해 주었다.

'인정받으려고 하는 수고로움에서 이제는 나와야지.'

바로 응답이 왔다.

"고맙소!"

지난 1년 동안의 숙제를 풀어주어 고맙단다.

그래서 한 마디 덧붙여주었다.

"어떠한 능력도 내가 쥐락펴락할 줄 알아야 해."

앞서간 선배들이 능력에 빠져 결국은 악신과 타협하여 인간의 에너지를 빼앗겨 악신들의 세력이 너무 커지지 않았는가?

나는 능력에 지배당하지 않는 공부를 받았고 터득하였다.

중심을 잡고 근기와 친구가 되자.

내 중심을 잃지 말고, 세상과 타협하지 말고,

변덕이 죽 끓는 인간들에게 인정받으려 하지 말고,

도움을 청하러 온 자들 도와주었으면 그것으로 잊고 연연하지 말고, 세상이 나의 도움이 필요하면 잠시 도와주고, 나도 즐거움을 맛보러 왔으니 즐겁게 살아야 하고, 하늘의 능력, 신들의 능력을 떠받들지 말고, 신들의 능력으로 행한 기적들 기억하지 말고, 때론 악신이 협상 걸어오면 거래의 법칙을 잊지 말고 정확히 거래하자.

내공을 채운다는 것을 이때 알았다.

이 모든 것은 하늘의 마음을 넘어서야 되는 것이다.

하늘은 인간들이 공부하기 좋은 최적한 환경을 만들어놓았다. 그러나 그다음은 책임지지 않는다.

하늘을 믿으면 다 알아서 해준다는 것은 인간이 미개한 시대의 일이다.

지금은 모든 환경을 최적의 상황으로 만들어놓았기에 하늘은 절대로 인간을 책임지지 않는다.

지금은 인본시대이고, 인본시대는 인간이 신인 시대이기 때문이다. 앞으로 태어나는 인간들은 모든 것을 책임져야 하는 높은 차원계에서 온다.

제자들아, 알아두어라. 하늘은 공부하는 데 최적의 환경을 만들기 위해 존재하는 거지 인간을 책임져 주지 않는다.

앞으로는 능력을 얻겠다 하지 마라. 능력을 쥐락펴락한다는 것은 지옥계나 천상계를 다스릴 줄 안다는 것이다.

신명들을 다스린다는 것이 무엇인지 알면 쥐었다 폈다의 뜻을 알 것이다.

사자 천도재

천제 날을 잡고 진행하다 사자 천도재 지내는 길로 방향이 틀어졌다.

신들이 하는 행위가 있고, 사람이 하는 일이 있다.

이번 일은 사람이 따라주지 않아, 남은 보호자들이 너무 힘들다는 청함이 빗발치게 들어와 보호자의 손을 들어주었다.

힘들지 않고 최대한 고생하지 않게 마무리 지을 것인지 하늘과 수시로 통신해 가며 적당한 선에서 합의 보았다.

영가가 두 달 동안 나의 정신과 같이 동행하여, 나도 내가 아닌 나로 두어 달 같이 정신 공유하여 영적으로 공부를 지도해 주고, 오늘에서야 영가하고 분리하였다.

정신을 같이 공유하면 평상시의 나의 모습은 다른 영가와 픽처되어 내가 아닌 다른 영의 통신을 받아 갈팡질팡하는 나를 발견할 때 순간 정신적 곤란을 받는다.

평상시 내가 할 일은 끝없이 미루게 되고, 영가의 통신을 받아 원하는 공부를 하게 된다.

두어 달 공유한 영가와 정신을 분리하는 작업이 들어갈 때, 육체적 고통이 힘들게 따른다.

하루 반나절 영가 분리 작업을 할 때 잘못하면 그 피해를 내가 고스란히 안게 된다.

영과 교류가 잘되었고, 아들을 통해서 공부를 계속 시켜주었더니 집착을 풀었다.

아들에 대한 집착이 얼마나 큰지, 공부하는 내내 부탁을 해왔다.

아들이 세상 물정 모르고 몸만 커져 있어 걱정입니다.

어머니 영에게 걱정하지 마시라고 한 뒤, 아들의 체를 통해 어머니의 영을 공부시켜 주었다.

어머니의 영과 교류하면서 아들에 대한 염려와 걱정을 아들의 입을 통해서 들으니, 영가도 걱정을 놓고 가볍게 나의 정신 속에서 나왔다.

자유롭게 해달라고 한다.

이번 생에 대해 공부시켜 주어, 다음 생은 판을 잘 짜가지고 오게끔 지도해 주었다.

사자 천도재를 진행하면서 나도 많은 생각을 하였다. 그리고 즐거웠다.

아들에게서 제주도 여행 마지막 날 밤에 전화가 왔다.

이번 여행은 정말 즐거웠습니다. 그리고 감사합니다 하는 내용이었다.

아들의 어머니가 옆에서 흐뭇하게 웃었다.

아들의 어머니 영이 환히 웃음 지으며, 집착이 무엇인지 알려주어서 감사하고, 이번 생은 복이 많았다고 환히 웃는다.

마니산 위 참성단에선

10여 년 전에는 참성단에 올라갈 수 있었다.

그런데 어느 날 올라가니, 참성단 주변을 철책으로 둘러싸 주변에서 참성단을 쳐다만 보고 왔다.

수많은 사람들이 참성단 주변을 훼손하여 보호하기 위해서 철책을 쳤다는데 조금 아쉽다.

참성단은 국조 단군의 천제를 지낸 곳으로 우리 민족을 위해 기도하신 곳이다.

한국의 기운을 바로 알 수 있는 곳이며 한국에서 기운이 제일 좋은 곳이다.

강화도는 기가 좋아서 갔다가 오면 좋은 일이 생길 것이다.

병으로 고생하는 사람이 있다면 참성단의 기운을 받으면 조금씩 효과를 본다.

또한 집안에 우환이 있거나 사업이 잘 안 된다면 시간을 내어 한번쯤 강화 참성단에 갔다 오면 좋을 것이다.

나도 1년에 한두 번 하늘에 고할 일이 있으면 다녀온다.

강화 마니산은 기를 하는 사람을 편하게 만드는 산이기도 하다.

해운대는 우리나라의 제일 큰 용왕이 사는 곳이다. 어머니의 기운이 많은 용왕이라는 뜻이다.

용왕에게 부탁할 일이 있으면 아주 가끔 해운대 동백섬 부근에 간다.

앞으로 나아가는 기운이 막혀 있을 때 해운대 용왕과 소통되면 막힌 골을 풀어주기도 하고, 아픔을 호소하면 잘 들어준다.

경포대는 선녀 용왕이다. 그래서인지 젊은 선남선녀들이 경포대를 많이 찾는 것 같다.

선녀 용왕에게 결혼을 주선해 달라고 청하러 갈 때도 있고, 암으로 고생하는 병자 치유해 달라고 부탁하면 잘 들어준다.

여행은 내적 여행을 할 때 즐거움이 배가된다.

결혼을 앞둔 예비 신랑 신부가 경포대에서 기도를 하면 이혼율이 적다.

강원도 태백산은 할아버지 얼굴이다.

그곳에 가면 하늘의 기를 많이 받을 수 있다.

높은 영이 있기 때문이다.

중요한 일을 앞두었을 때 태백산에 가서 고한다. 이러저러한 일들을 처리해 주십사 하고.

사람이 할 수 있는 정도를 넘어선 일들은 가끔 태백산 에너지와 의논하면 잘 처리해 준다.

나의 자녀들이 먼 길을 떠날 때나 귀국할 때 한 번씩 태백산에 올라 하늘에 고한다.

한라산은 여자 산으로 백두산 할배와 잘 통한다.

백두산에 다녀와야 할 때는 대신 한라산 할매에게 고하고 오기도 하는데, 그때마다 반갑게 반겨준다. 백두산에 다녀와야 하는데 다녀오지 못할 때는 한라산 할매에게 슬쩍 전달 사령신을 사용한다.

후지산은 여신산이다. 개인적으로 후지산 여신과 친하다.

후지산 산신에게 초청받아 일본에 간 적이 있다. 남자 제자가 일본에 들어가실 때 경비 사용하라고 환히 웃으며 1천만 원을 내밀었다.

후지산에서 초청장을 보냈습니다. 빨리 방문해 주었음 하는 타진이 들어와 제자 세 명을 이끌고 다녀왔다.

그 후 일본에 일이 있어 들어가면 제일 먼저 후지산을 찾는다.

후지산에서 경제신을 딸려 보냈다. 지금도 나는 경제신들과 함께한다.

도봉구에 위치한 도봉산은 장군 산이다. 내 고향이기도 하다.

사업이 잘 안 되는 사람은 도봉산에 가서 기도하고 응답을 받으면 일이 즉시 잘 풀린다.

대신 약속을 지키지 않으면 아니한 만 못하다는 것을 알아야 한다.

도봉산을 마주하고 있는 산이 수락산이다.

수락산은 할머니 산이라고 한다. 다리 아픈 환자들이 수락산 할매와 통하면 아픈 다리를 고쳐주기도 한다. 나도 수락산 할머니에게 류머티즘으로 고생하고 있으니 고쳐달라고 기도했는데, 약간 도움을 받았다. 완치하는 데는 시간이 많이 걸렸다.

강화도 마니산은 종합적인 기운이 고루고루 있는 산이다.

어린 영들을 공부시킬 때 마니산에 자주 데리고 가 영을 키운다.

개인적으로 마니산을 자주 가는 편이다.

믿음 속에서 벌어지는 깊은 골

수년간 키운 제자들과 도움받고자 온 사람들이 스쳐 지나간다.
좋은 사람들이 더 많았는데, 내가 처신을 잘못해서 마음에 골을 깊게 만들었다.
인격 형성이 덜된 나이에 믿음이란 단어를 스스로에게 옭아맸다.
나를 찾아오는 자들은 "선생님만 믿고 갑니다. 살려주세요! 살려만 주시면 뭐든 다 하겠다"는 말뜻도 모르고 그네들이 원하는 대로 해주었다.
병든 자가 오면 들어주고, 부부간의 문제는 화합시켜 주었다. 회사가 부도 위기에 처해 있으니 제발 살려달라고 해서 부도도 막아주었다.
말기 암 환자들이 어디에서 나의 소문을 듣고 와서 제발 살려달라고 하면서 살려만 준다면 뭐든 다 하겠다고 하였다.
병에 걸려서 온 자들은 무조건 신명여행 데리고 가서 본인이 고치라고 옆구리 찔러가며 스스로 문제를 풀도록 도와주었다.
문제를 풀어주면 언제 그랬냐며 홀연히 사라진다.
제자들도 공부시켜 주면 내가 언제 아쉬워서 공부했냐며 홀연히 사라진다.
이와 같은 과정을 수년간 겪어오면서 원인을 찾아보니, 그네들의 말을 너무 확고히 믿었던 것이다.
도대체 믿음이 무엇인가?
내게 각종 도움을 받아간 자들이 저를 믿어주시면 무엇이든 다 하겠다는 말을 순진하게 믿었다.

어리석음에 빠져 믿음이란 단어에 철저히 고립되는 시기를 맞이했다.

단순히 믿음을 해석한 죄가 이리도 큰지 대오각성하고, 처음부터 다시 시작하기로 했다.

앞으로 믿음이란 단어는 사용하지도 듣지도 말자.

내 자신에게도, 하늘에게도 믿습니다!라는 어리석은 말문도 던지지 말자.

인격 형성이 덜된 상태에서 믿습니다, 제발 살려주세요라는 말에 현혹되지 말자.

그리고 자신도 믿는 자가 되지 말자.

믿음 속에 골이 깊어진다는 것을 깨달았다.

스쳐 지나가는 인연은 스치면 그만인 것을, 그것을 모르고 지나가는 인연들을 머물게 한 죄가 부메랑 되어 오는 것을 알고부터는 신뢰라는 단어를 입력하였다.

신뢰하는 사이, 믿음이란 곧 골이 깊어지는 사이.

하늘과 신뢰를 쌓으려고 약속을 천천히 지켜 나갔다.

내면세계에 신뢰를 받기 위해 작은 약속이든 큰 약속이든 지켜가며 신뢰를 쌓아갔다.

하늘과 정신세계에 신뢰를 가르치고 나니 내 자신이 자유로워졌다.

부모와 자식 간의 믿음, 믿음 속에서 사이는 멀어져 간다.

믿었기 때문에?

친구와 친구 간의 믿음 속에서 사이는 멀어져 간다.

나도 제자들을 믿었기 때문에 사이가 멀어졌다.

이제는 어느 누구에게도 믿음의 무게를 주려고 하지 않는다.

스스로 무게를 갖도록 한다.

이제야 신뢰하는 사이가 무엇인지 알았다.

그래서 제자들이나 지인들에게 믿음이란 단어를 사용하지 않는다. 그것이 얼마나 어리석은지 깨달았으므로 지나가는 인연은 즐기기로 했다.

가시밭길 걸어온 행로

인간이 걸어가는 길은 헤아릴 수 없을 정도로 많다.

걸어온 길을 곰곰이 더듬어 보았더니, 결코 순탄한 길이 아니었다.

지나간 시간들을 돌이키지 말자 하며 앞만 바라보고 와서 그런지, 지나간 발자국들이 건성으로 지나갔다.

오늘에서야 자연이 보여준다.

과거 속 내가 밟고 걸어온 길을 보여준다.

살짝 눈시울이 젖어온다.

앞만 보자, 앞만 보고 가자.

나는 현실을 직시하는 자다. 과거에 머물러 미련함과 집착이라는 공간에서 후회함을 추구하지 말자는 자기 암시를 하며 자신을 채찍질함에 주저하지 않았다.

그래서인지 사실 내가 걸어온 길이 어떤지도 모르고 그냥 왔다.

처음에는 이런저런 생각을 하며 자신을 질책하였지만, 어느 날부터 질책하는 것조차 잊었다.

그러려니 하고 앞만 직시하며 왔더니 자연에서 처음으로 세세생생 걸어온 길을 보여주었다.

융단을 밟아보지 못했고, 아스팔트길도 밟아보지 못했다. 사막의 모래를 친구 삼아 오로지 한 가지만 몰입해 걸어온 길을 보여주면서, 이제는 그 길을 졸업시켜 주겠다고 한다.

지금껏 몰랐다.

과거 생에 사막의 모래를 친구 삼았기 때문에 현실의 어려움이 어려움인지도 모르고 그냥저냥 순응하며 살아왔음을 알았다.

자신과의 사투에서 生과 死를 수십 생 반복하였다는 것을 알게 되었다.

이제 가시밭길 공부는 끝났다고 한다.

몰랐다. 성장기부터 어려운 환경을 물 흐르듯 살아왔기에 몰랐다.

지금껏 가시밭길을 걸어왔다는 것을.

이 시간이 지나면 흐름에 의해 오늘의 암시를 경험해 가며 알게 될 날이 오겠지.

이제는 아무 이유도 달지 않고 그냥 간다.

가다 보면 멈추는 시간도 있겠지만, 이유를 알려고 하지 않는다.

뜻이 있어 그냥 가는 거지!

그냥 가는 거지! 가는 데 이유가 있는가.

하늘도 울었고, 땅도 울었고, 사람도 울었다

영성공부 내려받는 10년은 내 정신이 아니었다.

하늘의 빙의와 우주 최면에 걸려 정신병자 취급받으며 공부하게 되었다.

하나의 영이 생성되어 영유아기 그리고 유치원 과정, 초등학교 과정을 거쳐 대학원 과정을 마치고, 또 다른 전문 과정을 이수하고 내 자리에 앉아 숨을 고른다.

숨 고르기 전까지는 사실 내가 어떤 공부를 하였는지 몰랐다. 하늘은 내게 빙의 되고 우주는 나에게 최면을 걸어 어의가 없고 황당한 공부를 시켜주었다. 참으로 감사한 일이지만 다시 돌아가 영적 세계 공부를 다시 하라고 하면 하겠지만, 알고는 하지 않을 것이다.

아무것도 모르고 시작하였기에 얼떨결에 끝냈지, 알았다면 차라리 죽으면 죽었지 이 공부는 안 할 것이라고 완강히 거부하였을 것이다.

지나간 공부 시절을 돌이켜보면 인간으로 겪지 않아도 되는, 어떻게 이러한 과정까지 밟아야 하나 하는 과목이 더 많았다. 너무 너무 힘들고 지치고, 괴로운 날들이 많아 차라리 나를 죽이시오, 하고 하늘과 우주에 마음의 칼을 들고 싸운 적도 많았다.

악다구니를 쓰며 영적 공부 안 하겠다고 수없이 협박했지만, 나는 언제나 내 자리를 지켰다. 어느 날 교만이 날아가 감사함의 마음으로 추스르게 되었다.

지금 지도받는 제자들에게 몇 과목을 이수시켜 주고 나면, 남아 있는 제자는 한 명도 없을 것 같다.

그래서 나는 제자들에게 힘든 과목은 시키려 하지 않는다.

내가 먼저 경험하고 왔기에 쉽게 가는 길을 찾아주니 지금 공부하는 제자들은 나보다 훨씬 좋은 환경 속에서 공부하는 셈이고, 나보다 더 빨리 앞을 향해 가지 않을까 한다.

하늘과 우주에서 나를 깨닫게 만들어주었으니 제자들에게도 깨달음의 길을 빨리 안내해 주고 싶다.

나를 깨닫게 만들어준 하늘이 내 몸을 통해, 오히려 나보다 더 좋아하는 것을 느꼈고, 나를 지도해 준 선생님과 하늘의 소리를 듣고 같이 울음바다가 된 적이 한두 번이 아니었다.

하늘도 울고, 땅도 울고, 선생님도 울고, 나도 울었지만 우주는 축하해 주었다.

깨달음은 끝이 정해 있지 않다. 그것도 알아야 깨달음으로 갈 수 있다.

조금 깨달았다고 다 아는 것은 아니다.

조금 아는 것 가지고 교만하지 않았으면 한다.

하늘을 대변하는 것도, 하늘이라고 표현할 수 있다.

우주와 하늘은 멀리 있지 않다.

생각에 따라 멀리, 아니면 자기 마음에 있다는 것을 알게 된다.

하늘을 감동시키면, 하늘도 따라 감동한다,

하늘과 우주의 주인은 사람이다. 잘 가꾸어야 주인이 된다.

정신세계를 잘 가꾸어야 한다.

눈물 속의 밥

밥을 먹는다.

대중 속에 섞여 밥을 먹는데, 갑자기 흐르는 눈물을 멈출 수 없어 주룩주룩 내리는 눈물 속에 생각을 접어서 흘려 내보냈다.

밥을 먹는데 왜 눈물을 내려주는지.

눈물을 흘리면 거의 숟가락을 놓는다고 하는데, 나는 숟가락을 멈추지 않고 꾸역꾸역 입으로 밥을 계속 들여보냈다.

주체하지 못하는 눈물….

일행을 다 보내놓고도 나는 그 자리에서 빈 밥그릇과 숟가락을 끄적거렸다.

이건 뭐지?

몰랐다… 정말 몰랐다.

밥을 먹으면서 흘리는 눈물의 대가를.

신명을 띄워주는 공부가 얼마나 광범위한 범위를 차지하는지 공부한 과목을 마침으로써 알게 해주었다.

영성공부를 제대로 하는 자에게는 신명들을 띄워주는 공부를 시켜준다.

거기에 찌르기와 치는 공부가 바탕이 되어야 한다.

그래서 나는 신명을 띄워주는 공부를 시키고 있다.

밥알 한 톨 한 톨, 그렇게 많은 신명들을 공부시켜 주어야 함을 한참 시간이 지나서 알게 되었다.

아마 그 당시에 밥알 한 톨, 한 톨을 다 공부해야 한다는 것을 알았다면 도망가지 않았을까 싶다.

  이슬비에 옷 젖듯이 해준 공부도 있고, 해일과 같은 공부를 받으면 몇 개월 암흑 속에서 헤매다 나온다.

  영성공부는 약약 약, 중중 중, 강강 강 3박자를 잘 사용해야 한다.

오장육부 다스리는 약 만들고 나서

3년 동안 고되고 긴 시간을 조상 신명들에게 할애해 주었다.

병의 고통을 견디다 돌아가신 조상들, 병명도 모르는 고통으로 시름시름 앓다가 죽은 조상신들, 하도 많아 일일이 나열할 수 없다.

3년 전에 처음 만들었던 약은 혈을 타고 돌아다니는 염증을 다스리는 약이었고, 두 번째로 만든 약은 기를 보해 주고 혈을 보하는 데 으뜸이었다.

세 번째 만든 약은 오장육부 균형을 맞춰주는 약이다.

첫 번째, 두 번째, 세 번째 약을 만들 때마다 약 신명들이 함께해 주었다.

마지막 세 번째 약은 끝나는 날 눈을 내려준다고 했다. 이유를 물었다. 한두 가지가 아니라 누군가 물어보면 답을 주기로 하고, 이 약은 아프다 돌아가신 조상 신명들에게 전부 올려 드렸다.

올리고 나니 눈물이 펑펑 쏟아졌다.

지금도 약을 다루었던 조상 신명들이 들어와서 눈물을 적신다.

오랜 숙원이었던 만큼 기다리고 기다렸던 약을 관장했던 신명들이 봇물처럼 터트린다.

감사하다고, 정말 감사하다고.

하늘에 약을 올렸더니 첫눈이 휘날렸다.

마지막으로 만든 약재들은 10년을 공들여 키운 약재들이 즐비하다.

이번 약재는 준비 기간이 10년 걸렸다. 또한 약 만드는 21일 동안 솥단지에 지펴놓은 불을 하루도 꺼트리지 않았다. 약재를 끓이고 또 끓이고, 끓여놓은 약초 물 졸이기를 반복하여 21일 만에 액을 완성하였다.

약을 관장하는 신명들이 원하는 것은 다 해주었다.

제자들에게 건강 유지하라고 일부 나눠주고, 일부는 선원에 보관하였다. 차후에 선원 가족들이 병나면 복용해야 한다.

약을 다시 만든다는 보장이 없어서 냉장고에 보관하였다. 약재 준비 과정이 너무 힘들고, 불 때는 것도 몸살이 날 정도로 힘들어 다시는 만들고 싶지 않다.

나는 약골로 태어났다.

어머니는 나를 살리고자 백방으로 명의를 수소문하여 찾아다녔다. 그렇게 나는 어머니의 정성으로 살아났다.

지금도 세 살 때 기억이 난다. 쓰디쓴 한약이 먹기 싫어 떼를 쓰며 안 먹겠다고 울면 엄마는 달래가면서 약을 먹였다.

신장병으로 오랜 기간 동안 고생하였고, 지금도 그 후유증으로 종종 고생한다.

이번 기회에 조상들 병 유전인자를 정리하고자 하늘에 눈물로 하소연하였다.

숱한 병명을 달고 병의 고통도 신체의 일부려니 생각하고 생활해 왔는데, 지금은 세월을 거꾸로 먹는지 아주 건강하다. 조상들 염원을 풀어주지 않았으면 아직도 숱한 병명을 달고, 혈을 타고 돌아다니는 염증과 싸우고 있을 것이다.

조상은 천신이 되고자 자손에게 공부시켜 달라고 신호를 보내는데 자손은 알지 못한다.

이번에 약을 만들면서 조상 신명들 공부시켜 주고, 조상 신명들을 천신으로 입적시켜 드렸다.

그래서 조상신들이 천신으로 입적되었다고 자손에게 표적으로 첫눈을 내려보냈다.

일기예보와 관계없이 내려준 함박눈이 펑펑 날린다.

제자들은 부지런히 공부하여 각기 자기 조상 신명 천신으로 입적시켜 드리기를 바란다.

우주에서는 참으로 웃긴다 한다

우주의 기운을 받기 위해 우주와 교신했다.
사실 우주의 기운이 무엇인지 모르고 우주의 기운을 받을 때가 좋았다는 것을 우주 속으로 들어가서 알게 되었다.
우주 속에 들어가면 무엇이 있을까 하는 커다란 기대감을 가지고 우주 속으로 들어가기를 기대하면서 수행해 왔다.
어느 날 홀연히 우주 속으로 들어갔다.
우주에 가면 무엇인가 보일 줄 알았는데 아무것도 보이지 않았다.
실망감이 컸다. 이렇게 허무할 수가….
우주는 인간의 눈으로 볼 수 있는 것이 아니라 마음의 눈으로 봐야 한다는 것을 알았다.
마음의 눈은 우주의 기운으로 만들어진다고 처음부터 하늘에서 알려주었는데 사람의 욕심으로 듣지 않았다.
솔직히 우주의 엄청난 비밀을 알 수 있지 않을까 하는 욕심이 앞서 있었기에, 그 어떤 진실 된 정보를 받아도 내가 정해 놓은 커다란 뜬구름 잡는 욕심 때문에 많이 돌아서 왔다.
커다란 어떠한 것이 있는 줄 알았다.
하늘은 이러한 나의 작은 마음이 커져야 한다는 것을 알았는지, 커다란 마음을 만들기 위해서 수많은 단계를 거치게 하여 이제야 우주의 기운으로 마음의 눈인 결정체를 만들어주었다.
마음의 결정체가 되어 우주의 깊은 곳으로 들어와 심연의 자리에 앉았다.

세상에는 우주 속으로 들어가려는 사람들이 많은데, 우주의 기운을 받고 그 기운으로 영성공부한 뒤 들어가야 한다는 것을 체험하니 깨달음의 기운이 무엇인 줄 알게 되었다.

그렇다. 우주의 기운은 인간이 다루는 것이 아니라 우주에서 기운을 돌린다는 것을 알게 되었다.

제자들은 인간이 기운을 돌리는 것이 아님을 알고 영성공부해야 한다.

영성공부는 인간이 하는 것이 아니라는 것을 알 때, 우주 속으로 자신의 혼이 들어가는 것을 느낀다.

인간이 우주의 기운을 알고자 우주로 간다는 것은 착각 속 희망사항이다. 육이 아닌 영혼이 우주 속으로 들어간다.

인간은 육과 혼이 있는 것처럼, 육은 땅이요 혼은 우주의 기운이다.

제자들아, 깨달음의 공부를 하고자 한다면 정신은 우주에 맡겨라.

우주에 정신을 맡기고 깨닫고자 하는 공부를 한다면 분명히 하늘의 도움을 받아 깨닫게 된다.

깨달음은 정신이 우주의 기운으로 완전히 가 있을 때 이루어진다.

자신을 버리지 못하고 영적 생활하는 사람들이 많은데, 지금이라도 자신을 버리고 다시 시작하기 권한다. 그러나 생각이 너무 많아 그 수준까지 가지 못하고 도중에 하차하는 사람들이 많다.

그래서 나는 제자들이 영적 공사장에서 자율적으로 공부하기를 원한다.

자연 속에서 잡초를 뽑으면서 자신의 생각들을 버리는 방법을 터득하여, 자신을 이기고 그 수준까지 가보라고.

상상, 공상, 망상으로 깨달으려고 한다면 그것은 깨닫는 것이 아니라 공상, 망상을 더할 뿐이다.

이제 우주의 기운을 안다는 것이 무엇인지 조금은 알았을 것이다.

쉬우면서도 어려운 것이 우주의 기운으로 들어가는 것이다.

종교로는 절대 깨달을 수 없다. 그것은 지식을 많이 터득하는 것이다.

종교 속 지식으로 깨달았다고 하는데, 우주에서 웃기지 말라고 한다.

우주는 물론 내 편이지만, 불행히 우주는 다 보여주지 않는다.

그것이 문제이다.

신명 포화

물밀 듯 밀려오는 이 현상이 무엇일까 하는 의구심이 들어온다.
수많은 고민, 갈피를 잡을 수 없는 난감함, 분노가 치미는 마음, 안개와 같은 미궁 속 마음, 즐거움이 배가되어 주체할 수 없는 어려움들….
그러한 기운 변화가 썰물처럼, 때론 밀물처럼 울렁인다.
마음의 신명 포화(에너지)는 신명이 많이 들어올 때를 말하는데, 그 기운을 지탱하는 힘이 없다면 에너지에 눌려 제정신이 아닐 때 판단하여 일 처리를 하면 큰 낭패를 볼 수 있다.
그럴 때는 신명을 다스릴 줄 아는 기운이 있어야 교통정리를 해주는데, 내면의 정신세계를 교통정리해 주는 에너지가 부재중일 때는 자신을 망가트리는 일들이 생긴다. 많은 신명이 들어온다 해도 주장신이 누구인지 알면 모두 다 소화할 수 있다.
그러므로 자신의 주장신 가림을 해놓지 않으면 헷갈린다.
다시 한 번 말하지만, 신명공부나 영적 공부를 하기 위해선 주장신명이 누구인지 알아야 한다. 어떠한 것이 들어 있는지 알려면 우선 상대방의 신명을 자신의 내면으로 끌어야 한다.
그리고 나서 그 신명을 다독거려 실토를 받는다.
그래서 신명을 읽어 내리는 것이다.
그것이 사람의 내면을 읽어 내리는 것이다. 사람이 사는 것과 같은 것이다.
쉽게 말하면 신과 영을 조사하는 것으로 경찰서의 조사관과 같다고 할 수 있다.

그러므로 잘못된 신과 영이 있다면 그것을 마음 밖으로 내보내는 일인데, 영을 재판하는 제사장이 있는 천신제자는 재판을 하여 조상가림을 해준다.

봄맞이 대청소하듯 인간도 내면세계를 대청소하는 반성의 시간을 가져야 한다.

영들의 재판장이 되다

영적 깨달음의 끝은 영을 재판하는 재판장이 되는 것이다.
신들의 대장이 영적 지도자이다.
영을 재판하는 자격증은 하늘에서 커다란 명패로 내려온다.
하늘에서 영을 재판할 수 있는 재판관의 명패를 내려받음으로써, 그때부터 나는 사람들의 영을 보기만 해도 재판할 수 있는 영 능력자가 되어 있었으며, 영적으로 고생하는 사람들의 기운을 말로 바꿔주는 일을 하게 되었다.
동남아시아와 대서양 여행을 다니는데 그 나라의 신들이 이러한 이야기를 해준다.
세계는 역사적으로 거슬러 올라가면 하나의 동족이라고. 그러면서 영적으로 지도해 주는 자는 국적이 불문이니, 조상들이나 각자의 신들이 원하는 것은 해결해 주시고 가라고. 그러한 메시지를 받고, 그때부터 나는 어느 나라를 가든 그 나라의 조상 신명들을 정리해 주었고, 나라를 위해 헌신한 조상신들을 먼저 해원시켜 주었다.
중국 자금성을 지나 만리장성에서도 원혼들이 호소하기에, 그곳에서 원혼들을 달래며 하늘의 법을 내려주었다.
한국으로 돌아오는 비행기 안에서 나는 하늘로부터 묵직한 선물을 받았다.
한국에 도착하면 서각을 파는 곳으로 가서 정도령 이름으로 서각을 파시오.
그날의 감격은 가문의 영광이고, 나의 전생을 통해 영광이다.

정도령 이름으로 서각을 팠다. 그 이후 제자들에게 맞는 천문을 한 장씩 써서 선물로 내려주었다.

천문에서 나오는 각기 다른 에너지의 기를 보고는 함부로 사용해선 안 된다는 것을 느꼈다. 선원을 지어 곳곳의 기운에 맞는 천서와 천문을 배열하면 선원의 기가 사람들의 세포에 스며들어 좋은 에너지 작용을 해줄 것이다.

영을 다루는 재판장이 되고부터는 지금까지 영들을 재판해 주고 있다.

돌아가신 아버지가 내 이름에 法자를 왜 사용하셨는지 영성공부를 하면서 알게 되었다.

여자들의 이름에는 法자를 사용하지 않는데 나에게 그 자를 준 것이 이미 정해져 있었기에 아버지도 모르고 法자를 이름에 사용하신 것 같다.

인간이 영을 재판한다는 것은 상상도 못 할 일이지만 내가 하는 일이 그런 것이다.

영들의 흐름을 잘 진단하여 올바른 영을 재판해야 한다고 생각한다. 영을 재판하는 계급에 따라 숫자가 따르지만 지금 대한민국에는 천신을 재판하는 판사가 몇 명 존재한다.

그러나 연수 부족으로 재판을 못 하고 있다.

물론, 땅에서 민간인 판사가 하는 재판과 하늘에서 천신 재판관이 하는 재판은 다르지만 하늘의 재판은 신속 정확하다. 하늘의 재판은 초를 다투는 일이지만, 땅의 민간인 재판관이 재판하려면 오랜 시간을 필요로 한다.

하늘은 어떤 것이든 신속히 재판하기에 결정이 나오면 그렇게 따라만 주면 사는 것이 지금보다 어렵지 않을 것이다.

　제자들을 공부시키거나 상담해 줄 때 나는 수시로 영들을 재판한다. 재판하기 전에 미리 귀띔을 준다. 이해가 되든, 안 되든 '네'만 하라고 정보를 주어도 안 하는 제자들이 태반이다.

　땅에서 하는 재판은 항소가 있는데, 하늘의 재판은 무조건 긍정을 해야 한다. 만약 그렇게 하지 않으면 손해가 올 것이며, 상상도 못 할 일이 일어나게 된다.

　하늘은 함부로 재판을 하지 않는 것이 특징이고, 천신제자들 천제의식 진행해 줄 때나 천도재 진행할 때도 조상들을 재판한다.

　자신을 모르는 사람들을 주로 재판하는데, 영을 모르는 사람들은 그 사실을 바로 긍정하지 못하기에 생각한 뒤에 긍정하는 경우가 있다. 하늘은 몇 초 사이에 결정하기에 인간도 빠른 시간에 답을 주는 것이 좋으며, 만약 재판을 장난스런 감정으로 했다면 눈에 보이지 않는 손해가 뒤따른다.

　그래서 영을 재판하는 것은 상당히 어렵다. 앞서 언급했듯이 하늘의 허락이 있어야만 재판할 수 있으므로 심사숙고해야 한다.

　무당 팔자나 나같이 하늘의 기운을 받아 공부할 팔자가 그 길을 안 가면 조상이나 하늘에서 매우 힘들게 하는데, 그것을 모르고 사는 사람이 의외로 많다.

　지금까지 자신의 기운을 모르는 사람들을 위해 나는 마음선원 문을 열어놓고 상담해 주며, 제자들이 자신의 기운이 무엇인지 알 수 있도록 지도하고 있다.

　자신의 기운을 알고 싶은 사람은 자신에 대한 이야기를 대폭 줄이지 않으면 알 수 없다.

조급증

한국이 걱정된다며 오클랜드에서 늦은 시간에 전화가 왔다.

군대 문제도 걱정이라 잠을 설쳐 건강을 해칠까 우려되지만 아직은 건장하다고 한다.

어미 걱정 시키지 않으려고 조심스레 말하는 것 같지만 하고픈 말은 다 한다.

"요즘 조급증으로 마음이 힘듭니다. 군대는 가야 하는데 아직은 가기 싫은 마음이 저를 괴롭히니 어떡하면 좋습니까?"

부모는 군대를 다녀와서 새롭게 시작하기 원하지만, 자식들은 이기적인 마음을 이기지 못하는지 어떡하면 군대법이 바뀌는지 입영에 대한 요행의 생각이 조급증으로 진행된 것 같았다.

아들이 조급증으로 힘들다기에 나도 잠 못 이룰 때가 많다.

지금도 조급증이 들어오면 날밤을 새우기도 한다.

외가 쪽 조급증 인자가 아들에게도 영향을 미쳤구나. 아들하고 조급증에 대한 이야기를 풀어내며 대화로 정리해 주었더니 "이제야 마음이 진정되고 편합니다" 하며 인사를 보낸다.

"아들아, 해는 내일도 뜬다! 자고 일어나서 생각해도 늦지 않아."

모든 사람들이 이 말뜻을 알지만, 조급증이 있는 사람들은 실천하기 어렵다.

'생각해서 될 일들이 아니면 잠을 자고 나서 생각합시다' 하고 내면에 명을 내리면 신명들이 여행하면서 문제를 해결해 놓는다. 그러면 잠을 자고 일어났을 때 갑자기 문제 해결 방법이 생각난다.

그러니 잠 부족해서 어지럼증으로 고생하지 마라.
또 아들은 자아성찰에 대해서도 의논한다.
"요즈음 젊은 사람들도 내가 왜 태어났을까?
이유가 있어서 태어났다면 그건 무엇일까?
저희도 만나면 이러한 이야기를 매우 진지하게 논합니다."
자녀들이 부모에게 자아성찰에 대해 질문을 던지면 무어라고 답해 줄 것인가?
장장 2시간을 통화하면서 질문에 끊임없이 주거니 받거니, 이해가 될 때까지 대화를 주거니 받거니, "아! 이제 알았어요, 감사합니다."
아들이 행복을 준다.
보통의 자녀들은 부모가 4차원계 대화를 하려고 하면 피하는데, 이 아이는 이해가 될 때까지 끊임없이 질문 공세를 한다.
질문 공세가 들어올 때 원하는 답을 주어서 나도 아들에게 고맙다고 인사한다.
엄마의 말을 끝까지 경청해 주어서 고맙고, 들어주어서 고맙고, 받아주어서 고맙다.
막내아들은 마음을 즐겁게 해준다.
조급증이 이제는 풀어졌습니다.
이제 잠을 자면서, 청하고 자겠습니다.
엄마의 마음을 이해하는 남매의 인성이 고맙다.
조급증이 들어오면 나부터 아들을 위해서 인자를 정리 들어가야겠다.

태풍의 눈 안에 들어서다

언제 비바람이 머물지 모르는 고요한 시간.

나는 현재 태풍의 눈 안에 들어와 있다.

20년 전에도 태풍의 눈 안에 들어가 있을 때 무척 초조했다.

그때는 태풍의 눈 안에 들어와 있는지도 모르고 한 곳에 갇혀 있었다.

세상과 단절된 채 태풍의 눈 안에서 길고 지루함을 견뎌내야 했던 그때와 달리, 현재는 조금 여유가 있어 갇혀 있는 장소를 넓게 만들어 사용하고 있다.

그것이 내공의 깊이인 것 같다.

내공에 깊이가 있을 때 태풍을 맞이하는 에너지와의 교류,

개인적으로는 태풍의 눈을 좋아하지 않는다.

하지만 수행자는 이 과정을 꼭 거쳐야 한다.

태풍의 눈, 이 과정을 이수하기가 제일 어려운 것 같다.

천층만층 끝없는 공부를 내려받았지만, 그중에 제일 견디기 어려운 과정은 끝없는 질문과 근기와 인내가 수반되는 길고 지루한 무료함 속의 긴박함을 어떻게 창조해 내는가이다.

제일 많은 난관을 받는 것 같지만, 제일 많이 보호받는 시기이다.

부딪쳐 깨져야 알에서 부화되어 스스로 빛나게 된다.

이 글을 쓰는 이유는 나중에 이 단계까지 오는 제자가 있으면 그때 우왕좌왕하지 말라고 미리 스케치해 놓는 것이다.

영적 공부를 받은 제자들이 자신을 속이지 않고, 다가오는 시험문

제에 타협하지 않고 맞서서 온다면, 충분히 올 수 있다고 생각한다.

지금도 나는 자신을 기만하거나 속이지 않는다.

기쁠 때나 슬플 때나 괴로울 때 하늘에서 시험지에 올려놓아도 이 길이 나의 천직이라는 마음을 바꾸지 않았으면 하는 마음을 제자에게 전하고 싶다.

영적 지도자는 엄격하게 하늘에서 우주에서 감독, 감시하고 변리, 변호한다.

이 모든 시험에 합격하려면 외로움, 신체의 아픔, 가정의 변천, 지인들과의 관계 등 그 밖의 모든 압박에서 이겨나가는 내공을 차근차근 쌓아야 한다.

하늘은 천신제자의 마음자리를 수시로 점검한다.

부정적인 생각을 들어오게 하여 '영성공부해서 무엇하나'라는 생각까지 하게 만들어놓고 결국 탈락시킨다. 그것이 시험이라는 것도 모르게 교묘하게 상황극까지 전개해서 말이다.

영성 지도자는 아무에게나 주지 않지만, 자신을 속이지 않으면 하늘과 우주에서는 아낌없이 투자한다.

태풍의 눈 안에 들어가는 덕목을 갖춘 제자가 있다면, 그 제자에게 존중의 예를 갖출 것이다.

제자들아, 부디 자신을 속이지 말라. 그래서 스스로 시험지를 만들지 않는 제자가 되어라.

태풍의 눈으로 들어가는 덕목을 이수하는 영성 제자가 되어라.

천신제자는 누구나 할 수 있지만, 영적 지도자는 하늘의 선택이 없으면 할 수 없다.

하늘에 이의 제기 신청서

조금 재미있는 이야기를 해보려고 한다.

선천시대에 했던 수행법을 그대로 이어서 해도 되는 방법이 있고, 후천시대에 걸맞은 수행법도 있다.

나는 선천시대에 원하는 수행 방법을 여러 사람들의 말을 듣고 뿌리 없는 수행을 해보았다.

"하늘은 스스로 돕는 자를 돕는다!"는 말이 사실 무슨 뜻인지도 모르고 사용하였는데, 실제로 경험해 보니 게으름을 피울 수 없었다.

내가 노력하지 않는데 누가 나를 도와줄 것인가?

수행해야 하는 막연한 책임감으로 정신세계 사람들을 무분별하게 만나서 그네들의 방법을 따라해 보았는데, 약간의 도움을 받았지만 해소할 수 있는 수준은 아니었다.

그렇게 구원을 하고 돌아다니는 시기에 한 노스님을 만났다.

노스님의 안내를 받아 고급 영과 통하게 되었다.

그 당시만 해도 영이 무엇인지, 신명이 무엇인지 몰랐다.

고급 영을 통해서 수행의 길 안내를 받았다.

고급 영은 살아생전 꽤 큰 능력이 있었다고 한다. 수행공부를 시켜주면서 고급 영의 신 능력도 같이 받아 좋은 환경 속에서 수행 지도를 받았다.

좋은 환경이라고 표현한 것은 영안을 열어주어 공부하는 데 많은 도움을 받았을 뿐만 아니라 영 능력을 전수받아 상담하러 온 자들이나 제자들 공부 지도할 때 사용하였다.

고급 영들의 영 능력은 대단하였다. 아프다고 상담하러 온 사람들의 병을 손쉽게 고쳐주기도 하고, 내가 가끔 일하는 데 실수라도 하면 옆에서 바로잡아주어 사람들에게 망신당하지 않게 해주었다.

그때 큰 깨달음을 얻었다.

영의 도움을 받아 신비로움을 행한 것이지 내가 했다고 절대로 잘난 척해서는 안 된다는 것을….

10여 년 동안 합의하에 영 능력을 잘 사용하였다.

어느 날 불현듯 "나는 돌아가니, 내게 줄 것을 내놓아!"라 하는데, 그 뜻을 해석할 줄 몰라 당황하였다.

그리고 이내 깨달았다.

이 고급 영은 선천시대에 수행한 영이 아닌가?

나는 선천시대를 거쳐 공항기를 거쳐 후천시대 들어서 영성공부를 진행해 왔는데.

고급 영에게 정중하게 예를 갖추어 고했다.

당신이 지금껏 나에게 공부를 주어서 받아먹었고, 나 또한 당신을 내 정신에 실어 영성 공부를 주지 않았소.

지금껏 당신께 공부를 주었는데 못 받아먹었소?

지금껏 그렇게 호탕한 웃음소리는 처음 들었다.

내가 당신과 인연이 있어 영과 영끼리 연을 맞추었는데, 고맙소!

약속을 지켜주었으니, 이제 집착에서 벗어나 돌아가겠소!

결국 수행자들의 영도 집착에서 온다는 것을 덤으로 알았다.

그 시간이 지나고 10년 세월이 더 지났다. 그리고 곰곰이 생각하였다.

수행 방법을 바꾸지 않으면, 후천시대의 인간들이 과연 선천시대의 근기 테스트를 통과할 수 있을까?

나같이 근기가 강한 자도 소금을 뿌릴 때마다 지랄 질을 숱하게 했는데….

30여 년간 제자를 지도하다 보니 회의감이 드는 부분이 있었다.

30년 세월을 천신제자들 지도해 오면서 나도 거기에 맞게 함께 의식 성장하였다.

그런데 갑자기 돌려주어야겠다는 생각이 들었다.

하늘에 우주에 이의 제기 신청합니다.

이제 선천시대에 이어서 하는 내적 타당도 시험은 빼줍시다.

왜냐하면 선천시대의 극한 환경에서 태어나는 천신제자가 별로 없기 때문입니다.

안되면 되게 하라는 신의 시대는 이제 한물 건너갔습니다.

또한 시험과목이 그때와 많이 다른데, 여기에 또 한 번 이의 제기합니다.

두 번째는 외적 기준 타당도 시험도 이젠 바꾸었으면 합니다.

21세기는 직업이 12,000가지나 되고, 인간들 질량 또한 선천시대와 달리 높아졌습니다.

질량이 높아진 것을 인정하시고, 외적 기준 타당도 수정해 줄 것을 이의 제기합니다.

또한 환산 점수제도 시정해 주기 바랍니다.

잘 걸어가고 있는 수행자는 환산 점수제에서 제외시켜 주기 바랍니다.

내적 타당에서 끝내시고 알아서 가는 수행자는 열외시켜서 그동안 마음 졸이고 긴장에 간장 녹였던 마음들 높이 사시어, 즐겁고 행복한 에너지 충분히 만끽할 수 있는 법을 다시 만들어달라고 이의 제기 신청합니다.

이 글을 쓰면서 사실 마음이 벅차다.
평생 수행만 하다 내 삶이 숨을 거둘 때까지 하늘에 네! 하고 가는 줄 알았는데, 거대한 일을 오늘 저질렀다.
하늘에 이의 제기 신청합니다.
하늘에 이의 제기 신청합니다.
아버지의 세포가 하늘에 이의 제기 신청합니다.
앞으로도 이의 제기할 건수가 나오면 그 자리에서 바로 할 것이다.

자녀의 보고 전화

나는 자녀들의 교육에 관심이 많았다.

갓 태어난 큰아이에게는 영혼을 키우기 위해 혼잣말을 많이 해주었다. 그때마다 딸아이는 말을 알아듣는지 다양한 표정을 보여 더 많은 세상을 알려주려고 했으며, 엄마가 딸에게 바라는 마음도 전달하였다. 그래서인지 이 아이는 제 또래보다 정서가 앞서갔다.

앞서가는 정서를 보면서 후회도 한다. 너무 빨리 영혼을 키워주었나 하는 불안감이 때때로 엄습해 왔지만, 이왕 시작한 것 끝이 어디인지 가보자.

딸이 성인이 될 때까지 기억되는 반항의 에너지는 세 번밖에 없다. 뇌의 탄력성이 중요한지라 딸아이에게 자연과 숨 쉬는 분위기를 자주 만들어주었다.

넉넉한 환경은 아니었지만, 할 수 있는 여건 속에서 여행을 많이 다니도록 했다.

내가 못 데리고 가면 이모들에게 부탁하였으며, 틈틈이 자연 속에서 숨쉬기 운동하는 것을 게을리하지 않았는데, 어느 날 초등학교 4학년이 되던 해 선언을 하였다.

이제부터는 친구들과 놀겠다고. 딸아이의 선언에 아! 부모 품을 떠나려고 하는구나 하며 딸아이의 의견을 존중해 주었다.

나는 자녀들에게 언행에 대한 의견을 항시 물었다. 그리고 책임지는 교육도 같이하였다.

나는 자녀에게 시키는 교육법에 대해 긍정적으로 생각한다.

현재 내 자신이 이 위치에 있다 하면, 내가 가지고 있는 교육법이 나쁘지는 않을 것 같다는 긍정의 에너지를 믿고, 자녀들과 교육법을 상의하며 상충 보완하며 진행해 왔다.

내가 자란 환경을 돌이켜보았더니, 그 환경 속에서는 절대로 아이들의 뇌를 탄력 있게 키우지 못할 것 같아 자녀 교육법을 대폭 전환하였다.

아무리 큰 잘못을 저질러도 사실대로 말하면 넘어간다. 그 대신 거짓말을 하면 아무리 작은 문제도 그냥 넘어가지 않는다는 두 가지 방법을 실천하기로 했다.

자녀들에게 두 가지 방법을 던졌지만 막상 실천은 쉽지 않았다. 아마 그때 살림만 하는 가정주부였거나 직장인이었다면 실천하기 어려웠을 거라고 생각한다.

자녀들이 태어나기 전부터 공부하고 있었기에 스스로의 결단은 빨랐다.

아이들이 거짓말을 했다. 별거 아니었지만, 일단 약속을 진행하기 위해 체벌을 주었다.

그리고 큰일이 벌어졌을 때, 사실대로 말할 때는 용기를 많이 냈네 하며 칭찬을 주었다. 그러면서 소통에 대해 훈련시켰다.

소통이 안 되면 그건 서로가 다른 세계에 살아도 된다는 암묵적 허락이다.

그 당시 자녀들과 소통되지 않으면 내가 쌓아놓은 가정의 역사가 무너지는 것 같았다.

무한한 끈기와 이해심을 바탕으로 울타리를 넓게 쳐놓았다.

울타리를 넓게 쳐놓았더니 아이들의 뇌가 탄력적으로 살아났다.

그리고 서로 대화가 원활하게 이루어졌고 뜻을 존중해 주며, 하고 싶은 것은 하되 다만 책임이 따른다는 것을 알려주었다.

초등학생 때부터 언행의 책임을 부여하였다.

하고 싶은 것은 다 해라, 다만 보고는 의무적으로 해야 한다.

아이들은 성장기부터 엄마의 교육방식이 무엇인지 모르고 잘 따라와 주었다. 아이들이 하고 싶다는 것은 무제한으로 들어주었다. 무제한에는 책임이 따른다는 것을 인식시켰더니 지금도 보고를 한다.

가끔 전화가 온다.

현재 생활에 대한 변화를 이야기하며 보고 끝냈습니다.

때론 일자리를 구할 때 이런저런 이야기를 하다가도 엄마! 보고 끝냈습니다.

취직이 되면, 상황을 쭉 설명하며 이렇게 되어 취직되었습니다. 보고 끝.

회사에서 사고사가 문제되어 난항을 겪습니다. 해결책을 주세요 하며, 보고드렸습니다.

제가 잘못 해석하여 회사에 물의를 일으키는 하루가 되었습니다. 보고 끝.

제가 판단을 잘해 회사에 이익을 주게 되었습니다 하며, 오늘은 이런 보고를 드립니다.

아들도 난항을 거듭 겪게 되면 어무이 상담 청합니다.

통화하며 해결책을 받으면 바로 행하겠습니다 한다.

며칠 후면 전화가 온다. 어무이 상담대로 했더니 깨끗하게 해결되었습니다. 감사합니다.

우리 아이들은 '상담 청합니다' 하며 들이댄다. 그럴 때마다 하늘에 감사하다고 인사한다.

이 세상의 부모에게 권하고 싶다. 자녀들이 부모님에게 마음의 문을 열 수 있도록 하늘의 부모 마음을 닮으라고 말이다.

자녀들은 내면의 영적 신도시를 성장시키기 위해 부딪침을 경험한다.

야단치기 전에 자녀들에게 '왜?' 하며 이유를 물어야 한다.

이유가 타당하면 접수해 주고, 명분이 안 선다면 설명해 주며 의식 성장을 시켜주어야 한다.

성장기 아이들에게는 다 이유가 있다. 그 이유를 잘 찾아서 인성교육을 시켜주어야 한다. 부모가 인성이 확립되어 있지 않으면 곤란하지만, 성장기 때의 부딪침은 영혼의 성장도 있고 영적 신도시를 만들기 위해 자녀들은 부딪침을 겪게 된다.

자녀들에게 보고받는 부모는 행복하다.

그 아이들은 이미 자신의 자아성찰의 기회를 부여받았다.

자아성찰에 고민하는 자녀들은 자신을 함부로 내동댕이치지 않는다.

답을 주려는 부모가 되지 말고, 자녀들 스스로 문제에 부딪쳐 의식 성장할 수 있도록 하자.

의식이 확장되어야 스스로 성장할 수 있는 자아가 선다.

답은 있으나 누구나 다르다

도봉산 정상에 올라서서 내려다보니 사방에서 올라오는 등산객들이 보인다. 그리고 산허리에서 본인들 등산 이야기를 무용담처럼 자랑한다.

사패능선을 타고 올라오는 등산객은 "능선을 타고 올라오는데 길을 잘못 들어 엄청난 시간 소비를 했다" 하고, 또 다른 등산객은 "우이동 산자락으로 우이암으로 해서 올라왔는데 아주 힘들었어!" 하며 헉헉댄다.

도봉산 버스 종점에서부터 시작한 등산객은 "장군봉 올라오는 고개가 험난해 아주 힘들게 산을 탔네!" 하며 저마다 한마디씩 한다.

그들은 이미 나 있는 등산로를 택해 정상에 올라섰으면서 모두 자기 선택이 진리인 양 떠들어댄다.

길 없는 산비탈을 택해서 온 등산객은 "탐방로 아닌 길을 택했더니 어디가 길인지 몰라 시간 소비를 너무 많이 했다"고 툴툴대며, 정상에 먼저 올라온 팀들과 합류하여 미소를 머금으며 환담을 주거니 받거니 정보교환을 한다.

올라왔던 길을 다시 택해 내려가는 등산객들이 있는가 하면, "해가 지기 전에 반대방향으로 하산해야겠다"며 내려가는 사람들도 있고, "힘들게 정상에 올라왔으니 조금 더 이 분위기를 즐기다 하산하자!"며 도시락 풀고 술도 한잔씩 권하며 즐겁게 노는 사람들도 있다.

산 정상에서 등산객들의 말을 들으며 느낀 점이 있다.

각기 다른 방향에서 하나의 정상에 올라왔을 뿐인데, 내가 올라온 길이 최고인 양 진리는 이거다 하며 거침이 없다. 그 말을 듣는 내가 부끄러울 정도였다.

'나도 저랬을 것 아닌가?'

저 등산객들의 말이 내 귀에 들어온다는 것은, 네 꼬라지를 알라는 뜻이겠지!

산허리에 올라선 자들을 다 품어주는 온도가 필요하다고 한다.

진리란 이거다! 하고 답이 있는 것이 아니기 때문이란다.

어느 곳, 어느 방향이냐에 따라 똑같은 것이 수준에 의해 나뉘어온다고 한다. 이래서 듣는 귀가 필요하단다.

내가 선택한 길이 아닌 다른 방향에서 올라오는 사람들의 말을 수용할 수 있는 흡수 그릇이 있어야 하지 않겠느냐며 질타하신다.

다 들어주고, 필요에 따라서는 사용해 주어 공은 그에게 돌려주고, 내 것도 공유하여 도움받고 앞으로 더 나아갈 수 있음 더 좋고….

답은 누구나 다를 수 있으니 '내 것이 옳으니 네 것은 틀리니' 하는 어리석은 에너지는 피하라 하신다.

오늘도 반성한다.

맹모삼천지교(孟母三遷之教)

맹모는 무엇을 알아서 맹자를 가르치기 위해 세 번이나 이사했을까?

알았으니 세 번 이사했겠지.

여기에 의심을 갖고 끊임없이 질문 들어가는 제자는 똑똑한 제자일 거다.

환경이 중요한 것을 알고 세 번 이사 다녔다고 단순하게 해석합시다.

나는 자녀들의 주변 환경이 마음에 들지 않아 큰아이를 멕시코로 유학 보냈다.

왜냐하면 고1 때 근자감으로 엉뚱한 사건을 만들어 자퇴서를 냈기 때문이다. 내년 3월에 다시 1학년부터 시작해야 하는 환경이 딸에게 좋은 기운이 아닐 거라는 나름의 판단으로 합의하에 유학 보낸 것이다.

내가 고등학교 다닐 때, 가정환경으로 1년 늦게 시작한 친구의 말이 생각났기 때문이다.

"내가 학년은 1년 늦지만, 나이는 너희보다 1년 많으므로 잘난 척 하겠다."

딸에게 그 이야기를 해주면서 자존감이 강한 네가 후배하고 한 교실에서 공부가 되겠냐고 물었다.

여러 가지 무리수를 두고 딸을 설득해서 멕시코로 유학 보낸 것은 지금 생각해도 잘한 일이었다.

내가 학교 다니던 시절은 세계무대로 나가 공부하기 어려웠으나 지금 아이들은 지구촌이라는 단어를 사용하며 많은 나라로 뻗어나가고 있다.

한국의 정서를 혼합하기 위해 뉴질랜드로 또다시 유학을 보냈다.

어학을 배우기 위해 세계 여러 나라 학생들이 한 곳에 모이므로, 한 공간에서 각 나라의 문화를 가진 학생들의 기운이 섞여서 어학을 배우면 자연적으로 기운들이 섞인다.

그래서 나는 개인적으로 환경이 좋은 어학원을 선호한다.

굳이 세계 각 나라의 문화를 알기 위해 나갈 필요 없이 어학원에서 만난 외국인들과 흡수되어 공부하다 보면, 각 나라의 문화는 기본적으로 갖추게 되지 않을까 하는 엉뚱한 교육관이 자녀들의 기운을 바꾸어준 동기부여가 되었다.

맹자 시대는 이사로 환경을 바꾸어주었지만, 지금은 내면의 자유스런 여행으로 기운을 바꾸어준다.

그만큼 기운을 바꾸어주는 데 선택의 폭이 넓다는 것이다.

공부 잘하라고 강남권으로 이사하여 좋은 학교로 입학시키기도 하는데 한 가지가 빠졌다.

인성교육이 빠졌다.

맹모는 인성교육도 겸했는데, 지금의 부모는 자녀들의 인성교육은 뒷전이고, 공부만 하라고 하니 나라 꼴이 엉망진창이다.

이 사회는 누가 책임져야 하나?

자녀들에게 왜?라는 창의적인 질문의 공부는 안 시키고, 답이 정해져 있는 죽은 공부만 시켰으니 자녀들의 의식이 확장될 수 없다.

이제 죽은 공부에서 벗어나 창의적인 질문을 던지는 교육을 시켜야 한다.

　죽은 공부만 받은 자녀들은 국민성이 살아나지 않는다.

　나라가 무엇인지, 민족애가 무엇인지 알려고조차 하지 않는다.

　지금부터라도 국가가 앞장서서 답이 정해져 있는 죽은 교육에서 살아 있는 창의적인 교육법으로 바꾸었으면 한다.

황학시장

우주는 천지창조를 하지만, 나는 신명들 재창조시키기 위해 가끔 황학시장에 간다.

버려진 물건들이 중고시장에서 주인을 찾는다.

나를 다른 환경 속에서 다시금 태어나게 해달라고, 열심히 오가는 사람들을 바라본다.

저 사람이 나를 데려갈까?

아님 저 사람이 나를 데려가 새로이 탄생시켜 주지 않을까?

중고 물품들은 재창조를 기다리며 열심히 빛을 내며 주인을 기다린다.

영적으로 밝은 자는 천신들의 화합을 청하면서 기다린다.

재창조할 신을 지명하며 천신들의 신명회의를 기다린다.

모든 신명들이 내 편이 될 때 신명들 재창조는 이루어진다.

신명들과 합의되어 재창조하려고 해도 영적인 면이 밝지 않으면 재창조할 수 없다.

물건은 돈으로 사서 장소 이동을 해주면 되지만, 신명 재창조는 어떠한 단계를 알지 못하면 할 수 없다.

영적으로 밝아야 한다.